도시는 어떻게 서사가 되는가

서울의 안과 밖을 읽는 여섯 가지 제안들

서울의 안과 밖을 읽는 여섯 가지 제안들

정헌목 엮음

도시는 어떻게 서사가 되는가

한국학중앙연구원출판부

책머리에

우리가 살아가는 도시 공간은 그 자체로 말이 없다. 하지만 그 공간 속에는 지나온 시간의 흔적, 다양한 집단의 기억, 제도와 권력의 작동 방식, 그리고 수많은 일상적 실천이 층층이 쌓여 있다. 이 책은 그러한 도시 공간의 다층적인 의미를 인류학적으로 '읽어내기' 위한 시도이자, 서울과 수도권이라는 익숙한 장소를 새로운 감각으로 바라보기 위한 여정이다. 그 여정을 함께 하기 위한 도구인 도시에 관한 인류학, 즉 도시인류학은 도시를 단순한 배경이 아니라 사회적 행위와 상호작용이 교차하는 장으로 본다. 이 책의 필자들은 각자의 구체적인 현장에서 특정 공간을 관찰하고, 그 속에서 살아가는 사람들을 주의 깊게 살피고, 그들의 이야기를 통해 도시의 문화적·역사적 맥락을 재구성하고자 했다. 이를 통해 도시가 단순히 건물과 길로 구성된 물리적 대상이 아니라, 기억되고 해석되며 실천되는 문화적 공간임을 다시금 확인하는 또 다른 방편을 제시하는 것이 이 책의 목적이다.

도시는 추상적인 계획이 만들어 낸 공간 혹은 시간의 흐름에 따라 자연스레 형성된 공간이자, 사람들이 펼치는 다양한 실천의 장소로서 중요한 의미를 지닌다. 사람들은 각자의 일상에서 타인 혹은 자신을 둘러싼 공간과의 상호작용을 통해 이미 만들어진 도시 공간을 바꾸기도 하고 새로운 공간을 만들어 내기도 한다. 따라서 도시는 단일한 서사로만 재현될 수는 없으며, 도시에 관한 연구는 도시에서 일어나는 일상적이고 미시적인 차원의 복합성을 함께 조명했을 때 더욱 의미를 지닐 수 있다. 더불어 이러한 도시의 복합성은 도시에서 거주하는 사람들의 무관심, 익명성, 이질성과 결부되어 공간의 실체적 측면이 쉽게 드러나지 않도록 만든다. 또한 하나의 도시 안에서도 각기 다른 시공간적 맥락에 따라 다양한 공간이 포개어진 채 존재하기도 한다. 이처럼 다층적으로 존재하는 도시 공간을 연구하기 위해서는 그곳에 직접 들어가 공간에서 일어나는 일을 관찰하고 기록하며 분석할 필요가 있다. 이 같은 작업에 적합한 것이 바로 연구 대상을 향한 총체적인 관점을 중시하고, 통시적·공시적 접근을 함께 아우르는 인류학의 방법론이다.

이 책은 인류학의 관점과 방법론을 도구 삼아 서울과 수도권 지역의 도시 공간을 사례로 도시의 다층성을 이해하려는 시도이다. 서울과 수도권 지역에 초점을 맞춰 연구를 진행한 데는 현실적인 차원에서의 고려가 작용했음을 밝혀 둔다. 한국 사회의 도시화는 지역에 따라 서로 다른 맥락에서, 결코 무시할 수 없는 시차를 두고 이루어졌다. 따라서 구체적인 도시 공간에 쌓인 역사적 경험과 지리적 요건의 차이는 도시의 일상에 관한 분석에도 지역에 따른 차이를 낳기 마련이다. 특히 미시적 접근을 중시하는 인류학의 방법론은 연구 대상을 넓히기보다 특정 지역에 초점을 맞춘 분석에 더욱 강점을 지닌 것도 사실이다. 이를 감안하여 이 책에서는 저자로 참여한 필진의 소속기관 소재지 등을 기준으로 삼아 서울과 인근 수도권 지역으로 연구 대상을 국한하여 연구를 진행했다.

도시인류학의 방법론을 활용해 서울과 수도권 도시의 다층성을 살펴보고자 하는 이 책의 핵심 키워드는 '역사'와 '문화'이다. 책에 실린 모든 원고는 먼저 각 장소의 역사적 변천을 개관하고, 그를 바탕으로 2000년대 이후 시점에서 해당 공간에서 삶을 영위하는 사람들의 문화를 인류학적 관점에서 포착하고자 했다. 구체적으로는 서울의 을지로와 서울광장, 강남 일대, 동부이촌동을 포함해 수원의 광교 신도시와 성남의 운중동을 사례로 삼았다. 이른바 '서울 사대문 안'에 해당하는 전통적인 도심에서부터 20세기 중반 이후 개발된 아파트촌, 그리고 서울 외곽의 신도시를 아우르는 지역들을 미시적으로 고찰해 도시의 다층성을 시공간적 측면에서 탐색해 나갔다. 이 과정에서 인류학을 비롯한 유관 사회과학 분야의 이론과 개념을 적극적으로 활용해 학술적 분석의 깊이를 더하고자 했다. 각 도시 공간을 사례로 선정한 이유와 주요 논의 내용을 간단히 정리하면 다음과 같다.

먼저 임근영의 '을지로3가, 기호의 향연과 경관의 생

성'은 인기 있는 문화소비 공간, 즉 소위 핫플레이스가 갖는 특수한 성격을 규명하려는 시도다. 한국 사회에서 특정한 문화소비 공간이 뜨고 진 것은 어제오늘의 이야기가 아니다. 대개 이런 논의는 소비 트렌드를 조명하거나 원주민 내몰림과 같은 문제를 지적하는 방식으로 이루어지곤 한다. 이 같은 단편적인 지적을 넘어 공간을 둘러싼 사회문화적 현상의 심층에 다가가기 위해서는 보다 원론적인 차원의 논의가 필요하다. 저자인 임근영은 그 같은 논의의 샘플로 을지로3가를 택해 분석했다. 일견 노후 건물 밀집 지역으로도 보이는 을지로3가는 최근 젊은이들 사이에서 '힙지로'라 불리며 핫플레이스로 인기를 끌고 있다. 오늘날 을지로3가는 어떤 맥락에서 '힙지로'로 변모하게 되었고 그것은 어떠한 형태를 띠고 있는가? 이 물음을 바탕으로 이 글은 해당 지역의 역사적 지층과 문화소비의 변모 양상이 맞닿는 지점 위에서 펼쳐지는 특수한 경관의 성격을 밝히고, 소셜미디어와 연동하여 새로운 장소성을 만들어 내는 생성적 실천에 대해 논의한다.

이규원의 '서울광장, 서울퀴어문화축제와 공공성의 재구성'은 시민들의 사회적 교류와 활동이 이루어지는 도시의 대표적인 공공 공간인 서울광장을 사례로 다룬다. 2004년 5월에 조성된 서울광장은 한국의 대표적인 광장인 동시에 그 이전의 시청 앞 광장 시기까지 포함하면 한국 현대사의 획을 긋는 역사적 사건들의 무대였으며, 다양한 힘의 역학관계가 공간적으로 드러나는 곳이기도 했다. 따라서 서울광장은 한국의 대표적인 공공 공간으로서 장소의 다층성을 살펴보기에 가장 적합한 공간이라고 할 수 있다. 저자인 이규원은 근대 초기부터 서울광장이 조성되기 전까지의 역사와 서울광장의 조성 이후 일어났던 중요한 사건들을 기술하면서 서울광장의 기원 및 역사적 형성 과정을 개괄한다. 또한 도시 광장이라는 공공 공간의 다층성을 보여주는 공간적 실천의 구체적인 사례로 서울퀴어문화축제에 주목한다. 서울광장이라는 공공 공간의 공공성이 다양한 공간적 실천을 통해 형성된다는 측면에서 서울광장의 공공성은 고정된 것이 아니다. 역사적으로 형성된 기존의 공공성과 이를 재생산하는 공간적 실천, 그리고 기존의 공공성을 위반하거나 재구성하려고 하는 공간적 실천들이 끊임없이 경합하는 과정에 놓여 있다는 것이다. 이 같은 관점에서 서울퀴어문화축제는 흔히 사적인 것으로 여겨지는 섹슈얼리티를 공론장으로 가져와 사적인 것과 공적인 것의 구분 자체에 의문을 제기하는 매개체다. 이 글은 도시 광장이라는 공공 영역을 퀴어라는 성적 주체성과 시민이라는 정치적 주체성이 교차하는 공간으로 전유하려는 시도에 주목해 분석한다.

황의진의 '한강 이남, 영동지구에서 강남이 되기까지'는 과거 영동지구라 불렸던 강남 일대를 사례로 삼는다. 이 글은 조선시대부터 현대에 이르기까지 이 지역이 거쳐 온 역사·지리적 변천 과정을 재구성하고, 현재의 강남이 서울에서 지니는 경제·문화적인 입지를 인류학적인 관점에서 분석한다. 과거 전형적인 농촌이었던 강남 일대가 영동지구로 구획되고 현재와 같은 모습으로 개발되는 흐름은 한국 사회의 산업화 과정이 지녀 온 과거와 현재의 흐름을 살펴보는 데 중요한 의미를 지닌다. 이를 바탕으로 저자인 황의진은 과거 영동지구가 지금의 강남 일대로 개발되면서 어떻게 특정한 경제·문화적 계급을 탄생케 했으며 이들이 어떠한 소비 생활을 영위하며 강남의 '경계'를 구성하는지 분석해 나간다. 특히 이 글에서는 인류학적 의미에서의 문화, 즉 일상적 차원에 초점을 맞춰 강남 일대를 답사하여 현재의 경관을 검토하고, 해당 지역에 살고 있거나 과거 살았던 사람들을 만나 이들의 구술 자료를 활용해 이 지역의 변화를 인류학적인 관점에서 재구성한다.

도쿠나가 에미의 '동부이촌동, 두 가지 상징이 교차하는 공간'은 서울 용산구에 위치하는 이촌1동, 일명 동부이촌동을 사례로 다룬다. 동부이촌동은 중·상류층의 거주 공간이자 역사적 맥락을 바탕으로 한 일본인 거주지로서 서울의 근대화 및 문화적 다양성을 보여주는 곳이다. 저자인 도쿠나가 에미는 이른바 '재팬타운' 또는 '리틀도쿄'라고 불리는 일본인 거주지와 '한국 아파트 단지 역사의 중심지'라는 이 지역의 두 가지 상징에 주목하여 각각의 통시적 변화를 검토하고 두 상징이 교차하는 지점으로서 동부이촌동을 재구성한다. 동시에 한국 근대화 과정을 경험한 엘리트이자 1980년대 후반부터 한강맨션에 사는 한 거주자의 구술생애사를 통해 상류층의 삶과 맞물리는 공간으로 한강맨션과 동부이촌동을 살펴본다. 이를 통해 역사적 맥락에서 동부이촌동의 변천 과정을 살펴봄으로써 이 지역을 상징하는 두 가지 측면이 서로 맞물리며 이 특정한 공간을 함께 구성해 왔다는 점을 밝힌다.

앞선 네 편의 글이 서울을 무대로 도시 공간의 다층성을 탐색한다면, 남은 두 편의 글은 수도권 신도시 개발을 배경으로 접근한다. 먼저 제이넵 오제트의 '광교 신도시, 수원의 도시화와 신도시 주민들의 지역 인식'은 경기도 수원의 광교 신도시를 사례로 삼는다. 신도시 계획 및 도시 개발은 설계자의 의도와 그에 의해 계획된 공간에 대한 거주민들의 인식 및 공간의 재구성이 서로 복합적인 관계를 맺는 모습을 보여주는 과정으로 전개된다. 광교 신도시 또한 이 같은 면모가 확인되는 사례이다. 첫째, '수원의 강남'으로 언급되며 브랜드 아파트 단지의 조성과 친환경적인 생활공간 및 편의시설 배치가 집중적으로 이루어졌다는 점, 둘째, 법원과 검찰청, 경기도청 등의 주요 공공시설이 위치해 있다는 점, 셋째, 이를 통해 기존 핵심 역할을 해 온 팔달구를 대신하여 수원의 새로운 핵심으로 부상했다는 점이 그렇다. 이를 바탕으로 저자인 제이넵 오제트는 광교 신도시에 대한 인류학적 연구를 통해 수원에서 광교가 차지한 위상 변화와, 신도시 개발 과정에서 거주민 및 비거주민 간의 지역 의식 차이와 계층화에 대한 기준이 어떻게 형성되는지 고찰한다.

마지막으로 박성우의 '운중동 먹거리촌, 신도시의 흐름이 닿은 교외 공간'은 성남 소재의 판교 신도시, 그중에서도 운중동이라는 특정 장소를 사례로 삼는다. 서판교에서도 서쪽 끝자락에 위치한 운중동은 인근 지역의 '먹거리촌'이면서, 고급 단독주택들이 위치한 마을이다. 이곳은 판교 신도시의 지구 계획에 직접적으로 포함되지 않았기에 구불구불한 마을길과 농업용 저수지 등 옛 산간 농촌의 모습을 일부 간직하고 있지만, 동시에 식당가와 고급 주택가로 구성되어 있다는 점에서 근처 도심지와 크게 다르지 않은 모습을 보이기도 한다. 이는 분당과 평촌으로 대표되는 인근 신도시의 형성이 30여 년이라는 세월 동안 운중동을 점진적으로 산간 농촌에서 신도시의 교외 공간으로 바꾸어 나갔기 때문이다. 저자인 박성우는 운중동의 이 같은 특징에 주목하여 신도시의 구성 요소들이 도시 외곽에 위치한 전통적 농촌 마을에 영향을 끼치고 그 모습을 바꾸어 나가는 과정을 조망한다. 이를 통해 다층적이고 복합적인 도시 공간의 형성이 인근의 전통적 지역사회에 영향을 미치고 그 구조를 변형시키는 도시적 맥락의 구체적 양상을 분석한다.

이 책에 실린 글은 한국학중앙연구원의 연구·교육 연계과제인 〈한국 도시의 다층성에 관한 시공간적 탐색: 역사와 문화의 교차〉의 결과물 일부를 바탕으로 한다. '연구·교육 연계과제'는 한국학중앙연구원과 산하 한국학대학원의 고유한 지원 제도로, 대학원 수업 과정을 통해 교수와 학생이 함께 연구 성과물을 도출하는 것을 목표로 하는 프로그램이다. 이 책의 저자들은 한국학대학원에서 2023년 1학기에 개설된 강좌인 〈도시인류학〉 수강생 및 해당 과제의 연구 보조원으로 참여하면서 각각의 도시 공간에 관한 연구를 진행했다. 책의 엮은이는 이 과제의 연구 책임자이자 해당 강좌의 담당 교수로, 여러 연구 성과 가운데 총 여섯 편의 원고를 간추려 한 권의 책으로 담아냈다. 이렇게 〈도시인류학〉 수업이 단행본이라는 형태를 갖추는 과정에서, 비록 이번 책의 필진으로 함께하진 않았지만 다른 여러 학생도 수강생으로 참여하며 연구과제의 성공적 진행에 기여했다는 점은 언급할 필요가 있다. 특히 수업 수강생이자 연구·교육 연계과제의 연구 보조원으로서 연구 계획 수립부터 과제 진행 전반에 걸쳐 많은 도움을 준 이현화 씨(한국학대학원 인류학전공 박사과정)에게 특별한 감사의 뜻을 전한다.

도시에 관한 인문·사회과학적인 연구를 다룬 양질의 출판물이 다수 존재하는 한국의 상황에서 이 책은 기존과는 다른 시선과 접근을 제시하고자 했다. 소위 '힙지로'로 불리는 을지로 일대의 독특한 이미지와 기호를 미디어 이론의 틀로 분석한 연구나 '대항공중'이라는 개념을 활용해 서울광장을 분석한 연구, 경계에 대한 상상이라는 관점으로 강남 일대를 고찰한 연구의 경우 이미 기존 연구가 다수 발표된 지역을 대상으로 새로운 분석을 시도한 결과라 할 만하다. 신도시 교외 공간으로서 이른바 '먹거리촌'의 형성 과정과 현재를 분석한 연구 같은 경우도 신도시와 전통적 음식소비 공간의 결합이라는 한국적 양상을 잘 보여준 독특한 시도에 해당한다. 특히 동일한 공간에 공존하는 서로 다른 상징의 교차라는 관점으로 동부이촌동을 분석한 연구와 '이중 도시(dual city)'라는 개념을 활용해 광교 신도시를 고찰한 연구는 신선한 이론적 접근을 보여주는 시도이다. 두 편 모두 집필자가 외국인 유학생 석사들이 집필했다는 사실에 따로 선입견을 두지 않고 읽어주면 좋겠다.

이 책은 단순히 몰랐던 장소를 새롭게 소개하는 책이 아니다. 오히려 익숙한 공간을 새롭게 해석하는 시선을 제안하는 책이다. 다양한 연구자들이 모여 서울과 수도권이라는 익숙한 도시를 '재발견'하는 여정을 담은 이 책이 도시를 다르게 보고, 느끼고, 살아가고자 하는 독자들에게 작은 전환점이 되기를 바란다.

2025년 12월

엮은이 정헌목

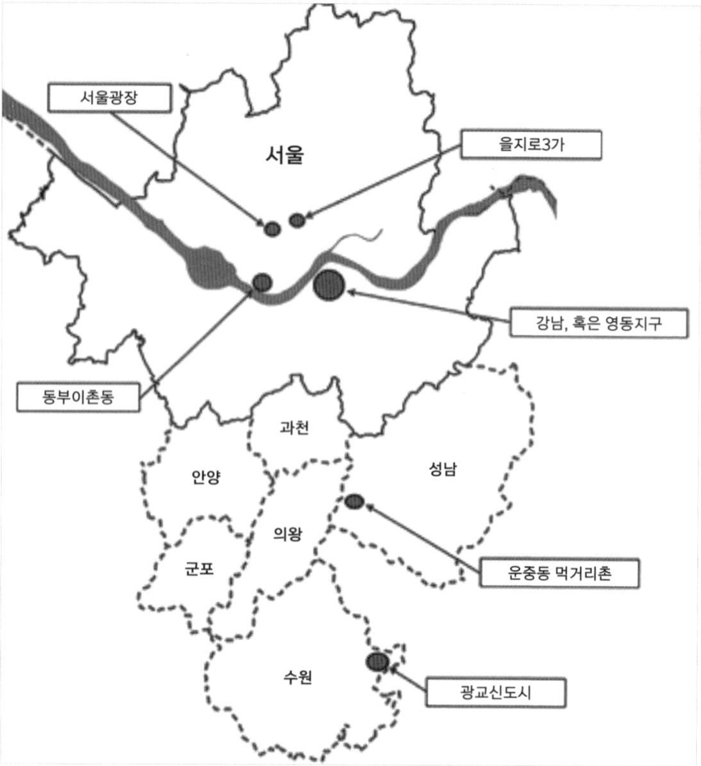

이 책에서 다룬 서울의 안과 밖

차례

을지로3가,

기호의 향연과 경관의 생성

핫플레이스에 들어서며

당장 내일 저녁에 친구들을 만나 밥을 먹고 수다를 떨며 시간을 보내기로 했다고 가정해 보자. 약속 장소를 정해야 한다. 당신은 어디를 선택할 것인가? 스마트폰을 두드려 장소를 물색하고 의견을 모으는 데 익숙한 우리에게 이는 그리 어렵지 않은 일일 터이다. 한 발짝만 물러나 바라보자. 개중에는 모종의 이유로 더 많이 선택되는, 사람들이 유독 더 많이 몰리는 지역이 있기 마련이다. 그렇다면 인기 있는 문화소비의 공간은 어떠한 연유로 생겨나는가? 그것이 전적으로 도시의 인구학적 주거 분포 및 이동 패턴에 의해서만 생겨나는 게 아니라는 점을 애써 증명하지는 않아도 될 것이다. 여기에는 무언가 인위적이고 가변적인 요소들이 개입되어 있다. 그것은 사회·문화적으로 어떻게 만들어지며 또 어떠한 모양새를 띠고 있는가? 이 글은 이러한 단순한 질문으로부터 출발했다. 구체적으로 소위 '핫플레이스'라고 불리는 주류적 문화소비 공간이 어떠한 성격을 지니는지를 지금부터 살펴보려 한다.

2010년대 중반부터 이태원 경리단길이 핫플레이스로 인기를 끌자, 예쁘고 특색 있는 카페나 음식점들이 군

집하여 조금이라도 유사한 형태를 띠면 그 구역에는 유행처럼 'O리단길'이라는 이름이 붙었다. '망리단길'(망원동), '공리단길'(공릉동), '용리단길'(신용산), '행리단길'(행궁동) 등이 그 예이다. 이를 골목경제 활성화의 한 모델 혹은 지역과 문화예술의 접촉면 확장 사례로 평가하며 반기는 입장이 있는 반면, '진정성' 없는 이 패러디 현상을 비꼬는 혹은 비슷한 성격의 신흥 상권이 우후죽순 생겨남에 따라 발생하는 사회적 문제를 우려하는 입장도 존재한다. 특히 후자의 경우라면, 이 현상에 그림자처럼 따라다니는 '젠트리피케이션', 즉 낙후 지역에 신흥 상권이 형성되고 임대료가 상승함으로써 기존 원주민과 상인들이 내몰리는 문제에 대해 목소리를 높일 것이다.

이러한 의견들은 모두 각자의 타당한 근거를 갖는다. 하지만 여기에서 나의 관심은 보다 더 원론적이고 형태적인 것에 있다. 기본적으로 'O리단길'은 해당 지역의 이름 중 한 글자를 따 [-리단길]이라는 접미어에 얹음으로써 생성되는 고유명사다. 언어적 양태에서도 드러나듯, [-리단길]은 특정 공간에 특정 성격을 규정하는, 즉 주류적인 문화소비 공간이라는 상(像)의 윤곽을 짓는 하나의 틀이자 형태라고 할 수 있다. 비유하자면, 같은 유형의 공간을 주조해 내는 데 사용되는 일종의 '거푸집'이라고 할 수 있을 것이다. 앞서 말한 몇 가지 입장의 갈래들이 주조 공정의 결과로서 복수의 'O리단길'들에 대한 평가 내지 진단이라면, 이 글에서 탐구하고자 하는 것은 그 거푸집 자체, 즉 [-

리단길]로 대표되는 주류 문화소비 공간, 핫플레이스가 갖는 장소성과 형태 자체이다.

나는 그 장소성에 대한 논의의 샘플로 '을지로3가'를 택했다. 모든 도심 공간이 그렇듯, 을지로의 현재는 그 역사만큼의 시간적 지층 위에 존재한다. 을지로는 조선시대 '구리개(仇里介)'라 불리며 약방거리로 유명했던, 그리고 일제 치하 '황금정(黃金町)'이라 불리며 일본인 상권의 중심지 역할을 했던 지역이다. 6·25 전쟁 후 몰려든 목재, 가구, 철물, 도배, 조명 등의 건축 자재 및 공구상들과 인쇄소들의 실핏줄 네트워크로 재구성된 을지로는 전후 도시 재건과 근대화 및 산업화의 중심지로서 상징적인 위상을 갖는 곳이기도 하다.

한편, 2020년대 오늘날 '힙지로'라 불리는 장소가 있다. 낡음과 새로움이 어우러진 기묘한 풍경과 이른바 '힙스터'라 불리는 젊은이들의 화려한 옷가지들이 눈길을 사로잡는다. 어느 나라 음식인지는 모르겠으나 아무튼 '이국적인' 식당들이 골목에 늘어서 있다. 이것이 마땅치 않아 보다 '토속적인' 분위기를 찾는다면 몇 걸음 옮겨 생맥주에 골뱅이나 노가리를 먹으러 가면 된다. 사람들은 이곳에서 사진을 찍는다. 예쁘고 화려한 혹은 허름하고 단출한 음식, 낙후된 건물 외관을 배경으로 하는 이색적 디자인 간판, 비좁은 골목에 의도적으로 설치된 인공물, 떠들썩한 분위기를 자아내는 사람의 물결 등은 모두 이들의 피사체 혹은 배경이 된다.

을지로3가와 '힙지로' 이 둘은 같은 공간을 공유한다. 정확히 말하면, 을지로3가는 특정 젊은층에게 '힙지로'라 불린다. 힙지로는 'O리단길' 광풍이 지나간 뒤 최근 부상하기 시작한 핫플레이스의 최신형으로서 [힙--]의 오리지널 버전이라고 할 수 있다. 을지로3가는 오늘날 어떻게 젊은이들에게 인기 있는 주류 문화소비 공간으로 탈바꿈하게 되었으며, 이 힙지로라는 핫플레이스는 어떠한 형태를 띠고 있는가? 이 물음을 바탕에 두고 이 글은 해당 지역이 지니는 역사적 지층과 그에 따라 형성되어 온 사회적 실천의 양상 그리고 문화소비 공간 변동의 맥락을 차근히 살펴본 뒤, 그것들이 중첩·교차하는 지점 위에서 펼쳐지는 경관들의 성격을 살펴보려 한다.

공교롭게도 '힙지로'라는 합성어 자체에는 이러한 접근 방향이 잘 담겨 있다. 즉, 여기에는 을지로3가라는 지역에 박혀 있는 특수한 장소성과 '힙(hip)'함으로 변모·수렴되어 온 핫플레이스의 추상적·잠재적·가변적 속성 그리고 그렇게 탄생한 '힙지로' 위에서 표출되는 경관과 행위들이 총체적으로 내포되어 있는데, 그것이 바로 이 글에서 다루고자 하는 바이다. 구체적으로 아래에 이어질 본론의 내용은 크게 세 가지로 구성된다. 첫째, 을지로 일대 공간의 역사적 변천 과정을 살펴보고, 둘째, 젊은 세대 '핫플레이스' 문화의 변동 양상을 파악하고, 셋째, 그렇게 탄생한 '힙지로'에서 생성되는 특수한 경관들의 성격을 분석하고자 한다.

을지로의 역사적 변천

구리개(仇里介)에서 황금정(黃金町)까지

오늘날 을지로3가에 형성된 새로운 장소로서의 '힙지로'를 조명한다고 했을 때, 그리고 그것의 배경으로서 역사적 지층을 들춰 본다고 했을 때, 어느 시기까지 거슬러 올라가야 할 것인가? 이 글이 다루고자 하는 것이 다분히 '도시적' 무대에서 펼쳐지는 현상이라는 점에서, 가까운 시대에 도시 만들기 실험이 본격적으로 시도되기 직전인 조선시대 말기로부터 이야기를 시작하고자 한다.

조선시대까지 현 을지로 일대는 남산 줄기로부터 뻗어 나온 언덕길과 청계천으로 흘러 들어가는 10개 정도의 개천이 있었던 야트막한 진흙 고개였다. 이곳은 햇볕을 받아 반짝이는 흙빛이 마치 구리색과 같다고 하여 '구리개(仇里介)' 또는 한자어로 '동현(銅峴)'이라 불렸다.

'구리개'(혹은 '구리고개')라는 지명은 조선시대 초기로까지 거슬러 올라가 『태조실록』(1392~1398)에서도, 이어 『도성 삼군문분계총록』(1751), 『육전조례』(1867) 등

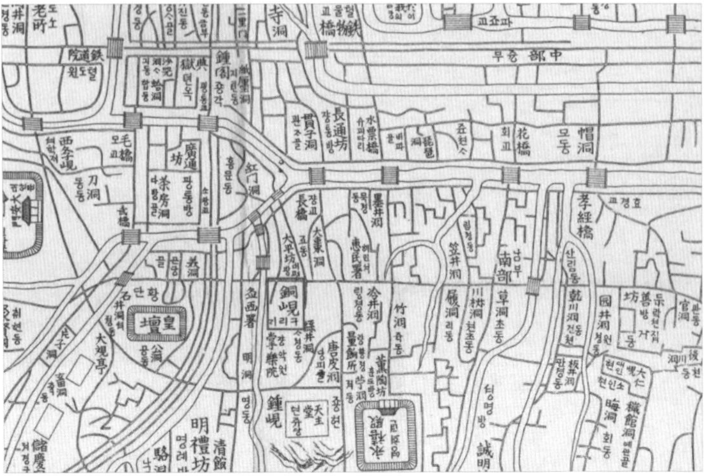

(위)
1900년경 지도상의 구리개

(아래)
19세기 말 구리개의 모습

에서도 발견된다. 그리고 갑오개혁 무렵에 이를 한자로 풀어 '동현(銅峴)'이라 표기한 것으로 확인된다.[1] 조선시대 을지로 지역에는 전시 군사 통솔 관직인 체찰사가 있던 '체찰사부(體察使府)', 궁중에서 연주되는 음악 및 무용에 관한 모든 일을 맡아 보던 '장악원(掌樂院)', 그리고 신식 인쇄기를 갖추어 인쇄·출판에 관한 사무를 관장하고 1883년 최초의 근대적 신문인 한성순보를 발행한 '박문국(博文局)' 등의 관아가 위치해 있었다.

무엇보다 구리개는 약방거리로 유명했다. 조선시대 초기부터 서민 구료(救療)와 의학 생도 교육을 담당하는 관서인 '혜민서(惠民署)'가 자리했기 때문이다. 조선 후기에 이르러 재정 상황이 악화되면서 혜민서의 약재 공급 기능이 상실되었지만, 18세기경 서울은 상업이 발달하여 의원들과 약국이 늘어나기 시작한 상태였다. 따라서 의원으로부터 진단·처방을 받고 약국에서 약을 조제하는 등의 초보적 의약 분업 체계가 갖추어진 상태에서 다수의 한의사가 활동했고 한약건재(漢藥乾材)가 활발히 거래되었는데, 그 중심이 바로 구리개였다. 1801년 신유박해 때 옥사한 천주교도 강이천이 지은 『한경사(漢京詞)』에서는 당시의 구리개 약방거리가 아래와 같이 묘사되고 있다.

> 신령한 약초로 약을 잘 지으니 / 구리개 지날 때면 한약 냄새 풍겨오네 / 주인이 희귀한 약재를 쌓아 두고 자랑하자 /

처음 온 시골선비가 신기한 처방이라며 좋아하네.[2]

을지로 일대는 약방을 비롯한 시장 상가 및 환락가가 형성된 도심 지역으로 상공업, 서비스업, 가내수공업에 종사하는 서민들이 모여 살았다. 특히 구리개는 일본의 발달상과 우월함을 보여주려는 의도로 1907년 9월부터 11월까지 통감부가 개최한 최초의 '경성박람회'의 장소이기도 했던 만큼,[3] 일제강점기를 앞두고 중심적인 성격을 띤 도시 공간이었다.

을지로 일대가 갖고 있던 이러한 번화가로서의 성격과 상업 기능은 일제강점기에 접어들어 더욱 강화되었다. 일본은 육의전 중심의 북촌 상권을 압박하면서 청계천 이남에서 남산 북측 진고개까지를 근거지로 삼아 생활권 및 상권을 형성해 나갔다. 1914년 일본의 경성부 구역 획정에 의해 청계천 이남 현 을지로 일대의 산림동, 초동, 사동, 숙동, 입정동, 시동, 이동, 죽동의 일부가 합쳐짐에 따라, 구리개는 '황금정(黃金町)'으로 이름이 바뀌게 되고 그 세 번째 구역이라는 의미에서 현재 을지로3가 지역은 '황금정 3정목'이라 불리게 되었다. 광복 후 동명이 '을지로 3가'로 바뀐 것에는 이러한 배경이 자리한다.

황금정은 본정(本町, 현 충무로), 명치정(明治町, 현 명동) 등과 함께 '남촌'을 이루며 당시 일본인 최대 생활 근거지를 이루게 되었고,[4] 따라서 도시 정비 역시 이곳을 중심으로 진행되었다. 황금정 광장을 중심으로 방사형 도로가 계획되었고 가로체계에도 변화가 생겼는데, 이때 을지로, 태평로, 율곡로, 충무로 등의 간선도로 및 기존 가로가 직선화되고 폭이 넓어졌으며 인도와 차도의 구분이 이루어졌다.[5] 1913년부터 1923년까지 대규모 도로 확장 및 연장 공사가 진행되었고 1927년 「경성부 주요가로 기정계획노선일람표」가 발표되면서 을지로 250간 길이의 길은 공식적으로 '황금정통(黃金町通)'이라 불리기 시작했다. 이 대대적인 도시 정비와 맞물려 새로운 교통체계의 기반도 구축되었다. 1912년에는 황금정선(黃金町線) 전차가 부설·운영되고 을지로에 노선이 생기게 됨으로써 전차가 중국식 마차, 자동차를 대체하기 시작했다. 경성부의 인구가 점점 증가함에 따라 1926년에는 노선이 을지로, 왕십리, 안국동 등지 30.9 km까지로 확장되었고, 1939년에는 을지로4가–돈암동 구간이 부설되기도 했다.

한편, 남촌 일대는 당시 첨단의 음식점, 카페, 다방, 당구장들과 1910년 2월 개관한 조선 최초의 상설 영화관 '경성고등연예관(京城高等演藝館)'이 자리한 최대의 문화생활 번화가였다. 동시에, 개설된 도로를 중심으로 일제의 경제 침략 본거지라 불리는 조선식산은행, 동양척식회사 등이 위치한 금융 지구이기도 했다. 또한 산업의 측면에서 1936년 현 을지로를 포함하는 중구 지역에는 경성 내 공장의 절반 가까이 되는 공장이 들어서 있었고, 특히 인쇄·제본업의 71.4%가 이곳에 집적해 있었다.[6] 을지로에는 박문국과 같은 관영 인쇄소가 자리하기도 했지만 일제

일제강점기 황금정통 거리

강점기부터 일본 민간인들이 운영하는 상업 인쇄소가 대거 늘어나게 되었는데, 그 이유는 새로운 서양식 인쇄 기술이 도입되고 영화 전단지, 포스터 등 문화 활동과 관련된 각종 인쇄물에 대한 수요가 남촌을 중심으로 형성되었기 때문이었다.

요컨대, 조선시대 최대의 약방거리였던 구리개, 즉 현 을지로 지역은 일제강점기를 거치며 황금정으로 개칭되어 본정, 명치정과 함께 남촌을 이루게 되었다. 을지로를 포함하는 이 남촌 일대는 당시 경성 최대의 일본인 문화생활 근거지, 금융 지구이자 상공업의 중심지로서 역할을 했으며, 근대 인쇄업의 태동지이자 최대의 집적지이기도 했다.

폐허에서 도심 제조업 중심지로

1945년 8월 15일 광복 후 일본의 식민주의적 근대화 실험이 미완에 그쳤으니, 도시가 다시 디자인되는 것은 당연한 수순이었을 것이다. 곧바로 미군정기에 접어들어 1946년 8월 주한미군이 「서울특별시 헌장」을 '특별발표'함으로써 일제강점기 이래 경기도에 속했던 경성부는 '서울특별시'로 승격되었고 행정구역명 개칭이 이루어졌다. 당시 동명 개정은 서울시장 김형민, 역사학자 황의돈, 교육자 김도태, 문교부장 유억겸 등의 회의를 통해 진행되었다. 일본식 명칭인 정(町)은 동(洞), 통(通)은 로(路), 정목(丁目)은 가(街)로 일괄 변경되었고, 역사상 위인들의 이름을 따 도로명을 정하자는 의견에 따라 황금정통은 고구려 장군 을지문덕의 성을 따서 '을지로'로 개칭되었다.[7]

하지만 곧이어 한국전쟁이 발발하면서 도시의 상당 부분이 초토화되었고 을지로 또한 예외가 아니었다. 충무로, 명동, 을지로2·3가와 초동 부근, 오장동과 을지로5가 부근, 묵정동 등 곳곳에서 이루어진 폭격과 방화로 수만 호가 파괴·전소되어 일대의 건물 붕괴가 78%에 달했는데, 당시 을지로는 흩어진 기왓장, 허물어진 건물 더미, 앙상한 기둥과 벽체, 끊어진 전깃줄만 남은 처참한 모습이었다.

전쟁 직후 서울에는 피난민과 부랑자들이 곳곳에 판자촌을 형성했고, 이들은 생계를 위해 생활용품과 잡화들을 주워 팔기 시작했다. 을지로도 마찬가지였다. 미군 부대에서 흘러나온 전쟁 물자와 잡동사니를 파는 넝마주이, 고물상, 지게꾼, 노점상 등이 대로변이나 천변을 중심으로 몰려들어 장사 구역이 형성되었고, 안쪽으로 좁은 골목길에는 집들이 자리하게 되었다.[8] 도시 재건 및 집수리와 관련된 건축 자재, 즉 목재, 가구, 철물, 페인트, 도배, 공구 등을 취급하는 상인들이 얼기설기 섞여 장사를 했는데, 여기서 생산되고 팔리는 물건들은 당시 경제에 적지 않은 비중을 차지했다.

한편, 서울시는 초토화된 도심부 재건을 위해 1952년

3월 25일자로 내무부 고시 제23호 「서울 도시계획 가로 변경·토지구획 정리지구 추가 및 계획지구 변경」이란 이름의 서울 전재 부흥 계획을 발표했다.[9] 이에 따라 을지로는 1964년까지 몇 차례에 걸쳐 개수 과정을 거치게 된다. 제1지구에 포함된 을지로3가에서도 전쟁 이후 토지 개량, 제반 시설 정비, 주민 복귀, 가로 및 광장 정비 등이 추진되었고, 1954년 서울역에서 신당동에 이르는 도로가 신설·확장되면서 시청 앞에서 서울운동장까지 폭 30m, 길이 2,740m로 연장되었고 대로 2류 3호의 등급을 얻게 되었다.[10]

> 파괴된 수도를 재건하고자 서울시청을 비롯한 재경기관은 물론 이 대통령을 중심한 중앙당국의 노력 그리고 미군당국의 호의로 서울을 재건하기 위한 첫 수술이 이십일일 오전 십일시를 기하여 가해지기 시작한 것이다 […] 이날은 앞으로 서울 재건 기념일로서 장래 기념될 것이며 서울에 복구 사업의 막을 연 것이다.[11]

정비된 땅 위에는 건물들이 새로 지어졌다. 1934년에 제정된 최초의 근대 도시계획법이라고 할 수 있는 「조선시가지계획령」의 영향을 받아 1950~1960년대 이 일대 건축은 주로 소형 필지에 적합한 약 3~5층 규모의 맞벽건축 방식[12] 그리고 인접 건물과 출입구, 계단, 복도를 공유하는 공동건축 방식으로 지어졌다. 토지 구획 정리 사업 지구에 포함된 '을3지구'에 그러한 형태들이 반영되었는데, 현재 자리해 있는 60여 동의 건축물은 이 시기 1955~1961년에 지어졌던 것들이다.[13]

한편, 한국 정부는 1966년 미국 제36대 대통령 존슨의 방문을 계기로 도시 정비 및 재개발에 열을 올리기 시작했다. 이때 불량주택 개량 사업 지구를 지정하여 그동안 방치되어 있던 소개공지, 청계천, 종로, 을지로 일대의 무허가 판자촌들이 대거 철거되고 1966년 세운상가가 착공되었다. 이는 국공유지 무상 대여 및 민간 자본 유치를 통해 준공된 서울 도심부 최초의 재개발지구 사업이었다. 동시에 1967년 서울시는 시청-을지로 입구 간 폭 30m 도로 확장 공사를 위해 구 대한일보 사옥을 비롯하여 반도호텔 주변 15개 건물을 철거했으며, 1968년에는 버스가 주요 교통수단이 되면서 전차 선로 또한 완전히 걷어냈다. 같은 시기 청계천 복개 공사가 한창 이루어졌는데, 이는 세운상가 건설과 함께 산업지구로서 을지로의 산업 형태 및 경관에 큰 영향을 끼친 요소였다.

이와 같은 정부의 도시 사업과 맞물려 합법과 불법의 경계에서 생업을 꾸리던 상인-도시민들의 일상적 실천 또한 재구성되며 지역에 점차 착근되어 갔다. 이 시기 세운상가 준공과 청계천 복개가 이루어지면서 1950년대부터 청계천 인근으로 몰려들었던 공구상들과 기계공장, 전자 부속품 상점, 건축 자재상, 타일 및 도기 상점, 조명 상점 등은 천변에서 벗어나 세운상가와 인근 골목골목으로 들어가 자리하기 시작했다. 그렇게 상공업지구로 변모하게 된 이 일대는 계속되는 도시 개발 및 건축 붐, 라디오, 텔레비전, 컴퓨터, 노래방 기기 및 오락기 등 전자제품의 생산 규모 확대 및 관련 사회·문화적 수요의 증가로 인해 호황을 누리게 되었다.

한편, 1960년대 말부터는 다시 을지로 일대에 인쇄업체가 집적하기 시작하여 인쇄산업 또한 크게 발달하게 되었다. 이번에는 한국의 수출입이 늘어나면서 각종 인쇄물의 수요가 올라갔기 때문이었다. 장교동, 을지로동, 인현동, 필동 등에 걸친 을지로 일대는 주변 호텔, 병원, 관공서, 영화관 등과 밀접하게 거래하는 인쇄소들의 활동 무대로 기능했다. 1970년대부터 이곳에서는 인쇄기가 쉴 새 없이 돌아갔다. 특히 1986년 아시안게임과 1988년 서울올림픽이 연이어 개최되고 1987년 대통령 직선제와 국회의원 소선거구제가 실시됨에 따라 각종 컬러 인쇄물과 선거 홍보물 인쇄·출력이 큰 수요로 자리하게 되었다. 이후에도 영화 관람이 대중문화로 자리 잡아 영화 전단과 포스터 인쇄·출력의 수요가 늘어나면서, 을지로 인쇄업의 활황은 지속되었다.

요컨대, 을지로는 1960~1970년대를 거치며 금속, 전자, 철물, 공구, 조명, 타일, 가구, 도배, 인쇄 등 업종의 소규모 업체들이 밀집한 도심 최대의 제조업 중심지로 거듭나게 되었다. 이곳의 상공인들은 그만의 방식으로 산업 생태계를 형성하며 1970년대 서울의 근대화 및 산업화를 이끌었다. 구리색 흙바닥의 약방거리가 제조업의 중심으로 변모하는 데는 고작 70년밖에 걸리지 않았다. 하지만 사회 변화의 속도가 너무 빨랐던 탓인지 을지로의 호황은 늘 안정적이지는 못했다. 을지로의 현재 그리고 '힙지로'라는 새로운 공간을 이해하기 위해서는 더욱 가속화되는 그 변화의 양상을 자세히 살펴볼 필요가 있다.

'힙지로'의 탄생과 변화

을지로 산업 생태계의 변화

1970년대 활기를 띠었던 을지로는 얼마 안 되어 변화의 조짐을 보이기 시작했다. 을지로에는 전기·전자, 건설·자재·조명·타일, 금속·철물·공구, 인쇄·출판 등 다양한 업종들이 얽혀 있었는데, 업종별 형편과는 별개로 일대의 전반적인 쇠퇴 분위기가 감지되고 있었다. 1968년에 있었던 1·21사태의 직·간접적 여파 때문이었다. 여전히 전시 상황임을 상기시킨 이 사건으로 인해 시민들 수백만 명이 한강 이북에 몰려 산다는 사실은 그 자체로 공포심을 불러일으켰고 이를 달래기 위해 정부는 1970년대에 강남 개발에 착수했다. 강남이라는 새로운 땅에 부여된 도시공학적 의미와는 별개로, 강북을 벗어나야 한다는 인식 풍조 속에서 중심부 분산이라는 과제를 두고 펼쳐진 정부의 정책들은 을지로 일대의 동력이 약해지게 되는 배경이 되었다.

정부는 사대문 내 신축 건물 용적률을 낮추고 각종 건축 규제를 강화함으로써 강북 도시 개발을 억제했다. 이

것은 당시 야심차게 등장해 막 비상하려던 최대의 주상복합타운인 세운상가에 타격을 주었다.[14] 1977년에는 세운상가의 핵심이었던 전기·전자 업종이 도심 부적격 업종으로 지정되었고 도시 외곽 이주 정책이 펼쳐졌다. 민간자본 유치로 용산구 한강로 2·3가, 원효로3가에 1987년 용산전자상가가 조성됨에 따라 세운상가 일대의 전자·전기상 1만 2,000개 점포가 용산으로 이전되었고, 따라서 서울의 대규모 전자상가의 중심이 양분되게 되었다.[15]

또한 서울시는 도심지 인구 및 기능 분산과 교통 체증 완화 정책으로 을지로·청계천 일대의 공구상 9,000여 개를 사대문 밖으로 이전시킬 방침을 세웠다. 그리고 약 10년 뒤인 1988~1992년 구로동, 시흥동 및 서울시 외곽에 산업용품 전문 상가를 조성하여 기계공구상을 대거 이전시켰다. 그 결과 계속되는 건축, 건설의 수요로 건설 자재상이 늘어나는 양상을 보이기도 했지만, 그 양적 증가와는 별개로 강남의 중추적 성격이 강화되고 각종 분산 정책이 전개됨에 따라 이전까지 기대되었던 세운상가 및 을지로 상공업의 장래는 점차 퇴색하게 되었다. 또한 소득 수준의 발전으로 종합상가나 소규모 제조업체를 찾는 일보다 명동으로 대표되는 백화점과 대형마트, 브랜드 제품에 대한 수요가 많아지고 동시에 대규모 고급 아파트 단지들이 등장하기 시작하면서 주상복합 세운상가의 인기는 10년도 되지 않아 시들었다.

나아가 세운상가는 오히려 도시 경관을 해치는 건물

로 인식되기 시작했다. 1971년 도시계획법 개정과 1976년 도시재개발법 제정을 근거로 하여 정부는 1979년 「세운상가 재개발 구역 결정고시」를 통해 세운상가 군 동측 부분을 재개발 구역으로 지정했고, 작업이 순탄치 않자 이어 1984년 「도시재개발사업계획 변경결정 고시 및 지적승인」을 통해 42개 지구를 세분화하여 사업을 조속히 추진하고자 했다. 그러나 이 사업은 실효성 없이 표류하는 양상을 보이게 되었다. 상가 동측 두 곳('국도호텔', '남산센트럴자이') 외에 실질적인 개선 없이 재개발에 대한 소문만 무성한 상황이 30여 년간 지속되었는데, 그러다 보니 이곳을 찾는 사람이 줄어들게 되고 상당 정도의 상인들이 흩어졌다.[16]

한편, 1983년에는 을지로 경관 정비를 위한 을지로2가 지구 재개발 사업이 추진되었다. 이에 따라 1984년 을지로2가, 장교동, 수하동에 걸쳐 있는 지역 2만 7,959m² (8,458평) 에 180개 건물이 들어찬 속칭 '인쇄골목'이 철거되었다. 그리고 그 자리에는 중소기업은행, 쁘렝땅백화점, 한국화약빌딩 등 대규모 상업 빌딩들이 들어섰다. 이 재개발 사업으로 인해 1970년대까지 서울 최대의 인쇄업 밀집지역이었던 장교동의 500여 개 인쇄소들은 인현동으로 대거 이전하게 되었고, 나아가 을지로동, 필동 등 을지로 일대를 넘어 장충동, 신당동, 오장동, 광희동 등으로 분산되었다.[17]

> 100년이 넘은 고옥들과 해방 이후 들어선 인쇄소 구두방 등이 다닥다닥 붙어 있어 옛 서울의 모습을 한눈에 볼 수 있었던 곳. 도시 현대화의 거센 물결에 밀려 지난해 9월부터 낡은 건물과 집들이 헐리기 시작, 이제는 구역 한복판에 26평가량의 목조건물 한 채가 덩그렇게 남아 사라지는 옛 장교동을 외롭게 지키고 있다.[18]

> 6월 말까지 공업 지역으로 이전하라는 당국의 입장과 인쇄업의 특성상 불가능하다는 업계의 주장이 맞서 진통을 겪고 있는 중구 인현동과 을지로 일대의 인쇄촌. 그러나 사실 우리나라 인쇄업계는 날로 늘어나는 인쇄 물량의 증가에도 불구하고 우후죽순처럼 늘어난 인쇄소의 난립으로 대부분 다른 산업에 비해 영세성을 벗어나지 못하고 있다.[19]

이러한 어수선한 상황에도 불구하고 을지로의 인쇄 산업은 영화 포스터, 국제 스포츠 행사의 컬러 인쇄물, 선거 홍보물 등의 거대한 수요로 1990년대까지 "배달 차량이 골목을 가득 채워 서로 빨리 가려고 매일 싸움이 났을 정도로"[20] 성업이었다. 하지만 이곳의 인쇄업은 1997년 외환위기가 촉발한 전방위적 곤경을 피해 가지는 못했다. 경기 침체로 인해 1990년대 말부터 일대의 산업 전반은 정체 상태를 보였고 나아가 경영 악화를 견디다 못해 가게를 접고 떠나는 인쇄업체들이 속출했다. 파주출판단지 이주가 시작된 2000년대부터는 인쇄업 종사자 수가 지속적으로 줄어들고 1인 사업장이 증가하는 경향을 보이게 된다.[21] 물론 이 외환위기와 파주출판단지라는 변수만이 인쇄업 쇠퇴에 절대적 영향을 끼친 것은 아니었다. 1997년 선거법 개정으로 인한 선거 홍보물 규제 그리고 휴대폰, PC 등과 같은 개인 정보 통신 수단의 보급은 인쇄물 수요의 급격한 감소로 이어졌다.[22] 결정적으로, 점차 진행되어 온 제반 매체의 대대적인 디지털화는 이제 상수가 되어 인쇄소에 새로운 도전을 요구하고 있으며 점점 높아지는 임대료 또한 불가항력으로 작용하고 있는 상황이다.

요컨대, 을지로 일대는 세운상가, 청계천을 중심으로 그리고 거리와 골목마다 들어찬 공구, 철물, 건설 유관 자재, 인쇄 등 영세업체들의 활기를 바탕으로 도심 제조업의 중심지로 자리했다. 그러나 곧 이어진 정부의 강남 개발과 1980년대 각종 규제·분산 정책 및 재개발 여론 등으로 어수선한 분위기가 조성되었다. 그럼에도 불구하고 이곳 상공인들의 활발한 경제 활동은 쉽게 멈추지 않았다. 1970년대부터 가전제품들의 수요는 계속되었고 1980~1990년대에는 게임기와 오디오와 노래방 산업이 발전했고, 신도시 개발 붐과 함께 건축, 인테리어 산업도 발달하게 되었다. 직접적인 쇠퇴 양상을 보이게 된 건 1990년대 말로, IMF 외환위기에 따른 한국 사회 전반의 경기침체로 인해 이 일대 상권은 하향 추세에 접어들게 되었다.[23]

하지만 현재 이곳이 완전히 몰락했다거나 전적으로

슬럼화되었다고 생각하는 것은 곤란하다. 이곳 상인들은 대체적인 하락 추세와 사회적 기피 담론 및 정부의 규율 정책 속에서도 오랜 기간 자생적으로 형성해 온 네트워크, '인프라스트럭쳐'로서의 사회자본, 주문형 시스템 등 그만의 방식으로 산업 생태계[24]를 유지해 왔으며 높은 도심 제조업 비중을 차지하며 여전히 생업을 지속하고 있다. 을지로를 조금이라도 걸어 본다면 바쁘게 움직이는 업장들의 모습을 쉽게 확인할 수 있다. 그리고 조금 더 오래 머물러 본다면 또 다른 이질적인 풍경도 눈에 들어올 것이다. 이 글이 주목하는 '힙지로'의 그것이다. '힙지로'는 젊은이들에게 인기 있는 문화소비 공간 '핫플레이스'다. 본격적으로 이 새로운 경관을 들여다보기에 앞서 한국에서 핫플레이스가 어떤 경위로 등장하고 진화했으며 오늘날 을지로에 당도하게 되었는지를 살펴볼 필요가 있다.

'핫플레이스'의 진화

'핫플레이스(hot place)'는 다른 장소와 차별화되는 독특함이 사람들을 유인하는 요인이 되어 활기를 띠는 장소를 의미한다. 핫플레이스를 사람들이 즐기는 하나의 '주류적'이고 '유행하는' 문화소비의 공간이라고 보았을 때, 그 외래어가 유입 및 사용되기 전부터 그러한 성격의 공간들은 이미 형성되고 존재해 왔으니, 시기마다 그 성격이 어떻게 변화해 왔는지를 탐색해 볼 필요가 있다. 그 변천의 배경에는 어떠한 공간을 주류적인 것, 최신 유행의 것으로 만들고 활기를 부여하며 특정한 문화를 형성해 내는 주체인 젊은 세대가 자리해 있다.

한국 사회에서 독자적인 청년세대 문화가 등장한 시기는 1970년대다. 이전까지 젊은층의 활동이 정치적 사건을 중심으로 이루어졌던 반면, 이때부터는 자신들만의 생활양식을 갖는 하위문화이자 기성세대에 대한 대항문화로서 청년문화가 등장하기 시작했다. 한편, 이 시기에는 경제 성장과 함께 문화산업 및 미디어산업이 발전하기 시작하여 신문, 잡지, 라디오, 텔레비전, 영화 등을 매체로 하는 대중문화가 확산되었다. '통·블·생(통기타·블루진·생맥주)'으로 상징되는 이 청년문화의 주 무대는 명동과 신촌이었다. 명동은 일제강점기 명치정, 근대화 시기 중심 소비 상권의 명맥을 이어 다방, 음악 감상실 등이 몰려 있는 공간이었는데, 청년문화가 여기에 들어서게 된 것이다. 하지만 1975년 '대마초파동'과 '가요정화운동'이 일어나고 서구 낭만주의 문화가 퇴폐문화로 규정되면서 명동은 청년세대 공간으로서의 기능을 점차 상실하게 되었다. 한편, 같은 시기 신촌은 연세대학교, 이화여자대학교, 서강대학교, 홍익대학교를 연결하는 신촌로터리를 중심으로 공연장, 당구장, 음식점, 서점, 카페 등이 들어서면서 대학생들의 아지트 역할을 하게 되었다.[25]

1980년대에도 청년문화의 중심지는 대학가였다. 다

만, 전까지의 청년세대 문화가 자유주의적, 낭만주의적, 엘리트 지향적이었던 데 반해, '5·18 광주민주화운동'을 계기로 활발한 학생운동을 펼친 이 시기 청년세대는 독자적인 '대학문화'를 지니고 있었다. 이때 대학생들은 자본주의 상업 문화 비판, 한국 고유의 주체적 문화와 대승적 화합을 추구했고 대동놀이, 탈춤, 풍물패 등 전통 문화예술 활동을 펼치며 '민중문화'를 형성했다. 한편, 1980년대 중반에 접어들어 한국 사회는 경제 자율화 및 안정화 정책과 '3저 호황(저금리·저유가·저달러)'에 기반한 수출 주도 산업으로 경제적 호황을 맞이했고 국민 소득이 획기적으로 증가하면서 중산층이 늘어나게 되었다.[26]

1990년대는 한국인의 가치관에 큰 변화가 발생한 시기였다. 군부 정권이 종식되고 민주화가 이루어짐으로써 사람들은 자유로운 분위기를 만끽할 수 있게 되었고 그동안 억눌려 있던 사회·문화적 욕구를 발산시켰다. 나아가 시민들의 경제력 상승과 소비자 정체성의 형성으로 의식주 전 영역에 걸쳐 본격적인 소비사회로 진입하게 되었다. 이때 상품 소비가 자신을 드러내는 하나의 기호와 스타일로 작용하기 시작했는데, 이는 청년세대에게도 마찬가지였다. 청년세대는 투쟁적 성격의 문화 담론으로부터 벗어나 대중문화를 중심으로 한 문화적 정체성을 형성하게 되었다. 또한 이제 청년세대는 대학생 신분에 의해서만 전유되지 않았다. 대중-청년을 아우르는 이 새로운 집단은 '신세대' 혹은 'X세대'라 불리며 소비문화를 주도했다. 이전 청년문화의 중심이 되었던 대학가에 점차 획일성을 띠는 체인점들이 들어서자 신세대 청년들은 다른 곳으로 눈길을 돌리기 시작했다. 이로써 밴드 공연, 언더그라운드 클럽 등의 인디문화 및 하위문화가 형성된 독자적인 문화소비 공간으로 홍대가 부상했고, 다른 한편으로 고가의 서구 패션 브랜드 가게들과 고급 음식점들이 들어선 압구정동이 이른바 '오렌지족'이라고 불리는 신흥 중산층 자녀들의 소비문화 장소로 주목받기 시작했다.[27]

> 은은한 할로겐 조명, 홍콩의 최신 뮤직비디오가 흘러나오는 위성 MTV, 담배 연기 자욱한 당구대, 랩이 펑펑 울리는 5cm 두께의 평면 스피커…. 테이블마다 수신 번호가 다른 전화기와 팩시밀리를 두는가 하면 심지어 카페 안에 갤러리를 설치한 곳도 있다. 이런 '자극'으로 한 달에 무려 4천 5백만 원 이상의 매상을 올리는 곳도 있다. […] '서로 통하는 느낌과 자유가 있어서 카페를 찾는다'는 젊은이들, 도대체 무엇이 젊은이들을 '유혹'하는지, 서울 압구정동과 홍익대학교 부근의 이름난 카페 다섯 곳을 찾아 봤다.[28]

1997년 외환위기의 여파로 시작된 2000년대는 전지구적인 신자유주의의 영향이 확산되는 한편, 초고속 인터넷을 기반으로 하는 온라인 커뮤니티 활동이 활발하게 펼쳐진 시기였다.[29] 세계화의 흐름과 디지털 문화가 빠르게 안착하는 와중에 일본의 대중문화를 포함한 외국의 문물과 양식이 하나의 '라이프스타일'로서 빠르게 유입되었다. 'N세대(Net Generation)'라 불리는 이 시기 청년세대는 온라인 공간을 활용한 자기표현과 디지털 기술 사용, 외국 라이프스타일과 같은 새로운 문화자본 획득을 일상생활과 소비활동의 바탕에 두고 특유의 문화적 코드를 형성했다. 가로수길, 이태원, 삼청동이 바로 이들의 주요한 문화소비 공간이 되었다. 이 세 구역은 차례대로 각각 ① 압구정동과 청담동의 높은 임대료를 피해 유학파 패션 디자이너들이 자리 잡기 시작하면서 ② 역사적으로(미군기지, 이슬람사원, 이주노동 등) 외국인 문화가 형성해 온 '이국성'을 활용해 레스토랑들이 들어서기 시작하면서 ③ 문화재 보호 규제가 완화됨으로써 인사동에 있던 갤러리들이 대거 이전하고 한옥을 개조한 외식업체들이 들어서면서 형성된 문화소비 공간이다.

스마트폰의 상용화로 시작된 2010년대에 청년들은 온라인 공간을 '손에 쥐게' 되었다. 이 시기에 들어 디지털 리터러시와 새로운 양식의 소비문화를 바탕에 두고 온오프라인 공간을 가로지르며 자신을 드러내는 것이 일상화됨에 따라 사람 간 의사소통과 장소와의 관계 맺음 양상은 새로운 국면을 맞이하게 된다. 'N세대'의 연장선이자 '밀레니얼세대'라고도 불리는 이들 청년세대는 이미지, 영상 기반의 커뮤니케이션을 체화한 상태에서 적극적인 형태로 소비문화를 향유하고 또 생산하는 주체라고 할 수 있다.[30] 이태원, 성수동, 문래동, 연남동, 망원동, 익선동, 을지로 등은 소셜미디어상 '해시태그(#)' 기능을 통해 이루어지는 청년세대의 일상적 실천에서 주요하게 드러나는 문화소비 공간이라고 할 수 있다. 소셜미디어를 기반으로 하는 이들의 일상적 실천은 노마디즘적 성격을 지니고 있기 때문에 이때부터의 청년 문화소비 공간은 몇몇 지역, 장소로 규정된다기보다는 소셜미디어 해시태그를 통해 망을 이루며 형성된다는 점에 주목할 필요가 있다. 바로 이 지점에서 '핫플레이스'는 오늘날 문화소비 공간의 성격을 지시하는 용어로서 사회적으로 인입된다. 한국에서 '핫플레이스'라는 용어가 등장하기 시작한 시점은 2008~2009년이다.

> 요즘 서울에서 최고의 핫플레이스로 꼽히는 삼청동과 신사동 가로수길을 가보면 몇 가지 공통점이 있다. 청담동이나 도산공원 길의 크고 잘 차려진 카페나 레스토랑이 아닌, 유럽 시골 동네에서 볼 수 있을 것 같은 작고 소박하지만 멋스러운 장소가 많다는 것이다.[31]

> 이국적인 맛, 역과 가까운 위치, 그리고 이태원이라는 지역의 특수성 때문인지 '마이타이'는 오픈 후 바로 이태원의 핫플레이스로 떠올라 주말에는 일 매출 300~400만 원 정도에 이르고 있다.[32]

> 행사가 펼쳐진 청담동 르뉘블랑쉬는 최근 젊은이들이 즐겨

찾은 이른바 '핫플레이스'로 소문난 곳이다. 미니의 진취적인 이미지와 잘 들어맞는다는 것이다.[33]

위 기사 사례와 같이 당시 '핫플레이스'라는 신조어는 '유럽식' 분위기라 여겨지는 장소를 가리키거나 이국성이나 진취성을 표방하는 개별 점포들을 판촉·홍보하는 경우에 주로 사용되었다. 이처럼 제한적으로 인식되던 핫플레이스 개념은 2010년에 들어서서 기사에서 다루어지는 횟수가 꾸준히 늘어났으며 2013년경부터 급증하면서 사회적으로 안착되는 양상을 보인다.

요컨대, 사회·문화적 변화의 흐름에 따라 청년세대의 주요 문화소비 공간은 1970년대 명동·신촌, 1980년대 대학가, 1990년대 홍대·압구정, 2000년대 가로수길·이태원·삼청동, 그리고 2010년대 다양한 핫플레이스들로 이어져 왔다. 하지만 이러한 변화가 결코 단절적이지 않았다는 점을 유의해야 한다. 주요 문화소비 공간으로 호명된다고 해서 그 구역이 지배적인 위상을 계속 유지하는 것은 아니며 시기가 지났다고 해서 상권이 무조건 쇠퇴하거나 폐기되는 것만도 아니다. 여전히 홍대, 신촌 등은 인기 있는 만남의 장소이며, 그 공간의 영향은 합정동, 망원동, 상수동, 연남동 등으로 번져 가며 미묘하게 다른 성격의 장소들을 만들어 내기도 한다. 성수동은 2014년부터 핫플레이스로 입소문을 타기 시작해 현재까지도 꾸준히 인기를 끌고 있고 이태원의 경우는 해방촌, 경리단길 및 여타 길 단위로 세분화되며 또 다른 국면을 맞이하고 있다. 특히 경리단길과 관련해서는 이미 언급한 것처럼 카페와 맛집이 군집해 유명세를 탄 지역에 '–리단길'을 갖다 붙이는 현상 또한 발생하고 있다. 그리고 마지막으로 최근에 부상한 을지로의 경우가 있다. 핫플레이스로서의 을지로3가, '힙지로'는 2018년에 주목되기 시작했다.

> 손님이 찾지 않을 것 같던 낡은 산업화의 골목에 최근 젊은 예술가와 창업가들이 새로운 숨을 불어넣고 있다. 화려함과 거리가 먼 서울의 중심, 그곳에서 새로운 문화를 생산하고 있는 공간과 사람들을 만나러 을지로로 향했다. 4층에 도착해 조심스레 철문을 여니 오래된 호텔 로비 같은 카운터와 빈티지한 조명이 반겨줬다. 낡은 건물 외관에 가려진 내부는 디자이너들의 독창적인 감성으로 가득 채워져 있었다. 을지로의 여느 가게들처럼 알고 찾아가지 않으면 방문할 리 없는 곳에 자리했지만 금세 '힙스터'들의 성지가 됐다.[34]

> 낡은 것과 새것의 어울림이 오묘한 분위기를 자아내는 을지로3가는 '힙지로'라는 별명답게 추석 연휴에도 사람들로 북적였다. 이곳에서 자리를 지키고 있는 이들은 저마다의 이유로 을지로3가에 들어왔다. 카페 잔의 주인인 박씨는 2014년 한옥을 개조해 카페 식물을 열면서 초기 익선동 상권을 형성했지만 홍콩 영화를 떠올리게 하는 을지로3가에

반해 이곳에 발을 디뎠다.[35]

최근 대한민국을 강타한 '뉴트로' 열풍의 배경이다. 단순히 옛 추억을 좇는 '레트로'와는 의미가 조금 다르다. 해당 시대를 경험해 보지 못한 젊은 세대에게 옛날 아이템이란 '향수'가 아닌 '신선함'으로 다가오는 것이다. 빈티지에 20대 젊은 세대가 열광하는 이유도 여기 있다. 뉴트로 열풍의 중심에도 역시 힙지로가 있다.[36]

'힙지로'는 서로 충돌하는 이항대립적 단어 사용을 통해 주로 묘사된다. 낡은·오래된·빈티지한·낡은 것/새로운·새것. 이 둘이 결합됨으로써 발생하는 '독창적'이고 '오묘'하고 '신선한' 분위기가 바로 젊은 세대에게 소구하는 이 핫플레이스만의 특성이다. 이러한 이질적인 요소 간의 조합 내지 충돌은 새롭다는 의미의 '뉴(new)'와 복고를 의미하는 '레트로(retro)'의 합성어로 비슷한 시기에 유행하기 시작한 '뉴트로'라는 개념, 즉 복고를 새롭게 즐기는 경향 및 새로운 복고의 흐름을 반영한다. '힙지로'라는 새로운 명칭에는 이 같은 성격과 그 이항대립의 결합 구조가 그대로 담겨 있다.

[새 것 : 낡은 것] = [뉴 : (레)트로] = [힙 : (을)지로]

즉, '힙지로'는 새로운 것과 낡은 것이 결합됨으로써

물리적 형태를 띠며, 젊은 사람들은 그렇게 형성되는 특수한 공간적 분위기를 매력적으로 느낀다. 앞선 흐름을 되짚어 보건대, 기본적으로 핫플레이스는 젊은이들이 특정한 재밋거리, 즐길 거리, 이국적인 것과 최신의 것을 경험할 수 있는 공간으로 기능해 왔다. 다만, 그 요소의 성질과 표출 양상이 가변적이기에 사회·문화의 흐름에 따라 변화해 왔고 시기마다 주목되는 장소가 달라졌을 뿐이다. 그리하여 우리는 '힙지로'에 당도하게 된다. 이곳에서는 새로운 것과 낡은 것이 뒤엉키며 이것이 또 소셜미디어에 의해 매개됨으로써 새로운 장소성이 형성된다. 그것이 바로 오늘날 '힙지로'로 대변되는 핫플레이스의 최신 경향이라고 할 수 있다.

이미지와 기호를 통해 본 '힙지로'의 경관

'힙지로'의 공간 구성

해시태그 세상에서 새롭게 발현한 핫플레이스로서 '힙지로'는 을지로3가를 중심으로 형성되어 있다. 을지로의 제조업 네트워크는 상술했듯 실핏줄처럼 복잡하게 얽혀 있기 때문에 경제 활동에 따른 공간적 인식에서 특정한 경계가 이곳에서 실상 큰 의미를 갖는 것은 아니다. 말하자면, 일대에 집적된 생업 노동의 본거지들이 그곳에 자리해 있는 것일 뿐이다. 그렇지만 논의의 핵심으로 들어가기 위해 우리가 살펴볼 공간을 하나의 법정동으로서 을지로3가의 행정 구역으로 좁혀 이 지역이 어떻게 구성되어 있는지를 파악할 필요가 있다. 좌우로는 을지로3가역 2번, 11번 출구부터 종으로 뻗은 대림상가의 좌측까지, 그리고 위아래로는 을지로3가역 4번, 5번 출구부터 8번, 9번 출구까지의 범위가 을지로3가에 해당한다.

우선, 을지로 대로(지하철 2호선 라인)를 기준으로 조명, 아크릴 및 간판, 타일 및 도기, 진열 집기, 철물 등을 취급하는 상점들이 줄지어 있는데, 충무로(지하철 3호선

라인)를 기준으로 왼쪽은 '타일특화거리'로 오른쪽은 '조명특화거리'로 불리고 있다[37]. 이제 골목으로 들어가 보자. 을지로와 충무로(지하철 2호선과 3호선 라인)가 교차하며 나 있는 사거리를 중심으로 4개 면을 임의로 설정하여 개괄적으로 설명해 보자면, 먼저 1사분면(우측 상단)에는 주로 소규모 금속업체들이 자리해 있고, 2사분면(좌측 상단)에는 입구 길목을 타고 소수의 공구업체들과 이제는 한 업체가 장악한 상태에 있는 '노가리골목'이 위치해 있다. 3사분면(좌측 하단)에는 여러 인쇄업체들이 바쁘게 기계를 돌리고 있고 그 사이사이 신규 음식점이 이질적으로 섞여 있으며, 왼쪽 끝 면에는 '골뱅이골목'이 자리해 있다. 4사분면(우측 하단)에는 주로 인쇄업체들이 위치해 있다. 밤이 되면 한눈에 보아도 생경한 분위기를 자아내는 곳은 2사분면과 3사분면 특히 3사분면의 골목으로, 이곳이 지금부터 집중하고자 하는 구역이다.

흔히 '힙지로'라고 했을 때 인식상으로 대입되는 물리적·지역적 공간인 을지로3가의 범위와 '힙지로'는 판박이처럼 일치하지 않는다. 이를 보다 더 구체적으로 살펴보기 위해서는 시간대별로 달리 나타나는 경관에 주목할 필요가 있다. 아침과 낮에 이곳은 청계천, 을지로 일대가 이루는 거대 네트워크의 일부로, 주로 인쇄, 조명, 타일, 간판, 금속, 철물업자들이 일하는 곳이다. 오래된 업체들이 다닥다닥 붙어 있는 모양새, 쉴 새 없이 돌아가는 기계소리와 지류를 나르며 골목을 가로지르는 '삼발이'(인쇄물 운송수단), 점포 앞에서 담배를 피우며 휴식을 취하는 근로자 및 '사장님' 등이 이 시간대 여러 층위의 경관들을 이룬다. 저녁 시간인 6시경부터는 인쇄기와 삼발이가 발산하는 소음이 점점 잦아들고 '멋있는' 복장을 착용한 젊은 남녀들이 하나둘씩 등장하기 시작한다. 어둠이 깔릴수록 그 밀도와 말 소음의 정도가 점차 높아지고 간판들도 번쩍이기 시작한다. 바로 여기에서 우리가 일반적으로 지칭하는 그 '힙지로'의 모습을 확인할 수 있다. 즉, '힙지로'는 밤에 등장한다.

그것이 속칭이라고 할지라도 '힙지로'는 엄연히 사람들에게 오고 가고 만나고 무언가를 경험할 수 있는 하나의 공간성을 제공한다는 점에서 실제적이다. 다만, 앞서 지적했듯 그것은 을지로3가 그 자체가 아니라 그 지역을 중심으로 자리한 인기 있는 주요 음식점들의 점적 분포와 유동 인구가 만들어 내는 추상적 덩어리로서 구성된다. 따라서 특정한 톤앤매너로 꾸며진 가게들의 밀도와 이를 경험하러 온 젊은이들이 생성해 내는 '요란함'의 정도가 높아지는 곳, 이로써 특수한 경관이 형성되는 곳을 중심으로 그 공간성이 형성된다. 요컨대, '힙지로'라는 공간은 경관적으로 인지되는 추상적 이미지의 집합이다.

밀도 높은 이미지 집합은 해당 지역 내에 균질하게 분포되어 있지 않다. 오른쪽 아래 지도에 빗금으로 표시한 부분이 밤 시간대에 사람들이 많이 모여 밀도가 높은, 흔히 말하는 '힙지로'의 공간성을 제공하는 곳으로, 을지

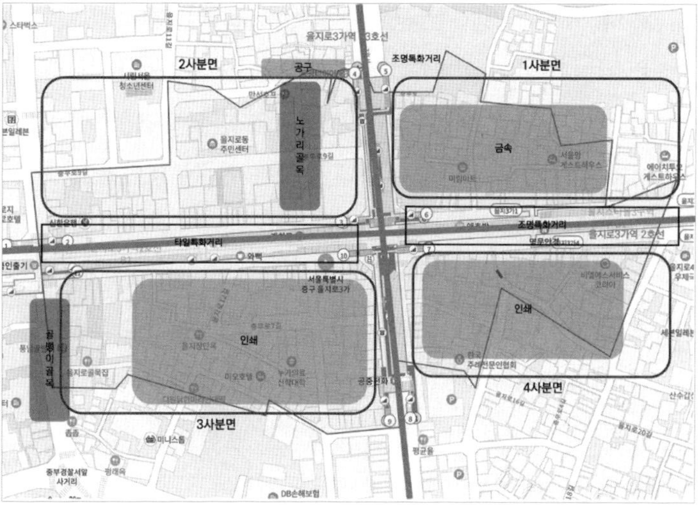

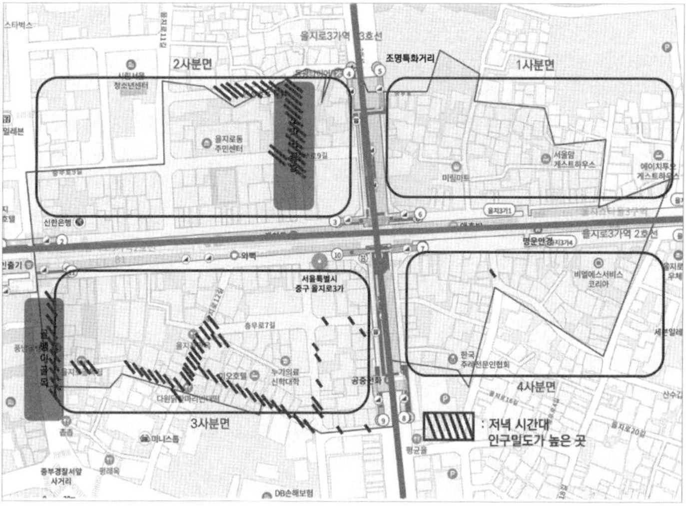

(위)
을지로3가의 공간 구성

(아래)
을지로3가의 저녁 시간대 인구밀도

로3가 내에서 일정한 구역을 형성하고 있으면서도 그것을 넘어서 있기도 하다. 크게 보아 '노가리 골목'과 '골뱅이 골목' 그리고 3사분면 내 골목(이하 '인쇄 골목')[38]이 '힙지로'의 공간성이 압축된 형태로 나타나는 구역이라고 할 수 있다. 앞에서 언급했듯 노가리골목과 골뱅이골목은 오래전부터 일대의 노동자들이 값싼 안주와 함께 시원한 맥주를 마시기 위해 즐겨 찾으며 자생적으로 형성된 곳이었는데, 그 '문화'를 경험하고자 하는 젊은 세대가 늘어나기 시작하면서 본의 아니게 초기 힙지로 탄생의 본거지 역할을 했던 골목이다.

가게 내부가 손님으로 꽉 찬 상태라는 전제하에,[39] 차 출입을 제한시킨 상태로 노상에서 술을 마실 수 있게 해 놓은 노가리골목과 차가 다니는 수표로 옆 좁은 인도에 가게가 들어서 있는 골뱅이골목 간 밀도 및 경관 분위기에는 차이가 있다. 규모가 큰 마을 잔치나 행사에서 느낄 법한 시끌벅적함, 떠들썩함의 정도는 노가리골목에서 훨씬 더 높게 나타난다. 기본적으로 두 골목은, 특히 노가리골목은 여전히 사람들의 발길이 끊이지 않는 인기 있는 장소로 '힙지로'라는 경관-이미지 집합을 주요하게 구성하고 있다.

반면에 인쇄골목은 '힙지로'라는 단어가 등장한 시점 이후 비교적 최근인 2018~2019년부터 경관이 급격히 변하기 시작하고 사람들이 붐비기 시작한 골목이다. 앞선 두 골목은 특정한 안주 및 음주 문화가 새로운 세대에 의해 전유된 것으로 봐도 무방하지만, 인쇄골목에 하나둘씩 들어서고 있는 신규 음식점들 그리고 이들이 자아내는 경관-이미지의 분위기와 상황은 무언가 독특하고 새로운 면모를 보인다. 어쩌면 바로 그 지점이 오늘날 핫플레이스 진화 경로의 최선두 혹은 그 새로운 장소의 특수한 성격이 발현되는 곳은 아닐까?

이미지의 포화, 기호의 전유

인쇄골목과 면하여 있는 을지로3가역 10번 혹은 11번 출구로 나와 지나가게 되는 대로변은 겉으로 보기에 을지로나 종로 일대 혹은 여타 소규모 상공업 점포 집적지의 다른 거리들과 비교했을 때 업종에 차이가 있을 뿐 크게 달라 보이지 않는다. 상술했듯 여기에는 조명, 타일 및 도기, 아크릴 및 간판 등의 업체들이 빈틈없이 줄지어 있다. 하지만 블록 안으로 접어들면서부터 벽면과 점포의 철제 셔터 등에 그래피티 혹은 낙서들이 하나둘씩 보이기 시작하고 골목 안으로 들어가면 갈수록 시각적 요소들은 더욱 복잡해진다.

이는 크게 외관의 물리적 형태와 그 겉면들을 채우고 있는 이미지들로 구분하여 설명될 수 있다. 우선, 해당 구역 안에는 사선으로 뻗은 좁다란 골목들이 자리한다. 여기 건물의 층수는 대부분 2층으로 낮으며 바깥 변과 마찬가지로 각기 다른 벽면 질감의 건물들이 1미터 이내 간격으로 혹은 아예 붙어 있는 형태로 빽빽이 들어서 있다. 찌든 때가 달라붙어 있거나 겉면의 페인트가 벗겨져 있거나 일부 구조물들이 부식되어 있기 때문에 대부분 건물의 연식이 오래되었음은 감각적으로 쉽게 경험된다. 골목 내 대각의 좁은 길은 바로 이러한 건물들이 배치되어 있는 꼴로써 나 있다. 그리고 지역의 기반 시설으로서 얼기설기 뭉친 전선들과 이를 잇는 전신주들이 좁은 길을 타고 뻗어 있으며 건물 혹은 점포마다 가스 배관, 가스계량기, 실외기 등도 그대로 노출되어 드러나 있다. 이러한 '정돈되지 않은' 형태들의 조합이 이곳 경관의 기본 골격을 형성한다.

벽면에는 그래피티, 불법 스티커 전단, 포스터, 가게들마다의 간판, 메뉴판, 일부 가게가 설치해 놓은 거울 등의 시각적 이미지들이 가득 차 있다. 점포들의 전면부를 평면적으로 묘사하자면, 그것이 인쇄업체일 경우 그 안(혹은 앞)의 삼발이, 인쇄·출력 기계와 작업하는 사람들, 그것이 음식점일 경우 유리창 안쪽에 모습을 드러내고 있는 '이국적' 실내 인테리어와 손님들, 부착된 음식 사진, 각종 디자인 오브제, 웨이팅용 의자 등이 노출되어 있다. 또한, 흔히 방향이나 주소를 지시하는 도로 사인 및 명판의 형태를 띤 가게의 사인물들이 그 사이에 의도적으로 끼어 있기도 하다. 이 모든 제각각의 이미지들은 번잡한 형태로 과밀하게 분포한다. 즉, 가게의 전면부와 벽면을 모두 포함하여 이곳은 낡은 외골격에 각종 인공 디자인 결과물이 마구 뒤섞여 시각적 공백이 거의 없는 이미지의 포화 상태이다.

이 이미지의 홍수 속에서 일반적으로 '여기가 바로 (당신이 찾는) 그 식당임'을 지시하는 식당 간판의 기호는 한발 뒤로 물러선다. 즉, 기호의 통합체적 구조 안에서 볼 때 다수 이미지들의 무작위적 병렬이 이루어지기 때문에, 이미지의 과다 상태라는 점은 그 자체로 가게 간판의 표상이 부각되지 않는다는 것을 의미한다. 간판의 기호가 단순히 수동적으로 물러나는 것만은 아니다. 일부 음식점에서는 간판을 전면에서 후퇴시키는 일종의 교란 전략을 적극적으로 채택하기도 한다. 힙지로 탄생 초기부터 지금까지 꾸준히 자리하고 있는 한 카페 겸 바는 이런 방식으로 유명세를 탄 바 있다. 그리고 이 '간판 없는 가게' 전략은 '힙지로'를 포함하여 오늘날 핫플레이스에 자주 등장하며 아래와 같이 주목되기도 한다:

> 대로변 1층 가게는 비어 가는데 을지로 뒷골목 2~3층에 있는 가게는 오히려 장사가 된다. 요즘 젊은이들의 힙플레이스는 을지로다. 이런 업소는 뒷골목에 간판도 없는 곳들이다. 트렌드 리더들은 아무나 가는 곳은 원치 않는다. 그들은 명품 로고가 크게 찍힌 가방은 힙하다고 생각하지 않는다. 대신 숨겨진, 나만 아는 것을 찾는다. 숨겨져 있어서 극히 선택된 자들만 아는 곳을 선호한다. 인터넷상 정보와

(왼쪽 위)
노가리골목 밤 풍경

(왼쪽 아래)
인쇄골목 거리

(오른쪽 위)
인쇄골목 밤 풍경

(오른쪽 아래)
인쇄골목 벽면

GPS 기술 덕분에 이제는 뒷골목에 숨겨진 곳도 탐험하듯 찾아갈 수 있게 되었다.[40]

가게 주인들은 이제 '어서 들어오라'고 직접적으로 말하지 않는다. 그저 우연히 지나가다 궁금증을 갖고 들어오는 사람, 입소문으로 가게를 알게 된 사람, SNS에서 보고 직접 찾아오는 사람들을 기다릴 뿐이다. 실제 공간과 상관없는 간판도 많아졌다. 사람들을 알아서 찾아오게 하는 공간의 확대는 SNS가 파생한 결과다. 페이스북과 인스타그램 등에 뜬 사진을 보고 사람들은 '좌표'를 찾아간다. PDT처럼 비밀스러운 공간에서 특별한 경험을 공유하고 싶어 하는 인간의 기본적인 심리도 작용했다.[41]

간판을 어떠한 모양새, 디자인으로 만들어 내느냐 혹은 그것을 어떻게 교묘히 감춤으로써 가게의 가치를 높이느냐 하는 것 외에 또 달리 채택되는 중요한 기호 전략이 있다. 전 임차인이 떠남으로써 폐기된 기호를 있는 그대로 남겨두고, 그 위에 (신규) 가게의 새로운 기호를 덧대는 방식이 그것이다. 여기에서 전 임차인이라고 함은 주로 기존에 자리하고 있던 인쇄업자들이라고 할 수 있다. '인쇄', '출력', '프린트' 등과 같이 이전 인쇄업체들이 사용했던 프린트물과 간판들이 벽이나 유리에 그대로 남겨진 채, 새로 들어온 외식업체의 간판 및 디자인 기호가 새로 추가되는 식으로 이 일대 이미지 엔트로피는 올라간다.

서로 다른 지층의 겹쳐진 기호들은 이질적이기 때문에 흡사 경합을 일으키는 것으로 보이지만 실상 의미적으로 충돌하지 않는다. 단지, 인쇄업체들이 남긴 폐기된 기호, 즉 기의 없는 기표들이 새로 들어온 개별 음식점들에 의해 전유되는 것일 뿐이다. 이는 앞서 설명한 벽면의 산만한 이미지들, 너저분히 돌출되어 있는 구조 형태들과 함께 기호들의 뒤엉킴과 유사 경합을 발생시킴으로써 '힙지로'의 고유한 경관적 분위기를 형성해 낸다. 이러한 식의 전유는 꼭 폐기된 것에 국한된 것이 아니라 노후화된 건물 자체, 번잡한 기반 시설 등 일대 사물 및 구조 전체를 대상으로 삼는다. 요컨대, 여기에서는 의미 간 경합이 발생하지 않는다. 모든 기호들이 '빈티지'의 표상으로 전유되며 여기에 얹히는 새로운 요소들과 함께 특정한 이미지 덩어리-경관과 고유한 장소성을 형성해 내는 데 동원된다.

이미지의 과잉, 기호의 향연이 만들어 내는 '혼란스런' 상과 '어수선한' 분위기, 나아가 의도된 방향 감각의 교란 속에서 사람들은 스마트폰 지도 어플리케이션을 사용하여 목적지에 도달한다. 단, 상대적으로 구획되고 넓은 길을 갖춘 타 상권과 비교하여 이 좁은 골목에서 목적지를 찾을 때에는 GPS를 확인하느라 10미터 간격으로 두리번거리며 휴대폰과 건물을 번갈아 쳐다본다거나 '여기 맞아?', '어! 여기다, 여기!'하는 식으로 일행과 위치를 상의하는 행동 빈도가 미시적 단위에서 급격히 높아질 뿐이다. 스마트폰과 함께 진화한 오늘날의 핫플레이스 문화에서 이러한 찰나의 혼돈은 전혀 문제가 되지 않는다. 오히려 스마트폰을 사용하는 행위 자체가 핫플레이스의 조건과 성격을 상당 부분 규정한다. 한 손에 스마트폰을 쥔 채 이곳을 찾는 이들에게 '힙지로'만의 경관이 어떠한 종류의 것이며 어떠한 장소성을 갖는지를 살펴보자.

생성되는 미디어스케이프

김상수(가명): 뭐 불편한 게 있나. 여기 젊은 애들은 다 밤에 오고 우리는 저녁 되기 전에 문 닫는데... 쓰레기? 뭐 담배꽁초 이런 거 버리기는 하지. 그런 거는 우리가 다 해야지. 아침에 와서 치우기는 하는데 그거 말고는...

인쇄업체 A의 대표 김상수는 최근 외식업체들이 늘어나고 젊은이들이 많이 방문하게 됨으로써 겪는 애로사항이 있는지를 묻는 내 질문에 위와 같이 대답했다. 밝히건대, 나는 현장 연구를 시작하기 전, 새로 형성된 상권 및 소비문화와 원주민의 기존 생업 활동 간에 특정한 종류의 충돌이 있을 것이라는 일종의 가설을 갖고 있었다. 위와 같은 반응이 전체를 대표하기는 어렵겠지만 인터뷰한 두 명의 인쇄업체 대표는 모두 예상과 달리 최근의 현상을 덤덤히 받아들이고 있었다. 언급된 대로 그리고 앞서 설명한 대로, 그 이유는 을지로가 도심 제조업 및 인쇄업의 거대 네트워크로 작동되는 시간대와 '힙지로'가 활성화되는 시간대가 엄밀히 다르기 때문이다.

낮에는 부지런히 움직이며 인쇄 작업을 하는 사람들과 골목을 드나드는 삼발이, 그리고 기계 돌아가는 소리가 공간을 지배적으로 채운다. 밤에는 실내·실외에서 즐겁게 밥과 술을 먹는 사람들, 벤치에서 웨이팅하는 사람들, 가게 앞에서 담배 피우는 사람들, 그리고 음식점에서 흘러나오는 음악 소리와 손님들의 대화, 웃음소리가 지배적이다. 낮과 밤에 달리 나타나는 이 주요 경관을 조금 더 자세히 구분해 볼 필요가 있다. 아파두라이는 전 지구적 흐름 속 자본주의의 외양, 사회적 실천으로서의 '상상력'과 개별 행위자들을 원근법적으로 구성하는 유동적·불규칙적인 층위들을 읽어내기 위해 경관(landscape)의 접미사를 따 '스케이프(scape)'를 다섯 가지로 구분하여 다양한 종류의 탈구를 논의한 바 있다.[42] 개념을 유연하게 적용해 보자면, 상술한 내용은 서로 다른 에스노스케이프(ethnoscapes), 사운드스케이프(soundscapes)를 드러내며 그것은 낮과 밤에 분리되어 완전히 다르게 나타나기 때문에 충돌이 이루어지지 않는다. 이미지 경관의 경우에는 앞서 살펴본 것처럼 단순히 서로 다른 발동 시간으로 인해 경합을 일으키지 않는 것을 넘어서 밤의 경관이 일대의 '빈티지' 이미지를 전유함으로써 '힙지로'의 장소성을 형성한다. 따라서 여기서 주목되어야 하는 바는 이곳에 핫플레이스가 생겨남으로써 발생하는 특정한 종류의 충돌이나 경합의 양상이라기보다는 새로운 장소성 그 자체가 되어야 할 것이다.

밥을 먹거나 술을 마시며 친구들과 수다를 떠는 행위는 일반적이다. 그리고 '예쁘고 분위기 있는' 혹은 '유명한' 곳에서 음식이나 자기 얼굴을 사진 찍는 행위 그리고 이를 자신의 SNS 계정에 게시하며 '나'를 구성·표출하는 일 또한 오늘날 일상적 실천으로 자리 잡았다. '힙지로'가 여타 문화소비 공간과 비교하여 다른 점이 있다면, 그들이 경험하는 그 공간의 물리적 형태와 경관에는 어딘가 색다르고 독특한 지점이 있다는 것, 따라서 사진으로 담기는 디지털화된 이미지의 경관 그리고 이것이 소셜미디어에 업로드됨으로써 집합적으로 형성되는 미디어스케이프(mediascapes) 또한 차별화된 구석이 있다는 점일 것이다.

맛집 프로그램과 같은 TV 대중매체에 의해 '매개된 중심 신화'가 힘을 잃고, 이미지 커뮤니케이션을 기반으로 외식 문화, 놀이 문화가 재조직되는 데는 인스타그램과 같은 소셜미디어의 영향이 크다. 고명지가 지적하듯, 문화적 실천의 매개체 및 확산체, 그리고 하나의 공간으로서 소셜미디어는 오늘날 핫플레이스를 성립시키는 조건이라고 할 수 있으며 탈경계성, 과시성, 유희성, 자기중심성 등을 특징으로 하는 그 활동을 통해 장소성의 외연을 확장시킨다.[43] 다른 맥락에서 안종수는 오사카 코리아타운에서 '한국적인' 것에 대한 이미지 연출 그리고 사진 찍기 및 소셜미디어 공유로 이어지는 관광객의 연행적 행위에 의해 가지각색으로 표상되는 '코리아'가 섞여 생성되는 새로운 장소성에 주목하며,[44] 나아가 이를 '코리아타운하기(Doing Koreatown)'로 규정한다.[45] 마찬가지로 '힙지로'에서 펼쳐지는 이들의 '핫플레이스 하기', 구체적으로 '힙지로 하기'는 주변 공간을 무대로 전유하면서 다시 그 공간까지를 '힙지로화'하는 생성적인 힘을 갖는다.

이 '힙지로 하기'의 구체적인 내용을 살펴보자. 사람들은 '낡음'과 '새로움', '낙후'와 '첨단'이 얽혀 있는 물리적 경관을 배경으로 골목에서 사진을 찍는다. 협소한 골목이 제공하는 자생적인 빈티지 오브제들, 이를 밝히는 원색풍의 간판 조명 등의 조건을 갖춘 몇몇 길목과 일부 가게가 비치해 놓은 거울 및 반사된 유리창 등이 주요한 연행의 스팟이다.[46] 실내로 들어가 보자, 빈티지라는 대승적인 울타리 내에서 정교하게 컨셉을 달리하는 음식점마다의 인테리어, 어느 나라와 시기를 표상하는 것인지 알기 쉽지 않은, 혹은 특정 국적의 분위기를 조성하는 각종 이미지와 오브제들의 꼴라주가 실내의 이국성 또는 무방향성을 조성해 낸다. 사진 촬영 및 게시 연행을 통해 소셜미디어에서 생성되는 '힙지로'의 경관은 이러한 배경 위에 있다.

을지로 초입부에서 인쇄골목으로 향하는 길로 들어서면 흔히 말하는 '힙지로'를 접할 수 있다. 바로 이 공간이 사진을 가장 많이 찍는 핫스팟으로, 사람 형상만 바뀐 채 동일한 야간 배경의 이미지-장소가 양산되는 곳이다. 그리고 이미지들은 '힙지로'의 표상으로서 소셜미디어 내 하나의 집합을 이루며 경관을 형성해 낸다. 볼터와 그루신은 미디어의 포화·과잉 상태인 현대 사회에서 더 이상 매개 작용의 근원을 찾기 어렵다는 점을 지적하며 '투명성의 비매개(transparent immediacy)'와 '하이퍼 매개(hyper-mediacy)'의 성격을 특징으로 하는 '재매개(remediation)'라는 개념을 고안한다. 그리고 그러한 재매개가 두드러지는 공간을 '미디어 침투 공간(mediated space)'이라 칭한다. 그들에 따르면 모든 매개는 재매개이며 이는 그 자체로 실재라고 할 수 있다.[47] 현실보다 우위에 서는 원본 없는 이미지, 시뮬라크르(simularcre)로서 '힙지로'에서 생성되는 특정한 이미지-장소는 끊임없이 재매개됨으로써 하나의 실재-장소를 구성한다.

즉, 동일한 이미지 기호 집합과 그것을 해시태그 단위로 묶어 주는 소셜미디어 공간은 '힙지로'의 새로운 장소성을 만들어 내고, 오늘날 '상상된' 세계의 레퍼토리를 제공하는 이미지 풍경으로서 미디어스케이프를 생성하는 역할을 하고 있다. 재매개 행위로서 이들의 실천은 단순히 이미지 소비·향유에 멈추는 것이 아니라 '힙지로'에서의 놀이 및 소비문화에 가담하여 이미지를 (재)생산, 유포하는 것까지를 포함한다. 그리고 이것은 다시 한 번 특정한 의례와 연행을 주관하는 거대한 이미지-신화 덩어리의 규모를 키움과 동시에 다중의 생성적인 실천을 만들어 내며 실체화, 구체화, 확장된다.

이렇게 생성되는 힙지로를 하나의 장소로 보고 을지로3가를 또 하나의 장소로 보았을 때, 낮과 밤으로 구분되어 나타나는 이 서로 다른 종류의 장소성은, 다시 말하자면, 미시적인 차원에서 경합을 일으키지 않는다. 저녁부터 활기를 띠고 다양한 주체들의 '-하기'가 펼쳐지는 힙지로는 을지로3가, 특히 인쇄골목이 표상하는 특정한 기호(빈티지)를 전유하지만, 그 역은 성립되지 않는다. 즉, 힙지로에게 인쇄골목의 존재 및 잔재는 필요조건이지만, 인쇄골목에게 힙지로는 필요조건이 아니다. 이는 '상권을 활성화시키고 지역의 활력을 높이고 문화예술의 힘으로 골목을 살리고' 하는 식의 순진한 접근으로는 이 지역을 이해할 수 없음을, 특정한 종류의 불균형이 존재함을 의미한다.

하나의 이미지 집합 공간으로서 '힙지로'는 뚜렷한 통치권에 의해 규율되는 곳이 아니다. 그러나 이는 이곳 생업의 하부구조 변수, 즉 임대료의 적정 수준을 흔듦으로써 기존 소상공인에 대한 축출의 논리를 발생시킨다. 이 지점이 바로 젠트리피케이션이라는 문제가 등장하는 대목이다. 이 글의 목적과는 거리가 있는 이 굵직한 현상 내지 현실적인 차원의 문제는 또 다른 방식의 논의가 필요할 것이다.

헐거나 빈 땅 위에 새로 만들어진 공간과 달리, 생업 행위가 오랜 기간에 걸쳐 착근됨으로써 사회적으로 구성되어 온 공간인 만큼 을지로의 외관 구조는 쉽게 바뀌지 않아 왔다. 그리고 우리는 그러한 종류의 경관을 전유하고 소비하는 시대에 살고 있다. 지금까지 살펴본 핫플레이스의 최신 경향으로서 '힙지로'는 그 대표적인 사례로, 곧 우리가 발 디디고 사는 이 도시, 지역, 동네에서 일어나고 있는 변화의 굵직한 단면이라고 할 수 있다. 집합적인 문화소비의 행위 양식은 또 어떠한 장소에 당도하여 어떠한 꼴로 진화하게 될까? 까닭 모를 광풍 속에서 당장 내 단골집이 사라진다면 어떠한 기분이 들까? 건조하게 끌고 온 이 글의 끝에 이러한 감수성이 독자들에 의해 얹히기를 바란다.

— 임근영

서울광장,

서울퀴어문화축제와 공공성의 재구성

광장, 도시의 대표적인 공공 공간

공공 공간은 가정으로 대표되는 개인의 사적 공간과 달리 다수가 제한 없이 접근할 수 있으며 도시민의 자유로운 만남이 이루어지는 공간이다. 시민들의 사회적 교류와 활동이 이루어지는 도시 광장은 이러한 의미에서 공공 공간의 가장 대표적인 형태라고 할 수 있다. 역사적으로 서구의 도시 광장은 도시와 함께 변화하고 발전했다. 서구 도시들의 경우 광장을 중심으로 도시 계획이 이루어졌는데, 중세의 도시 광장은 주로 정치적 이유로 만들어졌으며 교회와 성당이 배치되어 구성원들을 결속시키는 효과를 낳았다. 한편 르네상스 시기에 도시 광장은 축제 장소 혹은 귀족과 왕의 퍼레이드가 벌어지는 장소로 도시민이 공동체 의식을 느낄 수 있는 공공 공간이었다. 18세기 말 시민혁명 이후 도시 광장은 민주적 공공 영역으로 변화되었고 도시 인구가 팽창하여 부르주아 도시 대중이 형성되면서 도시 대중이 자유롭게 만나고 참여할 수 있는 공론장이 되었다.

이에 반해 한국의 경우 광장은 근대 이후 서구에서 도입되어 그 역사가 그리 길지 않다. 광장이라는 용어가 확산된 것도 1920년대 이후였다. 서구 도시들이 특별한 지형지물이 없는 평지를 중심으로 형성된 것에 반해 한국은 산지가 많은 지형이기 때문에 서구와 달리 광장을 중심으로 도시 계획이 이루어지지 않았다. 시민의 편의를 위해 별도로 광장이 조성되지 않아 넓은 공터와 길이 광장의 역할을 대신해 왔다. 근대 이후 새로 만들어진 도시에는 광장이 조성되었지만, 이러한 광장은 시민의 요구보다는 권력자의 의지가 반영되어 탄생했고 그 사용도 관에서 주도하는 경우가 많았다. 심지어 대중들이 광장에 모여 정치적인 요구를 할 경우 광장의 사용을 차단하거나 봉쇄하기도 했다. 이처럼 한국에서 광장은 도시민의 자유로운 만남이 이루어지는 공간이라고 보기는 어려웠다.

이러한 맥락에서 2004년 5월에 조성된 서울광장은 한국의 대표적인 광장인 동시에 시민광장으로 조성되었다는 점에서 큰 의미를 갖는다. 서울광장은 정부의 공간 조성 전략과 통제에 의해 만들어진 것이 아니라 일반 시민들이 자율적으로 모일 수 있는 공간을 요구하여 형성되었다. 그러나 역사적으로 서울광장이 조성되기 이전의 시청 앞 광장 시기까지 포함하면 서울광장은 한국 현대사의 획을 긋는 역사적 사건의 무대였으며 다양한 힘의 역학관계가 공간적으로 드러나는 곳이기도 했다. 다시 말해, 서울광장은 국가 기념행사 혹은 시정 행사가 이루어지는 권력의 전시 공간, 대중들이 정치적 요구를 표현하는 저항 공간, 문화 행사들이 펼쳐지는 문화 공간 등 다양한 형태를 취해 왔다. 따라서 서울광장은 한국의 대표적인 '공공 공간'으로서 장소의 '다층성'을 살펴보기에 가장 적합한 공간이라고 할 수 있다.

여기에서는 먼저 근대 초기부터 서울광장이 조성되기 전까지의 간략한 역사와 조성 이후에 일어났던 중요한 사건들을 기술하면서 서울광장의 기원 및 역사적 형성 과정을 개괄한다. 서울광장이 공공 공간이라고 할 때 서울광장의 '공공성'은 단순히 이념적으로 정의될 수 있는 것이 아니라 서울광장에서 이루어지는 다양한 공간적 실천들을 통해 형성된다. 따라서 서울광장의 다양한 이용 형태들을 역사적으로 검토하면 서울광장이 실제로 공공 공간으로서 어떠한 공공성을 갖고 있는지를 알 수 있을 것이다. 그다음에는 광장이라는 공공 공간의 다층성을 보여주는 공간적 실천의 구체적인 사례로 서울퀴어문화축제를 살펴볼 것이다. 서울광장의 공공성이 다양한 공간적 실천들을 통해 형성된다는 측면에서 서울광장의 공공성은 고정되어 있는 것이 아니라 역사적으로 형성된 기존의 공공성과 이를 재생산하는 공간적 실천, 그리고 기존의 공공성을 위반하거나 재구성하려고 하는 공간적 실천들이 끊임없이 경합하는 과정에 놓여 있다고 볼 수 있다. 이를 전제할 때 서울퀴어문화축제는 일반적으로 사적인 것으로 여겨지는 섹슈얼리티를 공론장으로 가져와 사적인 것과 공적인 것의 구분 자체에 의문을 제기하면서 광장이라는 공공 영역을 퀴어라는 성적 주체성과 시민이라는 정치적 주체성이 교차하는 공간으로 전유하려는 시도로 볼 수 있을 것이다. 이러한 접근을 통해 서울 도시 공간의 역사적 공공성을 다원적 정체성과 중첩하여 새롭게 읽을 수 있다.

서울광장의 기원과 역사적 형성 과정

서울광장 공간의 전사(前史): 대한제국기에서 1990년대까지

서울광장의 역사적 기원은 대한제국기 대안문 앞 광장에서 찾을 수 있다. 고종은 1897년 대한제국을 선포하면서 한성부 도시 개조 사업을 시작했다. 아관파천 이후 경복궁이 아닌 경운궁(현 덕수궁)으로 환궁한 그는 경운궁을 중심으로 방사형 도로 체계를 정비했다. 이 과정에서 조성된 것이 대안문 앞 광장이었다. 대안문 앞 광장은 태평통(현 태평로), 황금정(현 을지로), 장곡천정(현 소공로) 등 동서남북을 가로지르는 도로가 교차하여 광장의 형태를 갖추었다. 요컨대 고종은 경운궁을 새로운 본궁으로 삼아 왕권을 공간적으로 구현하고자 했고, 이를 통해 대안문 앞 광장이 탄생하게 된 것이다.[1]

하지만 한일병합조약 이후 일본의 식민 권력은 한양/황성을 경성으로 전환하기 위해 1912년부터 시구 개수 사업과 같은 일종의 재공간화 프로젝트를 실시했고, 1926년 전 시가를 원으로 볼 때 그 중심 위치에 부청을 둔다는 원칙에 따라 대안문 앞 광장에 경성부청사를 건설했다. 경성부청사의 완공 이후 대안문 앞 광장은 부청 앞 광장으로 변모되면서 도시 광장에 근접해졌으나, 이는 일본의 식민 권력이 대한제국의 상징 공간을 물리적으로뿐만 아니라 상징적으로 전유하고자 한 시도에 가깝다.[2]

해방 이후 미군정기부터 이승만 정부 시기까지 서울광장은 권력의 전시 공간이었다.[3] 국가는 광장과 같은 공공 공간의 이용권을 독점했고, 서울광장에서 이루어진 대부분의 행사는 친정부 행사, 군 관련 행사, 관제 데모 등 정부가 주도하는 관제 행사였다. 반면에 정부가 서울광장을 동원과 통제가 이루어지는 권력의 전시 공간으로 제한하면서 역설적으로 서울광장에서 4·19 혁명과 같은 반정부 성격의 대형 집회가 열리게 되었다. 서울광장은 권력의 핵심에 위치하여 권력의 전시 공간으로 사용되는 동시에, 이로 인한 공간의 상징성 때문에 저항의 공간이 될 수밖에 없었다. 시민들은 4·19 혁명을 통해 서울광장에서 처음으로 공공 공간을 집단적으로 점유하고 광장 공간을 포함한 거리 공간을 혁명의 장으로 인식하게 되었다.[4] 그 이후 서울광장은 시민들의 '데모'가 빈번하게 발생하는 공간이 되었고, 그에 따라 정부는 광장에서 집회가 이루어지는 것을 강하게 제약했다.

1960년대 박정희 정권의 등장 이후 서울광장은 다른 모습으로 바뀌어 갔다. 특히 1966년 김현옥 서울시장의 부임 이후 도로망 정비 사업과 도심 재개발 사업 등의 건설 사업이 적극적으로 추진되었다. 이 과정에서 서울광장 주변에 프레스센터, 한국화약빌딩, 삼성화재빌딩 등의 여러 고층 건물들이 건설되었고, 서울광장은 고층 빌딩에 둘러싸인 교통로 형태가 되었다. 박정희 정권은 서울광장을 교통광장으로 분류했는데, 이는 광장의 보행 접근성을 떨어뜨려 시민들의 집합 행동을 원천 통제하고자 한 것이었다.

서울광장은 1980년대 말에 이르러서야 시민광장의 성격을 다시 회복하게 된다. 1960년대부터 1980년대 중반까지 군사 정권기의 강력한 통제로 정치적 성격을 가진 군중집회가 허용되지 않았다. 이러한 상황에서 1987년 1월 박종철 고문 치사 사건과 4·13 호헌 담화에 분노한 학생들이 대규모 가두시위를 시작했다. 이 시기의 가두시위는 주로 서울역, 종로, 명동 등의 도심지에서 이루어졌고 1987년 6월부터는 서울광장이 주 무대가 되었다. 특히 1987년 7월 이한열의 장례식 노제를 계기로 서울광장은 독재 정권에 맞서는 저항 공간, 민주와 해방의 상징 공간으로 인식된다. 다시 말해 6월 항쟁을 통해서 서울광장은 민주주의의 상징적 공간이자 지배 권력과 저항 운동 사이 권력 투쟁의 상징적 장소로서 장소성을 갖게 된 것이다. 이와 같이 1980년대 후반부터 서울광장은 민주주의에 대한 시민의 열망을 표출하는 정치적 장소로 자리매김하게 된다.

서울광장의 조성 배경: 월드컵 경기 거리 응원과 효순이 · 미선이 추모 집회

6월 항쟁을 계기로 서울광장이 시민광장의 장소성을 되찾게 되면서 1996년 이후 서울광장을 보행자 중심의 공간으로 전환해야 한다는 요구가 제기되었다. 그러나 서울시청 앞을 광장으로 조성하고자 하는 계획은 더 오래전부터 시도되었다. 최초의 시도는 1983년 '서울특별시 주요 간선 도로변 도시 설계' 계획이었는데, 서울시청 본관을 일제강점기의 원형만 남기고 청사 앞뒤는 광장으로 조성하는 계획이었다. 1994년 '서울 상징거리 조성 계획'은 광화문에서 강남에 이르는 중심 거리를 선정 및 정비하고 거리의 주요 기점에 광장을 조성하려는 계획이었으나 이는 부분적인 광장화 방안이었다. 1995년 '국가중심가로 조성과 신청사 건립 구상' 계획은 기존의 시청 건물을 허문 자리에 새 시청을 지으면서 프라자호텔과 시청 사이를 보행자 전용 광장으로 전면 조성하고자 하는 본격적인 광장화 계획이었으나 실현되지 못했다.[5] 서울광장이 조성되기 이전에 제시된 이러한 계획들이 실현되지 못한 가장 큰 이유는 교통 문제였다. 서울시청 앞을 광장화할 경우 예상되는 교통 체증이 극복하기 어려워 보이는 과제였기 때문이다.

하지만 2002년 6월 한일 월드컵 경기 거리 응원과 12월 효순이 · 미선이 추모 집회를 계기로 서울시청 앞 광장을 보행자 중심의 공간으로 조성하자는 여론이 형성되기 시작했다. 실제로 월드컵 경기 거리 응원은 1998년 프랑스 월드컵 때부터 시작되었으나 이때에는 광화문광장에서 거리 응원이 이루어졌고 붉은악마 회원 수백 명이 참여하는 수준이었다. 그러나 2002년 한일 월드컵의 경우 광화문광장과 서울시청 앞 광장뿐만 아니라 전국에서 700만 명에 달하는 응원 인파가 거리로 쏟아져 나왔다.[6] 시민들이 자발적으로 참여한 이러한 대규모의 거리 응원은 월드컵 축구 경기보다 더 주목을 받았고, 시민들은 이를 통해 도로와 넓은 광장을 경험하여 보행 광장에 대해 새로운 인식을 가지게 되었다. 2003년 6월 효순이·미선이 추모 집회도 이전의 반정부적 정치 집회와 달리 시민들이 자발적으로 주도한 문화 행사이자 폭력적 충돌이 없었던 평화 집회였다.[7] 즉 두 행사 모두 서울시청 앞 광장 공간에서 시민들이 자발적으로 주도한 문화 행사였고, 시민들에게 새로운 유형의 집단 경험이자 공간 사용 사례로 다가왔다.[8] 이로 인해 시민들은 도시에서 광장의 역할과 의미를 재고하게 되었고, 이는 보행 광장 조성 요구로 이어졌다.

(위)
시민의 공간이 아닌
차량 중심의 교통광장이었던
1982년의 서울광장

(아래)
2002년 서울광장에서 있었던
한일 월드컵 경기 거리응원

서울광장의 조성 과정: 시민 참여에서 전시 행정으로

시민들의 요구는 2002년 7월 서울시장으로 당선된 이명박 시장이 취임사에서 시민 광장 조성 계획을 선언하면서 공식적으로 수용되었다. 이후 서울시는 '비전 서울 2006'에서 2006년까지 추진할 20대 시정 과제를 선정했고 이 중에 2005년까지 도심에 3개의 시민광장, 즉 광화문광장, 숭례문광장, 서울광장을 조성하는 계획이 포함되어 있었다. 2011년 11월 서울시는 시민과 전문가들이 참여하는 광장조성위원회를 조직하고 서울시청 앞 시민광장을 조성하기 위한 설계 공모를 실시했다. 서울광장 조성을 위한 예정 공사비는 약 40억 원이었으며, 시민광장 조성 기본계획에 따르면 서울시 광장 조성의 기본 방향은 역사성 및 상징성 회복, 교통 체계의 개편, 보행 욕구 충족, 문화 공간 창출이었다.[9] 공모 결과 2003년 1월 '빛의 광장' 안이 당선작으로 선정되었으나 서울시는 '빛의 광장' 안이 기술적으로 혹은 재정적으로 볼 때 실현하기 어렵다는 이유로 당선작을 유보하고 그 대신 2004년 2월 '잔디 광장' 조성안을 제안 및 추진했다. 대규모 공모를 통해 선정된 안이 유보되고 예상치 못했던 새로운 안이 채택되는 과정은 많은 논란을 야기했다.

서울광장 조성 사업은 여러 측면에서 시민이 주체가 될 수 있는 요소들을 갖고 있었다. 서울광장 조성 사업 자체가 시민 단체와 시민들의 요구로 시작되었고, '서울광장'이라는 명칭도 시민들의 공모를 통해 당선된 것이었다. 또한 광장조성위원회를 통해 시민들이 계획 과정에 참여할 수 있었고, 설계 공모전을 공개로 실시하여 당선작이 선정되었다. 그러나 결과적으로 서울시는 광장조성위원회, 공모전 당선팀, 도시, 조경 분야 전문가들의 의견과 비판을 무시하고 일방적으로 잔디 광장 조성 사업을 진행했다. 2004년 3월에 서울광장 공사가 시작되었고 '하이 서울 페스티벌' 일정에 맞추어 서울광장이 완공되었다. 광장조성위원회가 2002년 8월에 조직된 이후 30개월이 넘는 시간 동안 이루어진 논의를 백지화하고 3개월 만에 독단적으로 잔디 광장 조성 사업을 진행했다는 측면에서 서울광장 조성 사업은 시민광장의 조성이 아니라 전시 행정이라는 비판을 피하기는 어렵게 되었다.

개장 이후 서울 광장의 활용 양상

서울광장 개장: 서울시의 문화광장 운영 전략

2004년 5월 1일 서울광장이 총면적 13,207m²에 잔디밭 6,449m²에 이르는 타원형의 잔디 광장으로 개장되었다. 도로와 분리되어 넓은 잔디가 깔려 있는 서울광장은 개장 이후 많은 시민들의 방문을 이끌어 냈다.[10] 1963년에 설치되었던 분수대를 바닥 분수로 교체하는 등 내부에 별다른 구조물이 남아 있지 않았던 서울광장은 장애물이 없어 다양한 방식으로 활용할 수 있는 다목적 광장 공간에 적합해 보였다. 하지만 서울광장의 이러한 형태는 광장이라는 공간을 서울시의 관리하에 두려는 전략과 관련이 있었다. 2002년을 기점으로 월드컵 응원-촛불집회-탄핵 반대 집회로 이어지는 대규모 군중 집회로 인해 서울시는 거리 혹은 광장이라는 공간을 권력의 통제하에 두고, 새로 조성되는 서울광장에서는 정치적 성격의 집회를 제한할 필요가 있었다. 그리하여 보행자 광장이라는 최초의 의도와 달리 광장에는 시민들이 휴식할 수 있는 벤치 혹은 그늘막이 전혀 없었고, 잔디 때문에 자유로운 보행 공간이라기보다는 관망 대상이 되기 쉬웠다.

서울광장의 이용을 통제하려는 서울시의 의도는 무엇보다 '서울특별시 서울광장의 사용 및 관리에 관한 조례(이하 서울광장조례)'에서 더욱 잘 드러난다. 서울광장조례는 2004년 4월에 공포된 서울광장 사용에 대한 규칙이며, 이 조례의 핵심은 광장 사용 허가 및 사용료 관련 규정이라고 할 수 있다. 서울광장조례의 핵심적인 문제는 서울광장 사용 허가권을 서울시가 보유하고 있다는 것이었다. 서울시는 서울광장조례에 따라 광장의 조성 목적에 위배되는 경우 광장 사용을 허가하지 않을 수 있었는데, 광장의 조성 목적을 '시민의 건전한 여가 선용과 문화 활동'이라고 추상적으로 명시하여 광장 사용이 서울시의 자의적 판단과 선호에 의해 제약될 가능성이 있었다. 그리하여 서울시는 서울광장조례를 통해 서울광장을 특정 활동 중심의 공간으로 기획할 수 있었고, 서울광장조례가 주로 장려하는 행사는 소위 '문화' 행사였다.[11]

이는 서울광장 개장 이후 실제 서울광장의 초기 이용 사례를 분석해 보아도 알 수 있다. 서울광장에서는 제2회 '하이 서울 페스티벌 2004' 행사를 시작으로 광장 음악회, 빛의 축제, 퍼레이드, 왕궁 수문장 교대 행렬, 이동미술관, 가족영화제 등 다양한 문화 행사가 개최되었다. 서울광장에서는 2004년 5월 개장 이후 12월 스케이트장 개장 전까지 약 8개월 동안, 전시회 11회, 문화·예술 공연 및 축제 87회, 각종 기념행사 23회, 집회 및 캠페인 18회, 기타 행사 10회를 포함하여 총 149회의 행사 및 프로그램이 열렸다. 무엇보다 이 기간 동안 서울광장에서 전개된 다양한 행사 중 가장 많은 비중을 차지하고 있는 것은 문화·예술 공연 및 축제였다.[12] 더욱이 이러한 행사들은 대부분 서울시 혹은 서울시 산하의 서울문화재단이 주최하여 이루어진 것으로 시민들의 자발적이고 직접적인 참여를 보장하기보다는 서울시가 의도적으로 광장 사용에 관여했다는 것을 확인할 수 있다.

또한 서울시는 서울광장조례를 통해 서울광장에서 소위 '문화' 행사를 장려할 뿐만 아니라 '문화적이지 않은' 행사의 광장 이용을 선별적으로 제한했다. 서울시는 2004년 11월 민중 집회 이후 잔디 광장이 훼손되었다는 이유로 서울광장에서 정치적 시위는 불허한다는 입장을 밝혔다. 하지만 2005년 3월 수도권 분할 저지 궐기 대회와 같이 서울시의 이권이 개입된 행사는 허가한 반면, 민족민주열사 희생자 범국민추모제의 경우 서울광장의 사용 목적에 맞지 않다는 이유로 광장 사용을 불허했다.[13] 이는 서울광장에서 정치적 성격의 집회 발생을 차단하기 위해 서울광장조례를 자의적으로 해석하여 광장 이용을 허가했다는 것을 보여준다. 이를 감안할 때 서울시가 정의하는 '문화'에는 집회와 같이 시민들의 정치적 의사 표현은 포함되지 않으며, 서울시가 정의하는 '문화 활동'에 부합하지 않는 대규모 집회와 같은 '문화적이지 않은' 행사는 배제하고 서울광장을 '문화광장'으로 운영하겠다는 전략이 드러난다.[14] 더욱이 서울시의 이러한 문화광장 운영 전략은 시민들을 문화·예술 공연의 수동적인 관람자로 머물게 하여 시민들을 광장의 주체가 아니라 객체이자 소비자로 만들어 버렸다.

2008년/2016년 촛불집회 : 서울광장의 새로운 공간 사용 사례

앞서 살펴본 바와 같이 서울광장은 시민들의 공간으로 개장되었지만 실제로는 광장이라기보다는 서울시의 문화시설처럼 운영되어 시민광장의 의미가 많이 퇴색되었다. 이러한 상황에서 2008년 미국산 소고기 수입 반대 촛불집회(이하 2008년 촛불집회)는 서울광장을 새로운 형태로 전유하는 공간 사용 사례를 보여주었다. 2008년 4월에 열린 한미 소고기 협상에서 미국 내 광우병 발생으로 중단되었던 미국산 소고기의 수입을 재개하기로 합의되자 협상 내용에 대해 반대 의사를 표시하기 위해 2008년 5월 2일 촛불시위가 청계광장에서 시작되었고, 이후 집회의 규모가 커지면서 주요 집회 장소가 서울광장으로 이동했다.[15] 2008년 촛불집회는 5월 2일부터 7월 12일까지 3개월이 넘는 기간 동안 참여 인원이 300여만 명으로 추산되는 대규모 장기 집회였는데, 이전 반정부 시위의 광장 공간 사용 유형과도 차이가 있었다.

먼저 2008년 촛불집회 이전에도 2002년 효순이·미선이 추모 집회와 2004년 대통령 탄핵 반대 촛불시위와 같은 촛불집회는 있었지만 이러한 촛불집회는 야간 집회의 형식을 크게 벗어나지 않았다. 이에 반해 2008년 촛불시위의 경우 촛불시위가 72시간이라는 장시간에 걸쳐 이루어지거나 다음 날 새벽까지 이어지는 철야 시위도 빈번했다. 그다음으로 2008년 촛불시위는 처음부터 집회나 시위보다는 촛불 문화제 혹은 촛불 축제를 표방했고 미디어에서도 이러한 방식으로 보도되었다. 실제로 시위대는 비폭력 시위를 지향했고 자유 토론, 음악 공연, 영화 감상 등을 진행하며 집회를 일종의 문화 축제로 만들어 갔다. 특히 집회에서 특정 연사의 정치 연설이 중심이 되는 것이 아니라 참가자들의 자유로운 발언이 이루어졌고, 전체 집회를 주도하는 지도부가 별도로 존재하지 않았다. 시위 참가자들은 스스로 판단하여 행동했고 경우에 따라 즉석에서 토론이 이루어지기도 했다. 마지막으로 과거 반정부 시위들이 대체로 고등학생과 대학생이 중심이었던 것에 반해 2008년 촛불집회에는 주부와 회사원 등 다양한 계층이 참가했다. 이전까지 화염병, 수류탄, 물대포 등이 난무했던 시위에 익숙했던 시민들에게 문화제 혹은 축제 형식의 집회는 새로운 것이었다. 이처럼 2008년 촛불집회는 이전에 없었던 독특한 광장 문화를 만들어 냈다고 할 수 있는데, 시민들은 평화로운 방식으로 광장이라는 공공 공간을 점유했고 집회와 축제, 정치와 놀이가 구분되지 않는 방식으로 새로운 광장 공간 사용 유형을 보여주었다.

2016년 촛불집회는 박근혜-최순실 게이트에서 촉발되어 박근혜 대통령의 퇴진을 요구했던 집회이다.[16] 이 집회는 2016년 10월 29일부터 23차례에 걸쳐 진행되었고 주최 측 추산 전국 기준으로 1,685만 2,360명이 참여했다. 2008년과 2016년 촛불집회 모두 문화제 형식이라는 측면에서는 유사하지만 2016년 촛불집회는 2008년에 비해 훨씬 더 다양한 행사가 진행되었고 더 다양한 계층의 시민들이 참여해 문화제의 특성이 더욱 강하게 나타났다. 2016년 촛불집회에서 축제의 의미가 강해졌다는 것은 2008년에 비해 정치적 메시지가 약한 공연들이 많이 배치되었다는 점을 통해 알 수 있다. 이처럼 시위의 목적에 국한되지 않은 공연들이 배치되었다는 것은 2016년 촛불집회가 과거 운동권 중심의 집회보다 더욱 대중적인 집회로 조직되었고, 축제에 가까운 촛불집회 시위가 참여의 진입장벽을 낮추어 시민들의 참여를 확대했다는 것을 의미한다.[17] 이렇게 볼 때 2016년 촛불시위 역시 서울광장을 반정부 시위와 문화제 혹은 축제를 결합하여 2008년 촛불시위에 이어 공공 공간의 새로운 점유 방식 혹은 문화를 보여준다고 할 수 있다.

2009년 서울광장조례 개정
: 서울광장 사용 허가제에서 사용 신고제로 전환

2004년 서울광장조례가 공포된 이후 광장조례를 문제시하는 비판이 많이 제기되었다. 서울광장 사용을 허가제로 운영하는 것 그리고 서울광장 사용에 대한 서울시의 재량권이 너무 크다는 것이 대표적인 지적이었으나 서울광장조례 개정의 필요성이 시민사회 내에서 쟁점으로 제시되지 않았다. 그 이후 서울광장조례 개정에 대한 논의는 2009년 노무현 및 김대중 전 대통령의 서거로 인한 정치적 국면에서 불거졌다. 2009년 8월 18일 김대중 전 대통령의 서거 후 서울시는 서울광장에 분향소를 설치했다. 하지만 3개월 전 노무현 전 대통령의 서거 당시 서울시와 경찰의 태도는 전혀 달랐다. 시민들이 서울광장을 노무현 전 대통령의 추모 공간으로 사용하려고 하자 서울시는 행정안전부에게 책임을 넘기며 광장 사용을 허용하지 않았고, 경찰은 불법 시위가 예상된다는 이유로 서울광장을 경찰 버스로 벽을 만들어 봉쇄하여 시민들의 접근을 막았다.[18] 이후 경찰이 근거도 없이 광장을 봉쇄한 것에 대해 비판 여론이 높아지자 2009년 6월 4일에 경찰이 철수하여 서울광장이 다시 열렸다. 하지만 2009년 6월 10일에 예정된 6월 항쟁 22주년 기념행사에 대해 경찰은 금지를 통보하고 서울시는 사용 신청을 거부하여 광장에서 시민들이 모이는 것을 막았다.

이로 인해 2009년 6월 10일부터 참여연대와 야당을 중심으로 하는 서울광장조례 개정 캠페인단이 구성되어 서울광장조례 개정 운동이 시작되었다. 서울광장조례 개정 청구안의 핵심은 서울광장의 사용 신청을 허가제(허가 신청)에서 신고제(신고 수리 접수)로, 사용 목적을 시민의 여가 선용 및 문화 생활에서 이뿐만 아니라 헌법에 보장된 집회와 다양한 공익적 행사를 포함하도록, 그리고 사용 허용 판단을 시장 및 서울시 재량이 아니라 별도의 시민위원회를 설치하여 시민의 의견을 반영하도록 변경하는 것이었다.[19] 서울광장조례 개정 캠페인단은 10만 2,741명에 달하는 청구 서명을 받아 서울시의회에 조례 개정 청구안을 제출했고, 2010년 서울시의회에서 조례 개정안으로 발의되었다. 그러나 이 조례 개정안은 오세훈 시장의 재의 요구, 서울시의회의 재의결, 오세훈 시장의 공표 거부, 서울시의회 의장의 직권 공표, 오세훈 시장의 대법원 제소로 이어지며 논란을 낳았고, 오세훈 시장의 후임으로 당선된 박원순 시장이 2011년 대법원에 계류 중이던 조례 무효 소송을 취하하여 서울광장조례의 개정이 이루어졌다.[20] 이를 통해 서울광장 이용 방식은 사용 허가제에서 사용 신고제로 변경되었고, 서울광장은 조성 당시 의도되었던 열린 광장으로 일보 전진하게 되었다.

2014년 세월호 희생자/2022년 이태원 사고 사망자 합동분향소: 사회적 참사의 추모 공간

2014년 4월 16일 안산 단원고 학생 325명을 포함해 476명의 승객을 태우고 인천을 출발해 제주도로 향하던 세월호가 전남 진도군 앞바다에서 침몰하는 사고가 발생했다. 세월호 희생자를 추모하기 위한 합동분향소는 세월호 참사 1주일 이후 4월 23일 단원구 고잔동 올림픽기념관 실내 체육관에 임시로 마련됐다가 추모객이 몰리면서 화랑유원지로 확장 이전되었다. 서울시는 4월 27일부터 서울시청 앞 서울광장에서 세월호 희생자를 추모하기 위한 합동 분향소를 마련하여 운영하기 시작했다. 서울광장에 세월호 희생자 합동분향소가 설치된 것은 세월호 희생자들을 추모하고 싶지만 안산에 가기 어려운 시민들의 요구 때문이기도 하지만, 서울광장이라는 공간이 희생자와 남은 사람들이 함께 치유하고 사회적 참사를 기억하기에 상징성 있는 공간이기 때문이기도 했다. 사회적 참사 추모 공간으로서 광장의 역할은 광화문광장으로 이어져 2014년 7월에 세월호 참사의 책임자 처벌과 진상규명을 촉구하기 위해 광화문광장에 세월호 천막이 설치되었다. 이후 2019년에 광화문광장에서 세월호 천막을 철거하고 세월호 기억·안전 전시 공간 '기억과 빛'을 광화문광장에서 개관했으나, 2021년 광화문광장 재구조화 공사 때문에 서울시의회 앞으로 임시 이전하게 되었고, 2022년에는 보수당이 다수인 11대 서울시의회가 개원하면서 부지 사용 계약 연장을 불허하고 이전에는 면제되었던 사용료를 부과하여 세월호 기억 공간의 유지가 불투명한 상황이 되었다.[21] 2022년 8월 광화문광장이 새로 개장되었지만 오세훈 시장은 광장의 용도에 맞지 않는다는 이유로 세월호 기억 공간을 광화문광장에 재설치하는 것을 거부했다.[22] 이처럼 2014년 세월호 참사 이후 광장은 사회적 참사를 추모하는 공간으로 이용되는 경우가 있었으나 이는 일시적인 것에 불과했고 참사 이후 이념 갈등이 반복되면서 광장에 추모 공간을 조성하는 것 자체가 어려워졌다.

이는 2022년 10월 29일에 발생한 이태원 압사 참사의 경우에도 마찬가지였다. 당시 이태원에는 할로윈을 앞두고 많은 사람들이 몰려 있었으며 해밀톤호텔 앞 좁은 골목길로 인파가 밀리면서 다수의 사상자가 발생했다. 서울시는 이태원 참사 희생자 합동 분향소를 10월 31일부터 11월 5일까지 서울광장에서 운영했다. 이후 유가족협의회와 시민대책회의가 2023년 2월에 서울광장 분향소를 설치했고 서울시는 추모 공간 조성의 필요성에 동의하면서도 분향소 설치는 '공유재산에 대한 무단 점거 행위'라는 입장을 밝혔다.[23] 서울시는 서울시청 인근에 새로운 임시 추모 공간을 마련하는 방안을 제안했다. 그러나 유가족 측은 광장이 아닌 건물 내부는 참사 희생자를 추모하기 위한 취지에 적합하지 않다며 거절했다. 건물 내부에 추모 공간이 마련될 경우 참사에 대한 사회적 관심이 줄어들 수밖에 없고, 정식 추모 공간 조성에 수년이 걸리기 때문에 야외에 설치해야 한다는 것이다.[24] 추모 공간 설치를 둘러싸고 서울시와 이태원 참사 유족 사이에 합의점을 찾지 못하자 서울시는 유가족 대책위 측에 변상금 2,900만 원을 부과하면서 강제적 수단을 동원하는 행정대집행이 불가피하다는 뜻을 시사했다.[25] 이와 같이 서울광장은 사회적 참사를 애도하는 추모 공간으로 이용되고 있으나 그 운영은 불안정하고 일시적이다. 광장에 일상적인 추모 공간을 마련한다는 것이 여전히 낯설거나 기피되는 한국의 상황 속에서 광장이 어떻게 사회적 참사의 추모 공간이 될 수 있는지에 대한 고민들이 향후 필요할 것이다.

서울광장의 다층성을 보여주는 공간적 실천: 서울퀴어문화축제

서울퀴어문화축제 약사(略史)

서울퀴어문화축제는 한국 사회 내의 퀴어[26] 혹은 성소수자의 존재를 공공 공간에서 가시화하고자 하는 목적의 사회운동이자 복합 문화 행사로 2000년에 시작하여 현재까지 이어져 오고 있다. 2000년에는 서울 대학로에서 약 70명의 인원으로 시작되었고 2013년까지는 언론과 대중의 관심을 받지 못하고 성소수자 당사자들의 소규모 행사에 그쳤지만 2014년에 개최된 제15회 퀴어문화축제가 보수 기독교 중심의 반동성애 집단과 물리적으로 충돌하면서 언론의 집중적인 조명을 받게 되었다. 2015년부터는 서울광장에서 퀴어문화축제를 진행하면서 참여하는 사람들이 급격히 증가했다. 이후 서울 이외의 지역에서도 다양한 퀴어문화축제들이 개최되기 시작하면서 명칭이 오인되는 상황을 방지하기 위해 2018년부터 '서울'이라는 지역명을 표기하여 서울퀴어문화축제로 공식 명칭을 변경하여 현재까지 운영되고 있다.

서울퀴어문화축제는 다양한 부스, 행사, 공연으로 이

서울광장에서 개최된 서울퀴어문화축제

루어져 있으며, 이 중에서 주요 행사는 서울퀴어퍼레이드와 한국퀴어영화제라고 할 수 있다. 서울퀴어퍼레이드는 전 세계의 많은 도시에서 열리는 프라이드 퍼레이드(Pride Parade)와 궤를 같이하고 있다. 1969년 뉴욕의 스톤월 항쟁을 기점으로 북미 및 유럽 일대에서 연례행사로 정착된 프라이드 퍼레이드는 공공 공간인 거리를 일정 시간 점유하여 다양한 성 정체성과 몸을 드러내거나 이에 대한 지지를 드러내는 집단적 행위로 규정할 수 있다. 다시 말해 프라이드 퍼레이드의 특징은 가시화와 자긍심의 표현이라고 할 수 있는데 이는 성소수자를 비가시화하는 사회에 맞서 공공장소에서 자신을 가시화하고, 자신의 자긍심을 드러내는 것이다.[27] 서울퀴어문화축제 역시 성소수자의 존재를 대중에게 드러내고 알리고 축제의 형식을 통해 비-성소수자 집단과 만난다는 측면에서 프라이드 운동의 흐름과 일치한다.

공공 공간과 성적 시민권의 정치: 공적/사적 영역의 재구성

2000년대 이후 한국의 성소수자에 대한 인식은 급변하고 있다. 2023년 갤럽 리포트에 따르면 동성애도 사랑의 한 형태라는 응답이 51%, 동성결혼 법제화 찬성이 40%로 나타난다.[28] 하지만 한국의 공공 공간에서 비-이성애적 주체는 여전히 자신의 성적 주체성을 위장해야만 주체가 될 수 있다. 즉, 비-이성애적 주체는 공공 공간의 보편성을 침범하지 않기 위해 공공 공간에서 이성애적 주체로 자신을 가장해야 한다는 것이다. 일반적으로 공공 공간은 모든 시민이 접근할 권리를 갖는 공간이며, 이는 공공 공간이 모두가 이용할 수 있거나 모두에게 열린 공간이라는 의미로 이해된다. 그러나 공공 공간은 실제로는 모두에게 열린 공간이 아니며, 공공 공간에 적합한 사람과 적합하지 않은 사람을 구분하여 적합하지 않다고 규정된 사람들을 은폐한다. 다시 말해 공공 공간은 공적인 것을 규정하여 공적인 것으로 인정된 경우에만 진입을 허락하며, 사적인 것으로 규정된 것은 사적 영역 내에 머무르도록 강제 및 배제한다.[29]

성소수자의 경우 도시 공공 공간의 배제적 성격과 밀접한 관계를 맺고 있다. 퀴어문화축제를 예로 들자면, 광장과 같은 공공 공간에서 비규범적인 성적 주체들이 존재를 드러내는 것은 비도덕적인 위반으로 여겨진다. 퀴어문화축제를 반대하는 집단은 퀴어문화축제를 '음란 축제'로 규정하면서 사적 영역에서는 성적 자유를 누릴 수 있지만 공공장소에서는 '음란한' 축제를 하지 말라는 태도를 보인다.[30] 따라서 비-이성애적 주체는 자신의 섹슈얼리티를 사적인 삶에 국한시키고 공공 공간에서 이를 드러내지 않아야만 시민으로 인정받을 수 있게 된다. 이를테면 성소수자는 광장과 같은 공공 공간이 아니라 가령 종로 혹은 이태원의 성소수자 업소와 같은 '그들만의 공간'에서만 비-

이성애적 주체로 존재할 수 있다는 것이다. 이러한 공공 공간의 배제적 성격은 더 나아가 성소수자의 시민권에 대한 논의와 연결될 수 있다. 이성애 규범적[31] 사회에서 성소수자는 언제나 비가시적 존재가 된다. 이 때문에 성소수자가 공공 공간에서 가시성을 놓고 수행하는 투쟁은 섹슈얼리티로 인해 배제된 시민권을 획득하고자 하는 투쟁과 이어진다. 성소수자에게 공공 공간 이용과 시민권 투쟁이 별개의 의제가 아닌 것은 바로 이 때문이다.

그러나 여기서 성소수자의 시민권 정치가 단순히 이성애 시민과 동등한 권리를 요구하는 것으로 이해되어서는 안 된다. 왜냐하면 비-이성애자 시민으로서의 삶을 권리의 이름으로 요구하는 것은 시민권의 이성애 규범성에 관한 비판을 제기하는 효과를 가질 수 있지만 이는 여전히 성적인 삶을 사적인 것에 제한하는 자유주의적 권리의 정치학의 근본적인 문제 설정에서 벗어날 수 없기 때문이다.[32] 예를 들어 여성의 시민권 획득 과정은 남성이 누리던 사회적 권리가 여성에게도 보편적으로 확대 및 배분되는 과정으로 단순화될 수 없다. 여성이 참정권과 같은 정치적 권리를 쟁취했다고 하여 남성과 동등한 정치적 자격과 권리의 획득 가능성을 얻게 되었다고 볼 수는 없다. 여성의 입장에서 보자면 남성의 시민권은 오히려 그를 보장해주는 국가기구의 성별적 성격과 공적/사적 영역의 성적 차별화에 근거하고 있다. 그러므로 여성의 시민권 문제는 전통적으로 인정되어 오던 공적/사적 영역의 구분선 자체와 국가기구의 제도 및 정책으로 배분되는 사회적 권리의 해당 영역들을 의문시하고 변형하는 과정들을 동반했다. 여성들의 정치적 세력화는 보편적인 공적/사적 영역이 있는 것이 아니라 특정한 역사·문화적 조건에서 '공적으로 간주되는' 영역과 '사적으로 간주되는' 영역이 있다는 인식에 따라 공적/사적 영역을 재검토하게 만들었다.[33]

여성의 시민권 정치와 마찬가지로 성소수자의 시민권 정치는 단순히 비-이성애적 주체에게 보편적인 시민권을 할당하는 논의에 국한되지 않는다. 시민은 구체적인 몸을 가진 성적 존재이며, 섹슈얼리티는 사적 영역과 공적 영역을 가로지르는 문제라는 측면에서 기존의 시민권에 섹슈얼리티가 반영된 성적 시민권(sexual citizenship)을 제기할 필요가 있다.[34] 성적 시민권은 기존의 시민권 담론이 이성애 규범적이고 공적인 것과 사적인 것을 엄격히 구분하며 성소수자들을 비-시민으로 제한한다고 비판하면서,[35] 사적인 문제로 여겨져 온 섹슈얼리티가 어떻게 공사 영역의 구분을 문제시하면서 시민권의 재구성으로 나아갈 수 있는가를 질문한다. 이러한 성적 시민권의 정치에 비추어 볼 때, 서울퀴어문화축제는 기존의 이성애 규범적인 공사 영역의 구분 자체에 의문을 제기하면서 광장이라는 공공 영역을 퀴어라는 성적 주체성과 시민이라는 정치적 주체성이 교차하는 공간으로 전유하려는 시도로 볼 수 있다. 성소수자들이 서울퀴어문화축제를 통해 자신의 성적 주체성을 공공 공간에 전시하고 기존의 공공 공간에 부여된 이성애 규범성을 위반하고 전도시키고자 하는 것은 단순히 공공 공간에 대해 이성애자들과 동등한 보편적 권리를 요구하는 것이 아니라 오히려 탈-이성애적 공공 공간을 구성하려는 성적 시민권의 정치라고 할 수 있을 것이다. 그렇다면 이제 서울퀴어문화축제에서 공적/사적 영역의 구분에 의문을 제기하는 실천들을 본격적으로 살펴보자.

광장의 공공성: 서울퀴어문화축제의 서울광장 사용 불허

서울퀴어문화축제는 2015년에 서울광장에서 개최된 이후 코로나로 인해 온라인으로 개최한 2020년과 2021년을 제외하고는 2015년부터 2022년까지 계속 서울광장에서 개최되었다. 하지만 2015년부터 2022년까지 서울퀴어문화축제가 서울광장에 대한 사용 허가를 받았다고 해서 이 과정이 원활했던 것은 아니다. 앞서 살펴본 것처럼 2011년 서울광장조례 개정 이후 서울광장 사용은 허가제가 아닌 신고제가 원칙이다. 그러나 서울광장 조례에 따르면 신고 내용이 '광장의 조성 목적에 위배되거나 다른 법령 등에 따라 이용이 제한되는 경우', '시민의 신체, 생명 등에 침해를 가할 우려가 있는 것으로 예상되는 경우' 등에만 예외적으로 서울시 열린광장운영시민위원회(이하 시민위)의 의견에 따라 수리를 거부할 수 있다. 2019년

9월 서울시 인권위원회(이하 인권위)는 '서울광장 이용 관련 성소수자 차별에 대한 서울시 인권위 권고'에서 서울시가 서울퀴어문화축제의 2015~2019년 서울광장 사용 신고 처리를 부당하게 지연시켰다고 판단했고, 서울시의 이러한 조치가 성소수자 차별 행위라고 보았다. 서울시 인권위가 이러한 판단을 내린 이유는 서울퀴어문화축제 조직위원회(이하 조직위)가 2015년부터 서울광장에서 행사를 평화롭게 진행해 서울광장조례에 명시된 예외 조항에 해당하지 않아 시민위의 심의를 받을 필요가 없다고 보았기 때문이다.

하지만 서울시는 시민위가 서울광장 수리 여부를 결정하게 하여 서울광장 사용 신고 수리를 연기해 왔다. 서울광장조례 제7조에 따르면 서울시장은 광장 사용 신고를 접수받을 경우 원칙적으로 48시간 이내에 사용 신고 수리 여부를 통지해야 한다. 하지만 서울광장조례 6조에 해당될 경우 위원회의 심의를 거칠 수 있으며 시민위의 심의가 진행되는 동안에 신고 수리 통보는 지연된다. 그러므로 서울시는 타당한 이유를 밝히지 않고 사용 신고 수리를 미루어 시민위의 심의에 따라 수리 여부를 판단하게 한 것이다. 또한 서울시는 지연 이유를 두고 서울시 인권위에 "일부 시민들이 퀴어퍼레이드에 반대해 행사장 주변에서 항의 집회를 개최하면서 상호 충돌로 시민의 신체, 생명 등에 침해를 가할 우려가 있다"며 "수리 여부를 신중하게 판단할 필요가 있다"고 했는데,[36] 서울시 인권위는 "광장 사용 신고자의 성별, 장애, 정치적 이념, 종교 등을 이유로 광장 사용에 차별을 둬선 안 된다는 것이 서울광장 조례에 명시돼 있다"며 "반대 집회가 예상된다는 이유만으로 성소수자들이 주체가 된 행사에 불이익한 조치를 하는 건 명백한 차별 행위"라고 지적했다.

2022년 서울퀴어문화축제의 경우 서울시는 과도하게 신체를 노출하거나 유해한 음란물을 전시 및 판매하지 않는다는 조건으로 서울광장 사용을 승인했다. 서울광장 사용은 신고제가 원칙인데 여기에 조건을 부과한 것뿐만 아니라 그 내용도 자의적이라 성소수자에게만 허가제라는 비판이 나왔다. 심지어 서울퀴어문화축제 조직위는 6일 동안 광장을 사용하겠다고 신청했지만 서울시는 축제를 반대하는 시민과 충돌할 가능성이 있다는 이유로 1일만 허가했다. 더욱이 2023년에 서울시는 서울퀴어문화축제의 서울광장 사용을 불허했다. 표면적으로는 서울퀴어문화축제 조직위가 신청한 날에 기독교계 단체인 CTS문화재단도 '청소년·청년을 위한 회복 콘서트'를 열겠다고 신청했고, 서울광장조례 6조 '사용일이 중복된 경우 신고 순위에 따라 수리하되 어린이·청소년 관련 행사, 공익적 행사 등을 우선 수리할 수 있다'는 조항에 따라 CTS문화재단이 낸 신청서가 수리되었다. 그러나 이후 공개된 시민위의 회의록에는 서울광장 사용 불허 결정이 의도된 차별이라는 점이 드러나 있다. "(서울퀴어문화축제를 허용하면) 마치 대한민국 자체가 성소수자들을 인정하는 문화인 걸로 받아들이게 된다. 이게 청소년들의 바르게 커야 하는 성문화에 대한 인식, 교육적인 부분에서도 좋지 않다고 생각한다", "본인들이 자유를 표현할 권리도 있지만 보고 싶지 않아 하는 권리라든지 다른 시민들의 의견도 중요하다", "어떤 것이 더 공공을 위한 이익인가를 체크해 나가다 보면 결국 '청소년 · 청년 회복 콘서트'가 공공을 위한 이익일 수밖에 없다."[37]

요컨대 시민위 위원들은 공공성 저해, 다른 서울 시민의 피해, 사회갈등 유발을 이유로 퀴어문화축제의 서울광장 사용을 불허했다. 여기서 표면화되는 서울시의 공공성 담론은 개방성, 공통성, 보편적 접근성을 의미하기보다는 서울시가 공적인 것으로 정의하지 않는 것을 배제하는 담론에 가깝다. 왜냐하면 성소수자 행사는 청소년 행사에 비해 공익적이지 않으며, 오히려 성소수자의 가시화가 다른 시민들에게 피해를 미칠 수 있다고 보고 있기 때문이다. 달리 말해, 공공 공간에서 이루어지는 성소수자 행사는 성소수자만의 이익을 위한 것이므로 공공적이지 않은 동시에, 성소수자를 공공장소에서 보고 싶지 않은 사람들의 권리 혹은 이익을 침해한다는 측면에서 공공적이지 않다는 것이다. 이는 서울시가 서울퀴어문화축제와 같이 성소수자가 공공 공간에서 자신의 섹슈얼리티를 드러내는 행사는 공적 성격을 가지지 못하며 성소수자의 섹슈얼리티는 사적 영역에 머물러야 한다는 배제적인 공공성 개념을 취하고 있다는 것을 암시한다.

2015년부터 2022년까지 서울시는 전면적으로 협조적이지는 않더라도 서울퀴어문화축제의 서울광장 사용을 허용해 왔다. 그러나 2023년 서울광장 사용 불허 이후 공개된 시민위의 회의록을 통해 서울시가 상정하는 서울광장의 공공성 개념이 전형적으로 이성애 규범적이며 차별적이라는 것이 명백히 드러났다. 하지만 서울퀴어문화축제의 서울광장 사용 허가 여부를 두고 펼쳐진 일련의 사건, 담론, 논쟁, 실천들은 서울광장이라는 공공 공간에 대해 서울시가 규정하는 공공성이 보편적이라기보다는 역사적인 경로를 통해 형성된 특수한 공공성일 뿐이며, 이러한 공공성은 고정되어 있는 것이라기보다는 기존의 공공성을 유지 및 재생산하려는 실천과 여기에 이의를 제기하려는 실천들이 경합하는 과정에 놓여 있다는 것을 방증한다. 따라서 서울퀴어문화축제 조직위 및 지지자들이 지속적으로 서울광장에서 퀴어문화축제를 개최하기 위해 서울광장 사용을 신청하고, 서울광장 사용 불허와 관련하여 서울시뿐만 아니라 미디어에 항의하는 것은 단순히 특정 집단에 대해 가해지는 차별에 맞서 자신의 이익을 보호하려고 하는 행동이 아니라 서울광장에서 이루어지는, 이른바 '문화 행사'가 은폐하고 있는 이성애 규범성을 드러내 논쟁의 대상으로 만들고 기존의 공공성 개념을 해체하고 재구성하려는 공간적 실천이라고 할 수 있다.

퀴어문화축제의 선정성 논란: 섹슈얼리티의 가시화

서울퀴어문화축제가 2015년 서울광장으로 옮겨서 개최된 이후 미디어에서 가장 많은 논란을 불러일으켰을 뿐만 아니라 반동성애 집단에 의해 악의적으로 반복 생산되고 있는 주제는 퀴어문화축제의 선정성 문제일 것이다. 이는 주로 퍼레이드 참가자의 신체 노출을 포함한 복장 및 퍼포먼스, 그리고 성적 상징물 형태의 과자 및 제품 판매와 관련되어 있다. 서울퀴어문화축제 참여자의 일부는 퀴어퍼레이드 중에 신체를 대담하게 드러내는 의상을 입으며 특정 부스에서는 남성 혹은 여성 성기 모양의 쿠키나 콘돔을 팔기도 한다. 해외의 프라이드 행사에서도 쉽게 볼 수 있는 이러한 행위들은 기존 사회의 성 규범에 도전하거나 이를 유머스럽게 뒤트는 측면을 갖고 있다.[38] 달리 말하자면, 성소수자는 이성애 규범적인 사회에서 자신의 섹슈얼리티를 드러내지 못하고 이성애자로 가장하며 살아가야 하기 때문에 퀴어퍼레이드라는 일시적으로 형성되는 해방적 공간에서 신체 노출, 퍼포먼스, 굿즈 판매 등을 통해 자신의 섹슈얼리티를 공개적으로 드러내어 이성애자들에게 자신의 존재를 알리는 동시에 성소수자로서의 자신의 정체성을 긍정한다는 것이다. 하지만 서울퀴어문화축제를 반대하는 반동성애 집단은 부적절한 신체 노출이 일반인에게 불쾌감을 불러일으킬 뿐만 아니라 성 정체성이 확립되지 않은 어린이 혹은 청소년에게 혼란을 줄

수 있다는 이유로 이러한 섹슈얼리티의 가시화 행위에 대해 격렬하게 비판한다. 이들은 축제가 개최되는 동안 주변에서 반대 시위를 진행하거나 퀴어퍼레이드 대열과 직접적으로 충돌할 정도로 적극적으로 행동하기까지 한다.

서울퀴어문화축제의 역사를 살펴볼 때 이처럼 섹슈얼리티를 드러내는 행위들은 퀴어문화축제가 시작된 2000년부터 계속 있어 왔지만, 성소수자 당사자를 중심으로 다소 소규모로 진행되던 2014년 이전까지는 퀴어문화축제의 신체 노출이 크게 문제시되거나 미디어를 통해 그 선정성이 부각되지 않았다.[39] 2014년 퀴어문화축제가 신촌에서 개최되었을 때 보수 기독교를 중심으로 하는 반동성애 집단이 퀴어퍼레이드를 물리적으로 방해하여 상당 시간 지연되는 사건이 발생하면서 퀴어문화축제가 대외적으로 널리 알려지게 된다. 이로 인해 2014년 이후 보수 기독교 중심의 반동성애 집단이 대규모로 조직되기 시작했고, 이들이 조직적이며 폭력적인 방식으로 퀴어문화축제를 방해하는 것이 언론에 보도되면서 퀴어문화축제에서 섹슈얼리티를 드러내는 행위들이 미디어에서 주목받아 집중적인 비난 대상이 되기 시작한다. 하지만 퀴어문화축제에 초기부터 참여해 온 L씨는 신체 노출 및 퍼포먼스는 퀴어문화축제 개최 장소를 서울광장으로 옮기기 전에 더 두드러졌고 서울광장으로 옮긴 이후에는 오히려 이러한 경향이 점차 약화되고 있다고 지적한다.

L씨: 2011년도에 친구 사이 퍼레이드 트럭에 다들 상의 탈의하고 하의만 입고 올라갔거든요. 사람이 많았냐고 물어보면 그건 아니었어요. 매년 조금 있긴 했죠. 최근에는 찾아보기 힘들어진 건 있어요. 사실 저는 좀 더 벗었으면 좋겠어요. 물총 축제하면 이성애자들은 수영복 입고 그렇게 놀아도 되고 우리는 안 되나요?

L씨와 같이 퀴어문화축제에 오랫동안 참여한 사람들은 2014년 이전의 퀴어문화축제의 경우 신체 노출이 있더라도 일반인들이 그에 대해 관심을 가지거나 비판하는 일이 거의 없었는데, 2014년 이후에는 이전에 비해 노출 수위가 약해지고 있는데도 불구하고 보수 기독교 진영 및 미디어에서 특정 노출 사진을 악의적으로 재생산하면서 퀴어문화축제의 선정성을 비난하고 있다고 말한다. 이는 2014년 이전에는 퀴어문화축제가 그다지 주목받지 못했기 때문에 섹슈얼리티의 가시화 행위가 부각되지 못했고 그 이후에 반동성애 집단이 퀴어문화축제를 공격하기 위한 표적으로 신체 노출을 부각시켰다고 볼 수 있을 것이다. 퀴어문화축제에서 자원봉사자로 자주 참여하는 K씨는 퀴어문화축제의 신체 노출과 관련하여 이성애자와 성소수자에게 성 규범의 기준이 일관되지 않게 적용된다고 불만을 제기한다.

K씨: 저는 좀 몰상식한 것 같아요. 표현의 자유죠. 공중도

덕으로 문제가 된다든가 다른 축제보다 수위가 높냐 하면 그런 건 아니고요. 1년에 하루에 해방감을 느끼기 위해 섹슈얼하게 입고 뽐내고 싶어서 나오는 건데 그게 성소수자 대표성을 띠고 낙인찍히고 폭력적인 비난을 받아야 하는 건가 하는 의구심이 있죠.

K씨는 서울퀴어문화축제에 10년 이상 참여하여 신체 노출에 대한 대중의 반응 변화를 오랫동안 지켜보아 왔는데, 이에 대해 형성된 여론이 불합리하다고 느낀다. 이를테면 이성애자들의 신체 노출이 이루어지는 다른 축제(물총, 워터밤, 머드 축제 등)의 경우에도 축제에 참여하지 않는 일반인들이 이러한 신체 노출에 대해 개인적으로 불편함을 가질 수는 있지만 퀴어문화축제처럼 과도한 사회적인 비난의 대상이 되는 경우는 드물다는 것이다. 이는 이성애자들의 공공 공간에서의 신체 노출은 이에 대해 불편해하는 사람들이 있을지라도 어느 정도 개인의 자유 영역으로 허용되지만 성소수자들의 신체 노출 행위는 공공 공간에서 이루어질 수 없으며 사회적 도덕규범을 위반하기 때문에 사사화되어야 하는 행위로 이해되고 있다는 것을 보여준다. 물론 성소수자 커뮤니티 내에서 섹슈얼리티의 가시화 행위에 대한 입장은 다양하다. 가시화를 강조할 경우 기존의 규범에 의문을 제기하는 퍼포먼스를 지지하지만 성소수자와 비-성소수자의 동질성을 강조할 경우 가시화 전략이 반감을 증대하여 운동의 목적을 훼손

할 수 있다고 이야기된다. 이러한 입장의 차이는 때로는 성소수자 사이에 내부 공격의 형태로 나타나기도 한다. 퀴어 활동가인 A씨는 퀴어문화축제에서 이루어지는 신체 노출을 적극적으로 지지하는 입장인데, 이러한 경향이 내부의 갈등으로 인해 약화되고 있는 상황을 안타까워한다.

> A씨: 커뮤니티의 지지보다는 비난의 화살이 더 커졌어요. 욕이 엄청 많이 올라오거든요. 개인의 신상이 털리기도 하고요. 더 벗어달라고 애원하고 싶어도 할 수가 없어요. 그 사람이 감당해야 하는 몫이 가늠이 안 되니까.

2015년 이후 서울퀴어문화축제에서 과감한 섹슈얼리티의 가시화 행위가 줄어든 것에 대해 A씨는 이제 퀴어축제에서 신체 노출 퍼포먼스에 대해 용기를 낼 만한 자원이 별로 없다고 말한다. 이러한 행위에 대한 비난이 단순히 외부적인 비난뿐이라면 견딜 만하지만 성소수자 커뮤니티 내부의 지지가 많지 않고 심지어 오랜 기간에 걸쳐 폭력을 당하거나 신상이 공개되는 위험까지 무릅써야 하는 상황이 발생한다는 것이다. 이 경우 명예훼손 소송 등 법적 방식으로 대응할 수 있으나 개인이 그런 부담을 감당하기는 어렵다. 요컨대 서울퀴어문화축제의 경우 2016년 이후 외부 공격과 내부 갈등 등의 이유로 서울광장 혹은 퀴어퍼레이드에서의 과도한 노출은 점차 줄어들고 있으나 완전히 사라진 것은 아니며 여전히 가시화를 강조하는 참여자들에 의해 계속 이루어지고 있다.

광장에서 섹슈얼리티를 가시화하는 행위는 기존의 억압적 성 규범에 대해 저항하는 측면을 갖고 있지만, 이러한 행위를 기존의 공적/사적 영역의 구분과 공공성 담론에 이의를 제기하고 재구성하는 것으로 해석할 수 있다. 다시 말해 서울광장과 같은 한국의 공공 영역에서 비-이성애자의 섹슈얼리티는 '공적'이지 않으며 배제되어야 하는 것으로 간주되며, 성소수자의 섹슈얼리티 가시화는 이를 보고 싶어 하지 않는 다른 시민에게는 피해로 여겨진다. 하지만 이성애자들의 신체 노출이 일어나는 다른 축제에 대한 반응과 비교해 보면 이는 비-이성애자의 섹슈얼리티를 공적 영역이 아닌 사적 영역으로 국한해야 한다는 요구와 다름없다. 모든 섹슈얼리티가 사적 영역에 속하는 것이 아니라 특정한, 즉 비-이성애자의 섹슈얼리티만 공적 영역에 노출되는 것이 금지되고 사적 영역에 속하도록 제한되는 것이다. 그러므로 서울퀴어문화축제에서 이루어지는 비-이성애자들의 섹슈얼리티 가시화 행위, 그리고 이와 관련된 여러 가지 논란들은 일반적으로 사적 문제로 여겨져 온 섹슈얼리티가 기존 공사 영역의 구분을 문제시하면서 성적 시민권의 재구성으로 어떻게 나아갈 수 있는지를 질문한다고 볼 수 있다.

서울퀴어문화축제는 매년 슬로건을 제시하는데, 역대 슬로건을 살펴보면 이전에는 성소수자의 가시화를 강조하는 슬로건('한 걸음만 나와봐, 놀자~!', 'Outing: 지금 나가는 중입니다', '더 퀴어, 우리가 있다')이 많았다면 좀 더 최근에는 사랑의 가치를 강조하는 슬로건('사랑은 혐오보다 강하다', '사랑하라, 저항하라, 퀴어 레볼루션!')이 자주 등장한다. 또한 퀴어 축제와 관련된 미디어의 보도에서도 퀴어 축제의 의미를 사랑과 연관 짓는 경우가 많다. 이처럼 퀴어문화축제가 '사랑'을 강조하는 이유는 퀴어 혐오가 근본적으로 비-이성애적 친밀성을 부정하는 데서 비롯된다고 이해하기 때문이다.[40]

> L씨: 공원에서 손을 잡거나 키스는 못하는데 (퀴어 축제에서는) 안전한 공간이 하루 동안이라도 성립이 되는 거고 거기서는 손을 잡아도 되고 팔짱을 껴도 되고 뽀뽀하면서 사진 찍어도 되고. 경찰의 보호하에 있지만 할 수 있는 거죠. 그리고 무슨 일이 있어도 내 편이 있다는 느낌이 있고.

L씨는 퀴어 축제에서 이루어지는 성소수자들의 다양한 애정 표현 및 행위에 대해, 일반적으로 성소수자들은 공원과 같은 도시의 공공 공간에서 이성애자에 비해 애정 표현 및 행위를 자유롭게 할 수 없지만 서울퀴어문화축제

가 진행될 때 서울광장 내에서는 성소수자들이 이러한 표현과 행위를 아주 자유롭게 할 수 있다고 말한다. 그러나 이를 도시 공간 내에서 성소수자들이 친밀성을 교류할 수 있는 공간이 전혀 존재하지 않는다는 의미로 해석하기는 어렵다. 동성애자의 하위문화가 극장, 공원, 공중화장실 등과 같이 자신의 사회적 신분을 은폐한 채 일회적 섹스를 나누던 장소를 중심으로 형성되었던 시기에서 벗어나 클럽, 바, 찜질방, 사우나, 마사지 숍, 극장, 비디오방 등으로 교체되면서 이런 공간들은 일상적인 삶에서 자신들이 취해야 했던 이성애적 가장을 벗어나 사회적 친교를 할 수 있는 공간으로 받아들여지고 있다.[41] 즉, 성소수자의 하위문화 공간들이 증가하면서 공공 공간은 아니더라도 친밀성을 교류할 수 있는 공간이 늘어났으며, 성소수자들은 소비를 매개로 하는 상대적으로 자유로운 준-공적(semi-public) 영역에서 비-이성애적 친밀성의 관계를 맺어왔다고 할 수 있다. 하지만 K씨는 이러한 친밀성의 행위를 밤이 아니라 낮에 할 수 있다는 것이 퀴어 축제만의 특별한 경험이라고 지적한다.

> K씨: 밤이 아니라 낮에 모일 수 있다는 것이 신기하기도 하고. 커뮤니티는 거의 밤 문화니까. 술 먹거나. 대낮에 12시부터 사람들이 모여서 자기 있고 싶은 대로 있고 나와서 하는 것 자체가 인상적이긴 하죠. 자유를 느끼기도 하고.

성소수자들이 친밀 관계를 맺을 수 있는 준-공적 영역이 늘어났다고 하더라도 이러한 공간들은 완전히 공적인 성격을 가질 수 없는 '밤의 공간'이라면 퀴어문화축제는 낮이라는 개방된 시간에 공공 공간에서, 즉 '낮의 공간'에서 성소수자들이 친밀성의 행위를 자유롭게 할 수 있는 기회를 제공한다는 점에서 독특하다는 것이다.

역사적인 관점에서 볼 때 친밀성은 전통적 공동체가 해체되고 개인이 성립되는 과정에서 근대 가족의 구성원을 결속시키는 새로운 유대를 설명하기 위한 속성으로 나타난 것이라고 할 수 있다.[42] 근대 가족으로 대표되는 새로운 관계의 속성이 친밀성이라면, 이러한 친밀성을 형성 및 유지하는 핵심 요소는 사랑이다. 여기서 친밀성은 객관적 이성보다 개인의 주관적 감성에 크게 의존하는 것으로 여겨지며, 친밀권(intimate sphere)은 공적 영역과 사적 영역의 구분을 가정할 때 공적 영역에 포함되지 않고 사적 영역을 대표하는 용어로 사용되었다. 하지만 친밀권이 공적 영역 자체일 수는 없다는 것을 인정하더라도 친밀권을 공공권과 완전히 분리된 혹은 무관한 공간으로 보기는 어렵다. 예를 들어 기든스는 다양한 권력이 착종하는 현장인 사적 영역이 공적 영역의 권력관계를 비판하는 토대가 될 수 있다고 보며 사적 영역과 공적 영역의 연계를 강조한다. 친밀권에서 형성된 비판적 의식이 시스템에 의존하는 현실의 삶의 존재 방식을 근본적으로 바꾸려는 정치적 문제 제기, 즉 새로운 사회운동으로 이어질 수 있다는 것이다.[43] 따라서 이성애 규범적인 사회에서 퀴어 문화축제를 통해 사랑 혹은 비-이성애적 친밀성을 정치적 의제로 제시하는 것은 대항적인 효과를 지닐 수 있다. 즉, 사랑이 사적 관계에 귀속된 것이 아니라 공적 주제라는 것을 환기시키고 이성 간 관계를 친밀성의 규범으로 삼는 것에 대해 이의를 제기할 수 있다는 것이다. 이처럼 퀴어문화축제에서 가시화되는 비-이성애적 친밀성의 주체들은 대항공중(counter-public)의 한 형태라고 말할 수 있다.[44] 이러한 대항공중은 성적 쾌락, 욕망, 친밀성과 관련된 사회적 실천이 사적인 것이 아니라 공적인 것이라는 것을 보여주며 기존의 공적/사적 영역의 구분을 해체 및 재구성하는 주체들이라 할 수 있을 것이다.[45]

열린 광장을 향하여
: 지속적인 공공성의 재구성

서울광장은 공식적으로는 2004년에 조성되었지만 그 기원을 거슬러 올라가 보면 100여 년의 역사가 축적된 공간이다. 이 공간은 대한제국기 왕권을 공간적으로 구현하기 위해 탄생했고, 일제강점기, 해방 이후 미군정기, 이승만 정부, 박정희 정부 시기에는 대표적인 국가 권력의 전시 공간이었지만 이와 동시에 4·19 혁명, 6월 항쟁 등 국가 권력에 맞서는 민중의 저항 공간이었다. 그리고 이러한 대중 집회를 차단하기 위해 교통 공간으로 바뀌기도 했다. 또한 서울광장이 조성된 이후에는 월드컵 응원과 다양한 문화 행사 등 시민들의 자유로운 활동이 펼쳐지는 문화 공간이었고, 이전의 반정부 시위와 달리 평화 시위와 축제가 결합된 촛불집회가 이루어지는 집회 공간이었으며, 세월호 혹은 이태원 참사를 추모하는 추모 공간이기도 했다.

이처럼 서울광장은 공공 공간으로서 다양한 형태와 기능을 갖고 있으며 하나로 환원되지 않는 다층적인 성격을 가지고 있다. 특히 서울퀴어문화축제는 이러한 서울광장의 다층성 중에서도 공공 공간의 이성애 규범성과 공공성에 도전하는 공간적 실천으로 주목할 가치가 있다. 물론 촛불집회나 대형 참사 추모 집회와 같은 실천들 역시 공공 공간이 갖고 있는 기존의 공공성에 이의를 제기하는 실천이지만 퀴어문화축제는 그중에서도 이성애자를 주체로 상정하는 시민권과 공공성 담론에 근본적인 문제를 제기한다는 측면에서 중요하다. 퀴어문화축제의 사례를 통해 알 수 있듯이 서울광장이라는 공공 공간의 공공성은 확정되어 있는 것이 아니라 공공성을 재구성하려는 실천들 사이에서 지속적인 경합 과정에 있다. 공공 공간이 이념적으로 가정하는 개방성, 평등성, 보편적 접근성이 완벽하게 구현되는 것은 어려울지도 모르지만 공공 공간의 공공성에 대한 문제 제기가 언제든지 가능하고 민주적 토론에 의해 공공성이 재구성될 수 있다면 이러한 지점에 점차 다가갈 수 있을 것이다. 따라서 서울광장은 지금까지도 다층적인 공간이었고 앞으로도 계속 다양한 실천에 의해 변화할 가능성에 열려 있는 가변적인 공공 공간일 것이다.

— 이규원

한강 이남,

영동지구에서 강남이 되기까지

한강 이남은 어떻게 '강남'이 되었을까

이 글은 과거 영동지구(영동 1·2지구)라 불렸던 강남 일대가 조선시대부터 현대에 이르기까지 거쳐 온 역사·지리적 변천 과정을 재구성한다. 이와 같은 역사적인 배경을 토대로 현재의 강남 일대가 서울 내에서 지니는 경제·문화적인 입지를 인류학적인 관점에서 분석할 것이다. 영동지구는 지금의 강남 일대를 이루는 지역으로 서울 내에서도 중요한 경제·문화적 중심지로 자리 잡았다. 과거 전형적인 농촌이었던 이 지역이 영동지구로 구획되고 현재와 같은 모습으로 개발되는 흐름은 한국 사회의 산업화 과정이 지녀온 과거와 현재의 흐름을 살펴보는 데 중요한 의미를 지닌다.

영동지구는 한강 이남이자 영등포 동편, 구체적으로는 제3한강교(현재의 한남대교)에서 양재동(성남·과천 분기점) 사이의 지역에 위치해 있다.[1] 행정구역상으로는 서초구와 강남구 일대(압구정동·반포동·서초동·잠원동·신사동·논현동·역삼동·개포동·삼성동)에 해당한다. 지금은 이 지역을 '강남 일대'라 흔히 통칭하나 예전에는 '영등포 동쪽' 또는 '영등포와 성동(城東) 중간'이라는 뜻으로 '영동(永東)'이라는 말을 더 많이 썼다.[2] 조선시대로 거슬러 올라가면 이 지역은 영등포 지역과 한강 이남이라고 불리며 전형적인 농경지대로 남아 있었다. 당시의 영동지구는 상공업이 거의 발달하지 않은 데다 거주 인구도 적은 곳이었다. 1900년대 들어 경부선 철도 건설에 힘입어 번잡해지기 시작한 영등포에 비해, 강남은 여전히 미개발 지역으로 남아 있었던 것이다.[3]

이 지역이 본격적으로 개발되기 시작한 것은 군사정권이 집권하던 1960년대에 들어서였다. 1962년 말에서 1963년 초(윤태일 시장기)에 서울은 대규모 구역 확장을 이루었다. 이후 1966년에 착공한 제3한강교는 김현옥 시장 재임기인 1969년에 완공되었으며, 1967년 당시 박정희 대통령이 경부고속도로 건설을 제안하면서 영동지구를 대상으로 구획 정리 사업이 꾸려진다. 이는 경부고속도로 건설을 목표로 부지를 확보하기 위한 영동 제1구획 정리 사업(1968년 시작)과 영동지구에 대규모 주거 지구를 마련하기 위한 제2구획 정리 사업(1971년 시작)으로 이어진다. 개발이 잇따르면서 영동지구는 갈수록 치솟는 지가에 땅 투기가 과열되는 아파트 밀집 지역으로 변모해 갔다. 이러한 변화를 타고 이곳에는 교통망(지하철 2·3호선)이 건설되고 각종 공공 및 금융기관이 점차 들어섰으며 서울 '명문고'들이 대거 강남으로 이전함에 따라 이른바 8학군이 형성되기에 이르렀다.[4] 현재 이 일대는 교통·경제(금융 및 상업)상의 중심지이자 서울뿐 아니라 한

국 내에서 최고 수준의 집값을 기록하는 아파트 밀집지이기도 하다.[5]

강남 일대가 과거 영동지구로 구획되어 본격적인 개발을 맞이한 1960년대 이후 해당 지역은 각종 정책 변화와 원주민·이주민·개발업자들의 이해관계가 얽히는 장이 된다. 1960년대와 1970년대를 경유하며 영동지구는 토지 구획 정리 사업의 대상으로 지목되었으며, 1980년대 이후에도 각종 정책적·경제적 필요에 따라 개발되면서 새로운 경관을 갖추었다. 살펴보겠지만 당초의 개발계획은 도시가 구획되는 과정에서 여러 행위자가 개입하면서 거듭 변경되기도 했다.[6]

특히 1980년대 후반에 이르러 잠실과 영동지구는 88올림픽을 비롯한 국가 이벤트를 계기로 이른바 '국제도시'의 면모를 과시하는 상징적인 시가지로 개발되었다.[7] 이처럼 번영과 '글로벌함'의 이미지를 도시 공간에 구현하려는 강남 개발은 1960~1970년대에 전개되어 온 대대적인 구획 정리 사업과는 성격을 달리한다. 무엇보다도 두드러지는 점은, 강남이 특유의 주거 형태와 고급품 소비를 통해 타 지역과의 부단한 '구별 짓기'를 꾀하는 '신중산층'의 거점으로 변모했다는 것이다.[8] 이른바 '신중산층'의 문화는 강남 내부에서도 특히 아파트라는 매개를 통해 생성되고 표출되어 왔다.[9] 또한 이 같은 '강남식 생활양식'은 새롭게 지어지는 신도시들을 통해서 다시금 재현되며 확산되고 있다.[10]

이 글은 지금의 강남이 지니는 이러한 측면을 역사적이고 인류학적인 관점으로 살펴본다. 이는 1990년대 이후 도시인류학 연구들이 집중해 온 주요한 문제, 즉 공간이 사회문화적으로 구성되는 과정에 정치·경제적 권력이 어떻게 작동하고 개입하는지 강남을 중심으로 재구성하는 작업이기도 하다.[11] 무엇보다 과거 영동지구는 지금의 강남 일대로 변모하면서 중산층이라는 특정한 경제·문화적 계급을 탄생케 했다. 이 글은 현재의 관점에서 이들은 어떠한 소비 생활을 영위하며 강남의 '경계'를 재구성하는지에 초점을 둔다. 즉 과거의 영동지구, 혹은 지금의 강남에 살아온 사람들은 삶의 터전이 변화하는 과정을 어떻게 일상 속에서 경험해 왔는지 묻는다.

한강 이남 지역의 역사적 변천

조선시대 서울 지역은 한강 북쪽에 국한되어 있었다. 반면 강남과 영등포 일대는 서울 바깥의 지역으로서 '한강 이남'으로 통칭되었다. 이 지역은 한강 유역에 비옥한 충적 평야를 이루고 있어 농경에 적합했으며, 교통이 편하고 방어가 용이하여 일찍부터 취락이 발달할 조건을 갖추고 있었다. 지리적으로는 관악산에서 사당동, 동작동으로 이어지는 능선을 경계로 삼아 동쪽에 지금의 강남구가, 서쪽에 지금의 영등포구가 위치했다.[12]

지금의 강남 지역은 여러 측면에서 서울의 중심지로 인식되고 있지만 조선시대에는 전형적인 농경 지대였다. 지금의 구로구·관악구·양천구·강서구를 포함한 영등포 일대는 관악구를 제외하면 전반적으로 평탄했으며 안양천이 관내 곳곳을 지나고 있어 일찍부터 수전 농업 지대로 기능할 수 있었다. 또한 강남구 지역의 경우 구릉이 많았으나 조선시대부터 본격화된 개간 사업에 힘입어 농토가 대거 마련되었다. 조선시대의 중농 정책에 힘입어 이 지역의 농경은 높은 생산량을 유지했고, 이로써 해당 지역의 거주민들은 한강 유역에 빈번했던 범람과 홍수에도 불구하고 생계를 유지할 수 있었다. 이어 18세기 후반부터는 한양에 인구가 더욱 집중되고 새로운 작물 재배가 확산되면서 지금의 강남구, 송파구, 영등포구 일대에 넓은 채소밭과 과수원이 형성되기도 했다. 최완기에 따르면 지금의 신사동, 청담동 등지는 앵두 산지로 유명했으며 율현동에는 대규모 밤나무 단지가 있었다고 한다.[13] 신사동은 잠원동과 함께 양잠을 위한 뽕나무 재배지로 쓰였으며 청담동 강변에서는 닥나무가 많이 심어졌다. 조선 후기에 들어설 시점에도 이 일대에는 본격적인 상업지구가 발전하지 않고 있었다.

한편, 조선 후기에 접어들며 서울 인구가 증가하면서 경강 지역과 도성 외부에도 더욱 많은 인구가 몰리게 된다. 이 때문에 도성 밖 지역에는 방이 신설되고 한강 남부에는 두모방·한강방·둔지방이 새로 세워졌다. 이는 서울로 들어온 유민들이 집단적으로 거주하던 지역이었다. 서울의 확장은 대동법과 금속 화폐의 전국적 유통이라는 당시의 경제적 흐름과 맞물린 현상으로, 이는 18세기 이후 상업 활동 및 교통망의 발달로 이어진다.[14]

당시 한강 이남 지역은 서울과 남쪽 지방을 잇는 관문으로서 중요하게 기능했다. 한양에서 전국으로 통하는 9개의 간선 도로 가운데 6개의 노선이 강남과 영등포 지역을 통과하도록 조성되었으며 한강변에는 나루[津]가 설치되어 서울의 관문 역할을 했다. 한강 남쪽에는 사평나루, 동작나루, 노들나루, 방학호나루, 양화나루, 공암나루가 있어 강남과 강북을 잇는 길목이 되었다.[15] 이러한 나루나 포구로 인해 해당 지역에는 상업적 유통 기지와 장터 등이 점차 마련될 수 있었다. 특히 조선 후기에 들면서 상업이 활발해지면서 해당 지역은 더욱 강한 상업적 성격을 띠게 되었다. 조선시대 한양의 도심권이 도성 안을 중심으로 구성될 때 용산·마포·서강·서빙고·두모포 등은 그 인근에 위치한 1차적 위성도시로, 그리고 송파·사평리·양재리·과천·동작진·노량진 등은 그보다 외곽에 위치한 2차적 위성도시로서 발달했다.[16] 이처럼 한강 이남의 나루들 역시 조선 후기 상업 발달과 함께 나타난 새로운 도시들의 등장과 연계되어 있었다.

한강 이남에서 주막촌이 발달한 곳으로는 사평과 말죽거리가 꼽힌다. 말죽거리는 영남대로상에 위치한 교통의 길목으로, 조선시대 지방에서 서울로 향하는 사람들이 양재역에 와서 말에게 죽을 먹이고 본인도 휴식을 취했다는 데서 그 이름이 비롯되었다. 이는 한양에서 경상도로 가는 큰길(한강나루-사평나루-말죽거리-판교-용인-충주)에 있었다. 당시 지금의 강남 일대에는 농업이 주로 행해졌지만 사평리와 말죽거리는 이러한 환경으로 인해 조선 후기에 이르러 상업의 중심지로 성장했다. 사평장은 인근의 송파장과 더불어 큰 장시를 형성하기도 했다.[17] 그러나 이러한 지점들을 제외하면 지금의 강남 일대는 오랫동안 농경지대로 남아 있었으며 이는 영등포가 1900년대에 들어 개발되기 시작하면서도 마찬가지였다.[18] 광복 이후 산업화 시기를 거치면서도 한강에 다리를 놓는 일이 쉽지 않았던 데다, 개발 이전의 강남은 전체적으로 습지가 많은 저지대였던 탓에 공사가 잘 이뤄지지 않았던 탓도 있었다.[19] 강남이 개발되기 시작한 것은 본격적인 산업화가 전개되기 시작한 1960년에 들어서였다.

산업화 시대, 영동지구의 탄생

잠실을 제외한 지금의 강남 일대는 산업화 시기에 들어 본격적으로 개발된다. 이러한 흐름을 살펴보기 위해 영동지구 제1·2구획 정리 사업이 실시된 경위와 그 구체적인 과정을 재구성하고, 대대적인 개발이 해당 지역의 도시경관을 어떻게 변모시켰는지 살펴보고자 한다. 영동지구 구획 정리 사업은 시행 당시에도 개발업자와 주민, 이주민의 이해관계가 충돌하면서 복잡한 양상을 띠었으며 사업이 종료된 이후에도 강남 일대에서 각종 개발 및 시가지화가 이루어지는 밑바탕을 제공했다. 훗날 정부 주도의 정책은 민간 주도의 투기와 개발에 압도당하는 모양을 띠지만 이러한 흐름에는 여러 구조적 결함과 임시방편적 성격을 지닌 영동지구 개발의 역사가 선행한다.

영동지구의 등장: 영동지구 제1구획 정리 사업의 실시와 전개

한강 이남 지역이 본격적으로 개발되기 시작한 것은 군사정권이 집권하던 1960년대에 들어서였다. 1962년 말에서 1963년 초(윤태일 시장기)에 서울은 대규모 구역 확장을 이루게 되었다.[20] 이전까지 경기도 양주군 구리면 중의 5개 동이 동대문구(오늘날의 중랑구)에 편입되었고, 광주군 구천면과 중대면 일부가 성동구(오늘날의 강동구와 송파구)에 편입되었다. 그리고 광주군 언주면과 대왕면 일부가 성동구(오늘날의 강남구), 양주문 노해면이 성북구(오늘날의 노원구), 김포군 양동면과 양서면이 영등포구(오늘날의 양천구와 강서구), 시흥군 신동면이 영등포구(오늘날의 서초구)로 편입되었다. 오늘날의 강남구에 속한 신사 · 압구정 · 논현 · 삼성 · 청담 · 역삼 · 도곡 · 대치 · 개포 등의 동리는 서울 구역 확장 이후 성동구 언주 출장소에 소속되어 있었으며, 마찬가지로 현재 서초구에 속한 잠원 · 반포 · 서초 · 사당 · 방배 · 양재 · 우면 등의 동리는 영등포구 신동 출장소에 소속되어 있었다.[21]

한강 이남 지역은 1960년대까지 한적한 농촌 지대로 남아 있었으나 한때 민간 기업에 의해 신도시 개발 계획이 진행된 적도 있었다. 그러나 이는 얼마 가지 않아 무산되고 1966년 초순 윤치영 시장 임기 아래 있던 서울시가 '남서울 도시 계획(또는 강남 개발 구상)'을 발표한다. 당시의 과천, 언주를 거쳐 뚝섬에 이르는 지역에 새로운 주택 지구와 경공업 지대를 건설하는 계획이었다.[22] 안창모에 의하면 여기서 '강남'이라는 단어가 처음 등장하지만, 이후 계획들에서는 나타나지 않으므로 이는 한강 이남을 뜻하는 단어로 잠시 사용된 것으로 보인다. 또한 이때의

'강남'은 지금 통용되는 강남과 그 일대의 의미와는 구별된다.

이후 영동지구 개발은 급물살을 타게 된다. 1967년 당시 박정희 대통령이 경부고속도로 건설을 지시한 것이 시작이었다. 경부고속도로는 공식적으로는 1968년에 착공되어 1970년에 완공되었지만, 사실 서울-오산 구간은 1967년부터 공사가 진행되고 있었으며 '정식' 착공 후 2년 반 후인 1970년 7월에 전 구간이 개통되었다.[23] 경부고속도로의 기점에 해당하는 제3한강교 공사도 재개되어 1969년 공사를 마쳤다. 이때 경부고속도로를 세우기 위한 공사비 3백억 원을 충당하고 부지를 확보하기 위해 1967년 영동 제1구획 정리 지구 사업이 진행된다. 이는 손정목이 지적하듯 구획 정리 사업을 통해 경부고속도로 건설에 들어가는 민간인 땅을 싼값에 확보하기 위함이었다.[24] 영동 제1지구 구획 정리 사업은 경부고속도로 건설 작업에 발맞춰 빠르게 진행되었으며 제3한강교에서 양재동 분기점까지, 즉 제3한강교를 기준으로 서쪽의 토지가 이때 확보되었다. 손정목은 이렇듯 무리한 면적의 구획 정리 사업이 개발독재주의의 한 단면을 보여준다고 진단한다.[25] 도로 건설을 위해 상당히 빠른 시간 내에 전개된 구획 정리 사업은 면밀한 계획과 설계 없이, 도로 노선과 그 설계 기준만을 토대로 실시된 측면이 컸다는 것이다. 한편 경부고속도로의 개통은 본격적인 자동차 시대를 열며 엄청난 파급 효과를 가져왔다.[26] 더불어 영동지구의 땅

값이 크게 상승하며 이 일대에 뜨거운 투기 흐름을 일으켰다.[27]

영동지구 제2구획 정리 사업과 고속버스터미널의 건설

1970년 4월, 김현옥에 이어 양택식이 서울시장으로 부임한 이후에 영동2지구 구획 정리 사업이 추진되었다. 그가 발표한 남서울 계획은 기존의 영동 제1지구를 포함하는 동시에 삼성동·청담동·압구정동·학동·대치동 일대를 중심으로 영동 제2지구를 대상으로 삼았다. 명목은 "나날이 과밀화되어 가고 있는 구시가지의 인구"를 분산하고 "대서울의 균형 발전"을 꾀하는 것이었다.[28] 이전에는 서울의 구도심이 정치·경제·사회문화의 중심적 기능을 수행했으나 강남 개발이 이루어지면서 서울은 새로운 중심지를 지니게 되었다. 이는 '다핵도시'로의 전환을 꾀하는, 이른바 '3핵도시 구상안'[29]을 구현하는 작업이기도 했다.[30] 영동 제2지구 개발과 영동대교 가설 공사는 그 시작점이었다. 이후 강남을 생활권의 중심으로 만드는 작업과 강북의 개발을 제한하는 정책이 함께 진행되었다.[31]

제1·2영동지구 구획 정리 사업이 실시된 이후로 땅 투기는 점차 증가하다가 1971년 4월 서울시의 재정 악화로 개발이 중단되면서 1973년까지 주춤한다. 이에 서울시는 논현동에 공무원아파트를 건립하고 1972년에는 영동지구 주택 건립 계획을 세워 공영 주택을 건설했다. 이후 1973년 초에도 공영 주택을 10개 단지로 조성하면서 강남으로 인구를 유입케 했다. 해당 지역은 개발 촉진 지구로 지정되어 영동지구에 토지를 사고 건물을 지으려는 사람들은 각종 세금을 면제받기도 했다.[32] 이로써 영동지구 개발은 다시 진행되어 1973년 7월 영동출장소가 설치되고 1975년 10월 강남구가 비로소 탄생한다.

제2영동지구에 해당하는 부지는 제1영동지구와 합하면 800만 평이 넘을 정도로 넓었다. 게다가 넓은 간선도로를 설치해 격자형 가로계획을 적용할 계획을 세우고, 다른 구획 정리 사업에 비해 훨씬 많은 공원·학교 용지를 배치한 점이 특징이었다.[33] 특히 고속버스터미널 설치로 강남 개발은 더욱 가속화되었다. 고속버스터미널 건설과 함께 교통부에서는 강북에 위치한 터미널들을 폐쇄하고 강남 터미널로 버스 노선을 집결시켰다. 이에 발맞춰 강북 도심과 강남을 잇는 잠수교(1976년 7월 완공)와 남산 3호터널(1976년 5월 완공)도 신속하게 개통되었다. 한동안 강남 터미널은 인구 이동이 거의 없는 벌판에 있었다. 이에 고속버스터미널 주변에 아파트 단지를 조성할 계획이 '영동 아파트 지구 개발 계획'이라는 이름으로 1975년에 수립되었고, 그다음 해에 반포·압구정·청담·도곡 등 영동1·2 구획 정리 지구 내에 아파트 지구가 지정되었다.[34] 이처럼 강남이 주거 밀집 구역과 교통로의 중심으로 개발되는 과정은 당초의 계획에 일관적으로 의존하지 않

(위)
1976년 강남 종합버스터미널
1차 준공식

(아래)
1977년 압구정 현대아파트의 정경

고 임시방편적인 필요에 따라 진행되었다.

영동지구에 지정된 아파트 지구에는 여러 중·고층 아파트가 건설되어 이후 전국의 주거 문화에 영향을 미쳤다. 전남일 등에 따르면, 영동지구의 아파트는 이전의 아파트와 달리 대형 평수에 고급형으로 지어져 중산층 입주자들의 시선을 끄는 한편 민간 건설업자들에게 최대한의 이윤을 보장해 주었다.[35] 그런데 영동 아파트 지구는 대대적인 도시 개발에 의해 건설되었음에도 불구하고 개발에 내재한 각종 어려움 때문에 기존의 형태를 필요에 따라 수정하며 불완전하게 만들어졌다. 김혜영과 이상헌에 따르면 1970년대 영동 아파트 지구는 격자로 구획된 토대 위에 지정되어 '근린 주구' 개념을 적용한 사례였다.[36] 이때 토지 구획 정리에 의해 형성된 가로망의 틀 위에 아파트 지구가 지정되었지만, 도시 개발은 동시다발적으로 또는 시간차를 두고 진행되었으므로 근린 주구의 규모가 동일하게 설정되기 어려웠다. 따라서 근린 시설은 불균형하게 배분되었고 공공시설이 미비한 상태에서 상업 시설이 대거 들어오게 되었다. 또한 개발업자와 토지 소유자들의 이해관계가 충돌하는 과정에서 하나의 아파트 지구가 다수의 단지로 분할되어 세워지기도 했다.

제1·2영동지구 구획 정리 사업은 같은 지역에 전개된 다른 개발 정책들과 맞물리면서 영동지구의 경관을 크게 변화시켰다. 살펴보았듯이 이는 고속버스터미널을 영동지구에 설치하고 아파트 지구를 건설하는 일련의 작업들을 포함한다. 과거 전형적인 농촌 지대였던 영동지구는 거듭된 개발을 거쳐 1980년대 이후로는 높은 지가와 인구 밀집도를 띤 시가지로 변모했다.[37]

영동지구의 시가지화 : 1970년대 이후 강남의 경관을 중심으로

1960년대부터 전개되어 온 영동지구의 구획 정리 사업을 시작으로 논밭이 대부분이던 기존의 '한강 이남 지역'은 서울 내에서도 손꼽히는 시가지로 변모하게 된다. 여기에는 고속버스터미널 건설, 그리고 지하철 2호선 개통도 중요한 요인으로 작용했다. 구도심과 영등포, 영동지구를 잇는 지하철 2호선과 새로운 교통의 중심지로 마련된 고속버스터미널로 인해 영동지구는 뛰어난 접근성을 지니게 되었다.

영동지구의 개발은 기존의 논밭이나 공터를 빼곡한 아파트 숲으로 바꾸어 놓았다. 고속버스터미널 주변에 아파트 단지가 대거 조성되고 곧이어 반포, 압구정, 청담, 도곡동에도 아파트 지구가 지정되는 일련의 과정은 서울시와 건설부, 주택은행의 적극적인 협업 속에서 이루어졌다. 이후 강남구 개포지구와 수서동이 택지 개발 지구로 지정되면서,[38] 고층으로 이루어진 아파트 숲은 강남 내에서 더욱 규모를 확장하게 된다. 이후 살펴보겠지만 대규모 아파트 단지는 중산층의 취향에 맞는 서구적 생활 양식을 확산케 하고,[39] 부동산 시장의 팽창과 함께 '집'을 상품화시키는 한편, 사람들이 '집'에 다양한 경제적·사회문화적 의미를 부여하게끔 만드는 촉매로 작용했다.[40]

1970년대를 지나며 영동지구가 새로운 시가지로 형성되면서 이 일대는 전에 없던 독특한 경관을 띠게 된다. 개발이 진행되면서 바나 카바레, 룸살롱을 비롯한 유흥업소가 강북에서 강남 쪽으로 일찍이 옮겨갔는데, 특히 신사동·논현동·압구정동·역삼동 일대에 이러한 업소들이 밀집했다. 또한 강북에 위치했던 여러 명문 고등학교가 강남으로 이전해 오면서 고교 평준화 계획에도 불구하고 해당 지역은 대입 교육의 공공연한 중심지로 자리 잡게 되었다.[41] 서초구에는 이른바 8학군이 형성되어 지금까지도 그 위세를 자랑하고 있다.

이어 1985년에 지하철 3·4호선이 개통하면서 강남의 시가지는 더욱 발달하게 된다. 3호선은 서울의 구도심에서 이어져 압구정·신사·잠원·고속터미널·교대·남부터미널·양재역으로 연결되었으며, 4호선은 강남을 관통하지는 않지만 그 인근으로 이어져 강남으로 통하는 접근성을 높였다. 3호선과 4호선은 개통 이후에도 매봉·도곡·대치·학여울·대청·일원·수서역으로 연장되었으며 역세권을 중심으로 새로운 시가지들이 형성되게끔 했다.[42] 강남 시가지가 거의 형성되었던 1996년에는 지하철 7호선이 개통했다.

강남에 대거 들어선 상업 시설들은 기존 영동지구의 토지 구획 정리 사업에서 마련된 필지 구획 형태를 변화시켰다. 강남의 필지 변화는 매매 가능성과 상업적 이득이라는 경제적 측면에 의해 좌우되었다.[43] 이 때문에 이 지역의 경관은 계속해서 변화해 왔으며 지금까지도 여러 개발과 변화에 열려 있게 되었다. 이는 제3한강교 건설부터 시작된 영동지구 개발이 지금의 강남으로 이어지기까지 무수한 우연적 요소들이 개입했다고 본 지주형의 지적과도 맞닿는다. 즉 현재 강남이 지니는 특권적인 위치는 애초 개발이 의도한 일관적인 계획에 의한 것이 아니라 "그때그때의 상황적 필요에 따라서 서로 다른 사람들에 의해 실행된 것"이다.[44] 실제로 영동지구가 구획된 이래 실행된 일련의 '계획'들은 정부와 토지 소유자, 원주민과 이주민의 각종 이해관계를 만들어 내는 동시에 그에 의해 변형되기도 했다. 강남에 위치한 상업 지구와 주거 단지, 도로를 비롯한 여러 도시 공간들은 그러한 이해관계들이 접목하는 물리적인 거점으로 작동한다.

분명한 것은, 강남이 빼곡한 아파트 숲과 밀집한 시가지로 변모하는 동시에 사회문화적인 계층 이동의 욕망이 집결되는 장소로도 자리 잡았다는 사실이다. 강남의 땅값과 집값은 서울 바깥은 물론 서울 내의 다른 지역에 비교해서도 최고 수준을 자랑한다. 강남 일대가 열띤 토지·부동산 투기의 '성지'로 변화할 가능성은 영동 제1지구가 개발되면서부터 일찍이 존재했다. 제3한강교 건설이 진행되면서 양재역 동남쪽의 지가가 몰라보게 상승했고, 1970년대에 이르러서도 계속된 개발을 거쳐 "말죽거리 신화"를 이끌어 낸 것이다.[45] 이후 영동지구가 "전국의 땅값을 끌어올리는 견인차 역할"을 하면서 "상식의 범위를 벗어난 땅값 상승"을 보여준 현상은 그 역사적 연장선 위에 있었다.[46] 지금에 이르기까지 강남을 배경으로 이뤄진, 이른바 '부동산 신화'는 이처럼 산업화 시기의 영동지구가 겪어 온 개발과 맞물리면서 강남을 부와 욕망을 낳는 지역으로 자리매김하게 했다.

잊히는 '영동지구', 떠오르는 '강남' : 인류학적 관점으로 본 강남의 탄생

영동지구와 달리 '강남'의 경계를 명확하게 긋기는 어렵다. '강남 3구'라는 단어가 보편적으로 통용되기도 하지만 적지 않은 강남 주민들이 이러한 표현에 그다지 동의하지 않는다. 이들은 강남에서 살아가는 '내부자'라 해도 강남의 경계를 서로 다르게 바라보고 주장한다. 이는 강남 주민 김해윤 씨(1992년생)가 말하듯 강남에 들어온 사람들이 "모두 다르기" 때문이기도 하다.

> 김해윤: 이게 이 지역[강남]의 특징이 있어요. 주변 사람들하고 얘기를 하면 특징이 있는데, 뭐냐 하면 들어온 시기가 다 달라요. 1번이 여기에서 원래 사셨던 토박이들은 이제 거의 안 남으셨고, 사실상. 왜냐하면 여기는 농사짓는 땅이고 그냥 그런 동네인데, 여기 아파트가 생긴다고 해서 여기서 사시는 게 아니라 팔고 나가세요. […] 2세대는 이제 이게 한참 개발이 되고 난 다음에. […] 70년대, 80년대, 90년대 다 달라요, 여기는. 그러니까 얘기, 이쪽 얘기랑, 그러니까 강남이, 강남이라는 데가 계속 커지거든요. 그래서 강남 사람들 안에서도 여기를 강남이라고 불러야 될지, 말아야

될지 하는 논의가 있어요.

강남을 규정하는 내부적 의견들은 이주자들의 성격에 따라, 즉 '70년대, 80년대, 90년대로 다 다른 시기에 들어온' 이주자들의 상이한 시선에 따라 다르게 드러난다. "강남이라는 데가 계속 커지는" 것은 해당 지역에서 전개되는 부단한 개발 때문이기도 하지만, 한편으로는 내부로 들어오는 이주민들의 엇갈리는 시선에 따라 강남이 달리 규정되기 때문이다. 따라서 경제·문화적 이상향으로서의 강남은 행정적 구분보다도 배타적인 경계를 지니며 '상상의 공동체'로 구성되기도 했다. 이처럼 강남 주민들, 그리고 이주민들의 시선에서 강남은 다층적인 모습을 띤다. "강남 사람들"의 시선은 때로 엇갈리고 충돌하지만 강남이 지니는 특유의 '중심지'로서의 입지를 공통으로 만들어 낸다.

'강남 일대'가 지니는 상업, 교육, 교통, 그리고 무엇보다도 주거 기능은 강남을 거주지로 삼거나 경유하는 사람들에게 서로 다르게 경험된다. 즉 강남은 다양한 행위자에게 상이한 방식으로 경험되며 의미화된다.[47] 이 점을 감안하되 과거 영동지구의 개발이 현재 강남 지역이 지니는 특권적인 입지와 어떻게 이어지는지도 살펴볼 필요가 있다. 살펴보았듯이 영동지구 개발은 각종 우연적인 요소들과 이주의 흐름을 동반하며 이루어져 왔으며, 지금의 강남은 상당히 견고한 배타적 경계를 형성한 채 서울 내에서도 특별한 '아이콘'으로 자리 잡았다. 이제부터 내부적 시선으로 강남이 지니는 배타적 성격과 특권적 입지에 주목한다. 이어 그것을 생성해 내는 '상상의 경계'가 1970년대부터 지금에 이르기까지 어떠한 역사적 과정과 일상적인 경험들을 경유하여 형성되었는지 짚어볼 것이다.

떠나는 원주민과 들어오는 이주민 : 강남의 변화를 목격한 사람들

한강 이남이 영동지구로 구획되어 본격적인 개발에 접어들기 시작한 1960년대를 기억하는 사람들이 있다. 원래 이 지역에 살면서 생업을 이어가던 사람들은 영동지구의 논밭이 평지로 개간되고 도로가 놓이며 아파트와 빌딩이 세워지던 장면을 기억한다. 지금은 '아파트 숲'이 되어 버린 강남을 배경으로 상상하기 어려운 일이지만, 원주민들은 지금의 대치동과 도곡동에서 논밭을 일구고 장을 벌였다. 이들의 기억은 '한강 이남'이 영동지구로 그리고 강남으로 바뀌는 개발의 흐름과 맞물려 보다 풍부한 역사를 비추어 낸다.

서울역사박물관에서 발간한 『강남 이야기로 보다』에 기록된 문영준(1930년생)의 이야기는 강남 개발을 전후한 시기의 사회적 분위기를 짐작케 한다. 서초구 잠원동동산말에서 본격적인 개발이 시작되기 이전, 즉 일제강점기 압구정에 배나무 밭이 만들어졌을 때를 문영준 씨는 기억하고 있다. 도곡동 역말과 양재 말죽거리에 살던 여성들은 농사지은 것을 머리에 이고 팔러 다니는가 하면, 옥수동 사람들은 소반을 만들어 송파장에 가서 판매해 돈을 벌었다고 한다. 동산말에 살던 문영준 씨도 농사를 짓고 단무지를 만들어 팔았다. 그러다 1960년대 후반에 개발이 시작되면서 인부들이 일자리를 찾아서 올라오기 시작했다. 인부들은 방값이 싸던 청담에 세를 얻어 살곤 했다. 문영준 씨에 따르면, "청담에 사는 사람 중에 토착민 행세를 하는 사람이 많은데, 토착민 행세를 하는 사람 중에 반은 아마 육십년대 와서 들어와 사는 사람", 즉 "개발시대에 들어온 사람"이다. 반면 원주민인 문영준 씨와 이웃들에게 개발은 빠르면서도 느긋하게 진행되었다. 그들이 오가던 압구정 마을은 압구정 현대아파트가 지어지면서 신속하게 사라져 버렸다. 한편, 강남 개발이 시간차를 두고 이루어졌기 때문에 농사를 짓기 어려워지고 "할 수 없이 땅을 자구(자꾸) 팔어먹을 수밖에" 없던 이웃들은 천천히 강남 바깥으로 밀려나고 말았다.

> 문영준: 그래 서울 돼서 좋아지니까, 죄 그지가 돼 버렸어요. 아무것두 읎단 말이야, 생활허기 위해서 팔어먹었으니까. 그것이 급진적으루 하루아침에 됐으믄 여기 사람덜 이렇게 고생 안 하구 다 부자루 살지, 그게 가슴 아픈 거야. 인

> 제 건설 회사들이, 아파트 건설하는 사람덜이 땅을 사 가지구 개발을 한 거지. 땅을 사 가지구. 거기 살던 사람들은 땅을 그냥 팔었지. […] 땅 가진 사람들은 이제 죄다 팔구 쫓겨난 거예요. 그냥 다 헤졌지. 성남으루 가구 용인으루두 가구 죄 헤졌지. […] 농사는, 그때까지는 경향 지방에서 농사를 지어먹을 만했어. 인제 교통이 좋아지구 자동차가 흔해지구 그러니깐, 지방에서 일 년 내내 물건이 올라오니까 […] 뭘루 당해. 경쟁력을 잃어버렸어. 농산물 자체가. 할 수가 읎어. 그러니깐 한마디루 망할 수밖에 읎지. […] 고속도로 생긴 이후에는 여기 사람덜이 영업 수단을 맞출 수가 읎어.[48]

문영준 씨는 농토를 팔고 나서도 동산말에서 살다가 1970년에 성남으로 떠났다. 문영준 씨의 사례처럼 강남 개발이 시작되면서 기존의 생업 수단을 잃고 다른 곳으로 떠난 원주민들이 많다. 도곡동 역말에서 나고 자라 고향의 농촌 마을에서 이장을 지낸 사람(1920년생), 삼성동에서 태어나 아버지를 따라 강원도에 뗏목을 타고 장사를 하러 오간 사람(1925년생), 개포동에서 농사짓고 살면서 "메기 하품만 해도" 개포에서 잠실까지 홍수가 나던 시절을 기억하는 사람(1936년생)들이 그렇다.[49] 운 좋게 고향을 지키고 사는 강남 원주민들을 제외하면 영동지구의 변천은 물리적인 경관과 함께 작지 않은 이주의 물결을 야기하며 이루어진 것이다.

영동지구는 점차 전형적인 도시의 모습을 갖춰가며 외부의 이주민을 끌어들였다. 강남에 새로운 거주지구가 우후죽순으로 생겨나던 1970년대 이후 사람들은 점차 이 지역에 눈을 돌리게 된다. 박해천에 따르면 당시 강남 아파트에 주목한 사람들 가운데는 내 집 마련의 기회를 엿보며 "복덕방 순례와 아파트 청약을 도맡은" 사람들, 특히 주부가 많았다. 구체적으로는 그리 적지 않은 연봉을 받는 "대기업 임원 혹은 부차장급의 부인들" 또는 "중동 파견 건설 노동자의 부인들"이 한 축을 구성했다.[50]

이른바 '복부인'으로 불렸던 이들의 투자는 대단히 성공적이었다. 1976년 초, 186만 원에 팔린 잠실의 15평 아파트가 몇 년 지나지 않아 340만 원에 팔리고, 또 얼마 후에는 600만 원대를 호가하는 따위의 사례가 강남에서 일어난 것이다.[51] 강남을 둘러싼 투기의 열기는 2000년대에 이르기까지 식을 줄 몰랐으며 계속해서 엇비슷한 '성공 사례'들을 만들어 냈다.

김해윤 씨의 어머니 역시 그러한 '성공'의 주인공이다. 그녀는 1990년대 후반 IMF의 여파로 해고당한 남편의 퇴직금에다 대출금을 더해 잠원동과 서초동에 아파트를 샀다. 아파트 구입은 쉽지 않았다. 원 소유주들이 '외지인'의 신용을 불신하며 거래를 하지 않았기 때문이다. 다행히도 강남에 부동산을 하는 친구가 있었기에 김해윤 씨의 어머니는 가까스로 아파트를 구입할 수 있었다고 한다. 그때 사 두었던 아파트의 가격은 20년도 더 지난 지금

꽤 많이 올랐으므로 '투자'는 만족스러웠다. 김해윤 씨 가족은 두 아파트 모두 전세를 주다가 2016년도부터 서초동의 아파트에 들어와 살고 있다. 나머지 잠원동의 아파트는 계속 전세를 주고 있지만 판매할 계획은 없다. 전세를 놓음으로써 들어오는 수입도 있지만 무엇보다도 아파트 가격이 계속해서 오르고 있으므로 "판 사람은 다 후회할 것"이기 때문이다.

이한성 씨(1975년생)는 이보다 일찍 강남에 들어왔다. 그는 세무공무원이었던 아버지를 따라 초등학교 4학년이던 1986년에 강남 삼성동의 한 아파트에 입주했다. 지금은 두 자녀를 키우면서 같은 곳에서 살고 있다.[52] 이사 전에도 강남에 종종 오갔던 이한성 씨는 1970년대 말 80년대 초 강남의 모습을 기억하고 있다.

> 이한성: 그 이전까지는 우리 큰아버지가 삼성동에 사셔서, 큰아버지가 삼성동 사셨고 이모가 반포 잠원동에 사셔서, 그래서 자주는 아니라도 1년에 몇 번씩은 왔었으니까 대략적으로는 기억이 나죠. 그때 기억에 큰아버지는 AID 아파트[차관아파트, 지금의 삼성동 힐스테이트]라는 데 사셨는데 […] 아파트 뒤로 다 이제 밭이었고. […] 그 앞에 개봉관, 재개봉관, 재재개봉관쯤 되려나? 영화 두 편씩 상영하는 그런 아주 낡은, 그때 눈에는 낫게 보였겠지만 어쨌든 그런 극장이 있었고. 그다음에 동네에 무역센터가 있었어요. 무역센터가 지금 그 자리인데, 근데 무역센터가 2층짜

리 건물이었죠. 지금 생각하는 50 몇 층짜리 건물이 아니라 2층짜리 그냥 휑한 건물이고. 그 건물이 지금 있는 그 블록 하나의 한 절반 정도가 이제 그 건물이 있었고 나머지는 주차장처럼 그냥 이렇게 개활지였고. 그 사이 사이에 이렇게 천 같은 거 쳐 놓고선 농사짓는 분들도 있었고, 와서. 그 길 건너에 한전이 있기 전까지 거기도 그냥 논밭이었던 기억이 있고요. […] 이제 70년대 말 80년대 초까지만 해도 농사짓는 분들이 없지 않아 있었거든요. 근데 벌써 85년 6년 이때 되면 농사를 짓는 사람은 거의 없었고. 다만 이제 학교[삼릉초등학교] 가는 길에 집을 짓기 위해서 이렇게 터들을 만들어 놓잖아요. […] 그런 데서 이제 아직 집 짓기 전까지 옆집서 텃밭처럼. 이렇게 농사짓는 분은 계셨어도 전문적으로 농사를 짓는 정도는 아니었어요. 벌써[이미].

이한성 씨는 이사 전에 동대문구에 살면서도 친척 집을 오가면서 '아파트식 생활'을 일찍이 경험했다. 어린 시절의 그는 1970년대에 지어진 공무원 주택에 살면서 "바가지로 떠서 목욕을 하다가" 삼성동의 큰아버지 댁에만 가면 "그냥 이렇게 수도를 열면, 수도를 틀면 따뜻한 물이 나와서 되게 편했으므로" "아파트는 이런 신기한 게 있구나" 하고 느꼈다. 삼성동으로 이사하고 난 후 아파트 생활은 일상이 되었다. 1990년대 초에는 휘문고를 다니며 친구들과 도곡동과 압구정동, 삼성역 근처의 음반 가게와 커피 하우스를 즐겨 다니곤 했다. 이사했을 즈음 동네에 남아 있던 "황량한" 느낌은 1980년대 후반을 지니며 완전히 사라졌다. '우리 동네' 삼성동은 재래시장이 남아 있는 양재역 근처, 그리고 비교적 개발이 늦었던 다른 동네들에 비해서 완연한 '도시 느낌'을 풍겼다.

> 이한성: [친구 집에 놀러 갔던 이야기를 하며] 같은 우리 동네인데 여기는 좀 우리 동네랑 다르구나. 되게 찌질했던 삼성동이 조금씩 좋아졌거든요, 우리 동네가. (연구자: 왜 찌질했어요?) 사실 별 거 없으니까. 근데 88올림픽 한다고 막 그때 거기를 막 개발을 하면서 […] 삼성역 주변에 현대백화점이랑 인터컨티네탈 호텔이. 88년에 그거랑, 저기 뭐야, 54층짜리 빌딩, 무역센터 빌딩. 그게 다 이제 88년 즈음에 막 지어졌을 거예요. 그거 일부러 맞춰서 올림픽을 맞춰서 현대백화점을 오픈했었던 게, 오픈할 때 갔던 기억이 나요. 그날 딴 건 아무것도 기억 안 나고 에스컬레이터가 멈췄어(웃음). 내가 볼 때 이거 뭔가 급히 오픈을 해 갖고, 올림픽 맞춰서 급히 오픈을 해 갖고 에스컬레이터 가다 멈췄던 것 같아. 그게 올림픽쯤이었던 것 같아요. […] 느낌이 제일 많이 달라진 건 코엑스 생긴 다음인 것 같아요. 나는 코엑스는 약간 신기했어, 내 눈에도. 지하 아케이드라는 걸 처음. 그게 생겼고. 약간 터미네이터, 아니 무슨 로보캅이니 토탈 리콜이니 이런 SF영화에 보면 나오는, 뭔가 홍콩 영화나 외국 영화에 보면 나오는 지하에 이렇게 막 꼬불꼬불 미로처럼 상가가 계속 펼쳐져 있고, 그 상가 중간에 광

장도 있고 막 이런 영화에 보던 것 같은 게 우리 동네에 생긴 거예요.

이한성 씨는 88서울올림픽을 전후하여 강남 일대가 더욱 개발된 것, 그리고 그 이전부터 "2층 3층 건물들이 높은 건물로 바뀌기 시작"한 때를 이처럼 회상한다. '재개봉관'이 '씨네하우스'로 바뀌고, 식당 앞에 넓게 있던 주차장들이 없어진 자리에 빌딩이 들어오면서 삼성동 일대는 지금처럼 빌딩으로 빼곡하게 채워진 모습이 되었다.

김해윤 씨나 이한성 씨의 가족을 비롯하여 지금의 강남은 개발이 만들어 낸 여러 종류의 기회들을 좇아 들어온 이주민들로 구성된다. 현재 강남 일대라 불리는 넓은 지역의 개발은 '영동지구'라는 이름 아래 전개되었다. 그러나 개발 이후 들어온 이주민들은 영동지구, 또는 그 이름에 내포된 개발의 기억에도 익숙지 않다. '영동이라는 이름은 영동대교와 영동시장에만 남았다'는 김해윤 씨의 말처럼 이제 '영동지구'의 경험은 '강남'이라는 이름 아래 발굴해야만 식별할 수 있는 과거의 기억으로 남은 것이다. 그러나 개발은 지금도 계속되고 있다. 나중에 살펴보겠지만 강남 개발을 주도했던 주체가 국가에서 금융 시장으로 바뀌었을 뿐이다. 새로운 방식의 개발 속에서 영동지구가 구획했던 개발 영역들은 이제 '강남'이 되어 이전과는 다른 경계를 지니고 '상상의 공동체'로 변모하고 있다.

"상상의 강남",
거대한 게이티드 커뮤니티(gated community)가 되다

1970년대를 거치며 갈수록 가속화된 영동지구의 아파트 개발은 강남을 빼곡한 '아파트 숲'으로 만들어 냈다. 초기의 아파트는 산업화 이후 등장한 새로운 생활 방식의 무대가 되었다. 이는 '스위트 홈'에서 현대적인 생활 방식을 영위하며 살아가는 중산층 가족의 모습으로 구체화되었다. 월급을 안정적으로 받는 아버지, 집안 살림을 꾸리며 아이들을 살뜰히 돌보는 어머니, 그리고 학교와 학원을 오가며 충실히 공부하는 자녀들로 구성된 중산층 가족의 모습은 도시의 아파트라는 물리적인 배경과 맞물려 재현되었다. 더불어 이들이 누리는 '현대적인 생활'은 아파트의 방과 가전제품 그리고 자가용으로 구성되었다. 송은영의 말을 빌리면 1970년대 중후반 이후 서구식 생활을 선호하는 젊은 세대의 태도는 아파트의 성공에 중요하게 기여했다.[53]

> 처음 갖는 집을 아파트로 하느냐 단독주택으로 하느냐엔 올케와 어머니의 의견이 대립했다. 올케는 아파트 편이었다. 첫째 난방에 신경을 쓸 필요가 없으니 구공탄을 가는 구질구질한 일을 면할 수 있고, 부엌 등 모든 시설이 편리하니 식모가 필요 없고, 잠그고 외출할 수 있고, 이웃과 완전히 차단된 독립성이 보장돼 있고 등등이 아파트를 편드

는 이유였다. 그러나 어머니는 바로 이 독립성이라는 걸 겁내고 있었다.[54]

박완서의 소설에서 보여주듯이 강남의 아파트는 '중산층 로망스'를 구체적인 이미지로 만들어 내는 거점이었다. 그리고 중산층이 되고자 하는 욕망은 '비-강남민' 또는 '비-중산층'과 자신을 끊임없이 분리하는 구별 짓기의 시도들로 완성되었다. 학교에 다니는 아이들조차 "거주 지역과 아파트 평수를 기준으로 '우리'와 '그들'을 구분하는 사례"[55]가 흔해지고 "몇 평짜리 아파트에 사는가가 사회적 교류 여부를 결정하는 척도"[56]로 보편화된 것이다.

이와 같은 거주지의 구분은 단순히 '비싼 아파트'에 대한 욕망을 충족하는 데 그치지 않는다. 송도영은 사회적 신분 상승의 기회, 구체적으로는 자녀들의 교육과 출세를 거주지(강남)의 지리적 구분과 연결하는 의식이 만연해 있다고 지적한다. 즉 강남은 "특별한 사람들"이 모여 있는, 사회적 이동의 가능성을 엿볼 수 있는 땅이다. "강남구 중심부의 아파트촌은 서울 사람들이 자신들의 꿈에서—혹은 자기 자녀들을 위한 자신의 꿈에서—가능성을 완전히 배제하지 않은 하나의 희망으로 남아 있는 장소"다.[57] 지금은 다른 곳에 거주하지만 여건만 되면 강남으로 이주하고, 최소한 자기 자녀는 강남에서 학교를 다니게 하려는 일군의 사람들에게 강남은 "아직도 열려 있는 기회의 땅"인 것이다. 그럼에도 갈수록 상승하는 강남의 아파트 가격은 그 '기회의 틈새'가 착시에 불과하다는 사실을 드러낸다. 강남은 경제적 성공과 부의 세습을 약속하는 '기회의 땅'일지 모른다. 그러나 그 기회는 강남의 내부자들, 즉 치열한 '강남 진입' 경쟁을 헤치고 강남에 자리를 잡거나 외부로 밀려날 걱정 없이 강남에서 살아가고 있는 사람들에게 선별적으로 주어진다.

전문직 남성인 이한성 씨는 후자의 사례이다. 그는 1980년대 중반에 삼성동으로 이사 온 이후 지금까지 같은 집에서 살고 있다. 초등학교 고학년부터 지금까지 강남구에서 약 35년을 살아온 셈이다. 흥미롭게도 '강남 주민'인 그가 서술하는 강남의 범위는 행정적으로 설정된 구역과 일치하지 않는다.

> 이한성: 나에게 강남. 강남은 대충 압구정 현대백화점 정도인 데서부터, 거기서부터 우리 동네, 그러니까 학교로 따지면 현대고등학교, 그다음에 구정중학교, 청담고등학교, 그다음에 경기고등학교, 휘문, 진선여고 정도까지려나. 그러니까 대충 동으로 보면 압구정동, 논현동, 삼성동, 청담동, 학동, 도곡동 정도까지가 약간 나한테 여기까지가 강남이구나 싶은.
>
> 연구자: 행정적인 구분하고는 좀 다른가요?
>
> 이한성: 조금 다른 거죠. 왜냐하면 강남 안에 그러니까

[…] 양재역은 […] 내가 고등학교 때까지만 해도 굉장히, 어, 강남 같지 않은, 서울 같지 않은. 아니야, 약간 내가 어렸을 때 살던 동네[개발 이전의 동대문구] 같은 느낌. 그래서 양재역은 약간 심리적으로 좀 멀었던 것 같고요. 그다음에 개포동은 내 친구들이 살았으니까 개포동은 좀 갔었으니까, 개포동까지 들어간다손 치더라도 지금의 개포동 거 넘어서 어디죠? 저기 수서역 있고, 지금 삼성병원 있고, 삼성서울병원 있고, 이쪽으로 가면 행정구역적, 행정구역상으로는 강남이지만 나에게는 심리적으로는, 아니 심리적으로도 이제야 강남 같지만 약간 내가 강남에 산다고 할 때 그 바운더리에는 안 들어가는 것 같아요. 삼성역 정도까지? [강남은] 내가 놀러 다니고 이랬던 동네인 거지. 친숙한 동네.

이한성 씨의 서술에서 강남은 자신이 학창 시절부터 잘 놀러 다녔던, 따라서 친숙한 동네에 해당한다. 강남 삼성동의 같은 아파트에서 오랜 시간 살아 왔던 이한성 씨는 양재역 근처에만 가도 낯설어할 정도로 삼성역 인근의 도시 경관에 익숙해져 있었다. 또한 그가 '우리 동네'로 여기고 친숙함을 느끼는 장소들은 집(아파트)과 학교 외에도 인근의 음반 가게나 찻집, 코엑스 등의 문화·소비 시설로 좁혀졌다. 이처럼 이한성 씨가 '친숙한 동네'로서 재구성하는 강남은 단순히 행정적인 구역보다는 도시적인 거주 및 소비 생활을 누릴 수 있는 특정한 도시 내 공간에 국한된다.

김해윤 씨 역시 '강남'의 범위를 자의적으로 본다. 그의 어머니는 강남 서초동과 잠원동에 아파트를 각각 한 채씩 장만했다. 김해윤 씨의 가족은 약 20년이 지난 2016년이 되자 두 채의 아파트 가운데 서초동 집으로 이사했다. 그동안 전세를 주던 아파트였지만 부동산 정책이 바뀐 상황을 감안하여 가족회의 끝에 입주를 결정한 것이다. 김해윤 씨 가족은 강남 집을 전세 주는 동안 서울 쌍문동과 대전에 차례대로 거주한 바 있다. 그러던 이들이 비로소 '강남 주민'이 된 것은 2016년부터였다. 김해윤 씨는 강남에 거주한 기간도 짧은 데다 스스로 강남의 중심부가 아닌 '주변부'에 거주하고 있다며 '경계적인 주민'다운 태도를 취했다.

> 김해윤: 강남 사람들 강남구에 살 때는 강남구만 강남이라고 하고요. 압구정 사람들은 압구정 주변만 강남이라고 하고 청담 사람들은 압구정 사람들도 무시해요. 그러니까 이게 구역이 강남 안에서도 다 나뉘는데 저희는 사실 여기거든요. 서초구예요. 근데 여기가 여기 지금 여기, 이 대로[강남대로] 보이세요? 여기 왼쪽이 서초구예요. 여기 오른쪽이 강남구고. […] 강남대로 왼쪽이 서초구, 오른쪽이 강남구인데. 여기[서초구] 있으신 분들은 다 자기는 강남이라고 생각하세요.

연구자: 강남구에 산다 할 때의 그 느낌은 어떤 느낌이에요?

김해윤: 자본이 있고. 좋은 차는 꼭 안 타도 되지만, 뭐 좋은 집에 살고. 아파트에 살고 아니면 단독주택 좋은 곳에 살고. 수입이 어느 정도 되고 그런 계급적인 느낌이 좀 있죠.

연구자: 그러면 해윤 씨는 거주자로서 강남이라고 하면은 어디까지일까요?

김해윤: 서초구의 일부 지역과 강남구의 일부 지역. 그리고 잠실 포함해 줘야 되나? 약간 이런 느낌. 클라스는 포함을 해줘야 되고. 예를 들어서 거기 뭐였더라, ○○(브랜드 아파트 이름) 사시는 분들은 엄청 잘 사시니까 그렇긴 한데. […] 강남구 일부도 이쪽 지역, 그러니까 지역들이 따로 있어요. 그러니까 압구정 지역, 청담 지역. […] 삼성동 근처 부촌, 경기고등학교 근처 부촌, 이런 데. 그리고 여기 엄청 크죠, 대치. 대치, 도곡 대치. 양재도 사실상 서초구를 포함해 양재도 포함되는데 양재동? 양재동은 그다지. 그래, 그냥. 노동자들이 예전에 사시고 그렇죠. 양재천이 있는 곳 정도. […] 그래서 강남 지역은 다 달라요.

김해윤 씨는 서초구와 강남구의 일부 지역을 '상상의 강남'에 편입시키면서 다음과 같이 강조했다. 행정적으로는 서초구나 강남구에 속해 있는 지역들, 예컨대 강남역이나 양재역 주변의 상업 지구나 고속버스터미널은 '강남'에 속하지 않는다. 김해윤 씨의 생각에 강남 주민들은 "좋은 집에 살고" "수입이 어느 정도 되고" 하는 사람들이며 강남은 이러한 "계급적인 느낌"에 어울리는 지역이자 도시 공간이다. 어느 정도의 "클라스"를 갖춰야만 강남에 속한다고 인정받을 수 있다는 그의 말에서 '강남'은 서울의 다른 지역에 비해 높은 경제적·문화적 수준을 지닌 공간으로 상상된다. 이전의 '중산층'을 넘어 한국의 '상류층'들이 진입할 수 있는 계급적 공간으로 인식되는 것이다. 즉 '강남 주민'들은 단순히 강남구에 거주하는 사람들이 아니라, 그 인근의 지역들까지 아울러 적절한 계급적 조건을 갖춘 '상상의 공동체'로 형성된다.

1980년대부터 강남에 들어와 살기 시작한 이한성 씨, 그리고 부모님이 소유하고 있던 아파트에 2010년대 중반부터 거주하기 시작한 김해윤 씨의 인터뷰에서 이러한 공통점이 나타난다는 사실은 흥미롭다. 두 사람은 상이한 연령과 직업을 지니고 있는데도 이들이 상상하는 강남의 '바운더리'는 엇비슷하게 나타난다. 두 사람이 보는 '강남의 경계'는 이향아·이동헌의 다음 관찰과 일치하는 측면이 있다. 사회적으로 강남의 경계는 다층적이고 이질적으로 구성된다. 특히 강남 거주자들 사이에서는 거주지의 위상을 인지한 강남의 심상 지도가 상이하게 나타난다. 즉 강남 거주자들이 인식하는 강남의 경계는 물리적인 요건(건조 환경이나 땅값)에만 그치지 않고 문화적 아비투스를 매개로 한 동일시와 차별화로써 그어진다. 이처럼 "금전의 부가 아니라 거주민이 가진 취향과 품성, 학력과 지위와 같은 무형적 자본의 크기가 강남의 경계를 나누는 기준"이 되면서 거주민들은 '강남'의 경계를 넘어 들어가거나 그 경계를 좁히려고 시도한다.[58]

이렇듯 강남 내부에서 '구별 짓기'의 시도들이 끊임없이 이루어지는 상황에서 강남에 대한 외부 시선들까지 고려하면 '강남의 경계'는 더욱 복잡한 모습을 띤다. 강남을 상류층의 공간이나 화려한 소비문화의 장으로 단편적으로 인식하는 시선들이 강남을 경유하고 여기서 살아가는 다양한 행위자들의 존재를 지워버린다는 지적은 중요하다.[59] 강남역 근처에 즐비한 가게들을 찾는 경기도 거주민들이나 강남에 직장을 두었으나 여전히 비-강남민으로 여겨지는 사람들의 심상에서 강남은 또 다르게 구획되고 상이한 경험들을 낳는다.

그럼에도 불구하고 강남이 '서울과 지방', '강남과 비-강남' 그리고 강남 내부에서도 '중심부와 주변부'를 구분 짓는 배타적인 상징으로 자리 잡은 것은 분명해 보인다. 강남에서 새롭게 지어지는 아파트들이야말로 강남이 띠는 배타적 성격을 뚜렷이 보여주는 장소일 것이다. 정헌목은 2000년대 전후로 초고층 주상 복합 아파트들이 첨단 설비와 고급스러운 이미지를 내세워 브랜드 '상품'으로 변모해 왔다고 지적한다. 1960년대에 등장할 즈음부터 사회적 구별 짓기의 기제로 작동한 한국의 아파트는 브랜드의 이름 아래 더욱 강화된 차별화 기능을 지닌다.[60] 강남에 위치한 아파트들은 이러한 흐름의 선두에 있다. 이들 아파트는 견고한 담을 두른 채 갈수록 높게, 그리고 더 고급스럽게 지어지며 '게이티드 커뮤니티(gated community)'를 형성한다. 차단 바와 철제 울타리, CCTV로 무장하고 외부인을 철저히 걸러내는 거주지로 변모한 것이다. 강남 아파트가 지닌 물리적인 환경은 '상상의 강남'이 지니는 배타성의 상징으로도 보인다. '상상의 강남'이 지니는 경계는 유동적이며 자의적이지만 그 경계의 배타성만은 견고하게 유지되는 것이다. 강남은 브랜드 아파트의 모습처럼, 그러나 보이지 않는 벽을 두르고 거대한 게이티드 커뮤니티로 자리 잡았다. 그리고 그 벽은 '상상의 강남' 속에서 더욱 높고 두껍게 '외부자'와 '내부자'를 가르고 있다.

무지개아파트는 어디로 갔을까 : 계속되는 재개발과 강남의 계급 분화

나는 12월 초에 서초 그랑자이를 찾았다. 그랑자이는 신분당선 강남역에서 약간 남쪽으로 내려와 우성아파트 사거리에서 멀지 않은 곳에 위치한다. 서초 그랑자이는 2021년 10월에 재건축을 완료한 상태였다. 인터넷 부동산으로 확인해 보니 매매가는 평균 34억으로 강남역 근처의 아파트 가운데서도 높은 편이었다. 김해윤 씨는 이곳에 원래 무지개아파트가 있었다고 전해 주었다. 낡은 아파트로 유명했는데 "싹 갈아 엎어 버리고" 서초 그랑자이라는 새 아파트로 재건축되었다는 것이다.

무지개아파트는 1970년대 말 우성아파트(현재 서초 래미안리더스원), 신동아아파트와 함께 서초동에 세워져 1978년 초에 분양을 시작했다.[61] 처음 세워진 때부터 그랑자이라는 이름의 브랜드 아파트로 재건축되기까지는 40년 남짓한 시간이 흐른 셈이다. 막 완공된 그랑자이 단지 내부에서는 무지개아파트의 흔적을 찾기 어려워 보였다. 그러나 무지개아파트 사거리라 이름 붙여진 근처의 교차로에서는 아직도 '무지개아파트'를 가리키는 알림판이 붙어 있었다. 그리고 무지개아파트 사거리에서 북쪽으로 도로를 따라 올라가자 서이초등학교 맞은편에는 다소 낡은 건물의 무지개쇼핑센터가 있었다. 아파트 단지는 사라졌지만 '무지개'라는 이름은 이렇듯 희미하게나마 여전히 남아 있다.

서이초등학교와 그랑자이 아파트 사이에는 신동아 2차 아파트가 들어서 있다. 신동아아파트도 재건축이 결정되어 재개발 사업이 추진 중이다. 인근 아파트 중에서도 가장 나중에 재건축이 되는 셈이다. 내가 방문했을 때는 아파트 한 동의 옆면에 큰 현수막이 붙어 있었다. "하이앤드 라이프를 누리는 […] 신동아가 새롭게 태어날 아크로 클라우드 파크"를 선전하는 현수막의 이미지와 베이지 톤으로 꾸며진 복도식 아파트의 풍경이 묘한 대조를 이뤘다.

신동아아파트가 그렇듯 예전 개발의 흔적들은 아직도 강남 일대에 적지 않게 남아 있지만 이는 금세 낡은 것이 되어 재개발의 흐름 속에서 지워지고 있다. 낡은 건물과 도로를 새로운 것으로 대체하는 공사는 강남, 특히 아파트 단지를 중심으로 부단히 지속되고 있다. 또한 아파트 재개발은 더 높은 집값을 약속하며 이루어지므로 '외부인'이 강남에 주거지를 찾는 일은 더욱더 힘들어지고 있다. 1960년대 이전에 흔히 보이던 논밭은 높은 지가를 자랑하는 개발 구역으로 바뀌어 원주민들은 강남 바깥으로 내몰렸다. 개발 이후 40년이 넘게 흐른 지금, 몇 년 전까지만 해도 강남의 아파트에 세 들어 살던 사람들은 이전의 비용으로는 강남에 자리를 잡지 못한다. 갈수록 오르는 강남의 집값에 비해 월급으로 모은 돈으로는 '내 집 마련'은 고사하고 전셋값조차 마련하기 어렵기 때문이다.

이러한 환경은 외부인의 강남 진입을 더욱 힘들게 만든다. 신사역 근처에 위치한 출판사에 다니는 장선아 씨(1992년생)는 살던 집의 전세 계약이 끝나갈 즈음, 잠원역 근처에 새로운 집을 알아보기 시작했다. 통근 시간을 줄이기 위해 직장 근처로 집을 구하고 싶었지만 강남의 다른 지역들은 너무 비싼 집들밖에 없었다. 그나마 잠원역 근처가 나을 것이라 생각하며 혼자 살 만한 조그만 아파트들을 찾아보던 장선아 씨는 놀랄 수밖에 없었다. 어느 정도 각오는 했지만 전세가 너무 비쌌기 때문이다. 아파트도 아닌 작은 빌라의 원룸을 얻는 비용조차 몇 억을 가볍게 뛰어넘었다. 중심가는 아니지만 역시 강남 내부에, 그것도 전세로 집을 얻는 일이니 장선아 씨가 내심 넉넉하게 예상한 비용으로는 턱도 없었다.

게다가 잠원역 근처의 집들을 여럿 돌아보면서 장선아 씨는 더욱 암담해졌다. 가격을 맞춰 볼 수 있겠다 싶어 돌아본 집들의 주거 환경이 너무나 열악했던 것이다. 집주인들이 전세를 놓은 집들을 제대로 관리하지 않았으므로 집 내부는 살기가 불편할 정도였다. 장선아 씨는 집주인들이 아파트 재건축 가능성을 핑계로 보수 공사를 해주지 않으려 한다며 분통을 터뜨렸다. 원래는 잠원역 근처에서 작은 평수의 방을 어떻게든 구해 보려 했지만 전세 비용이 터무니없이 비싼 데다 주거의 질도 낮을 것 같아 포기할 수밖에 없었다. 장선아 씨는 결국 다른 지역에 집을 구해야 했다.

반면 아파트 재개발을 반기는 사람들도 적지 않다. 소유하고 있던 아파트가 재개발되면 어떤 사람들은 큰 이득을 본다. 이들은 강남 내부의 다른 아파트를 소유한 소유주들에게 부러움의 대상이 되기도 한다. 이러한 상황은 박해천의 말을 빌리자면 강남의 재건축 아파트들이 "'금융-토건 복합 상품'이라는 새로운 개량종 주거 모델로 변모"했음을 보여준다. 과거 영동지구에 아파트를 건설하는

데 앞장섰던 정부의 자리는 이제 금융 산업이 차지했다는 것이다.[62] 아파트 분양가가 가파르게 상승하는 데 정부는 별 제동을 걸지 못했다. 오히려 건설업과 결탁한 금융 산업이 2000년대 이후 강남의 주거 단지 재개발에 본격적인 시동을 걸면서 '중산층'은 아파트 투기를 둘러싼 더욱 극심한 경쟁에 몰두하기 시작했다. 부동산 가격 상승을 통해 부를 얻는 '신중산층'이 등장하는 이러한 과정은 수도권 신도시 개발 과정에서 다시 반복되고 있다. 강남을 배경으로 한 부동산 투기의 현장은 그 바깥에서도 재현되면서 "한국의 도시 중산층을 부동산 가치의 상승에 의존하는 금융화된 주체"로 만들어 내는 것이다.[63]

이러한 배경으로 인해 살기에는 그다지 좋지 않은 낡은 아파트라도 강남에서는 현재와 미래의 부를 동시에 암시하는 특별한 상징으로 통용되기도 한다. 압구정역 근처에 위치한 현대아파트가 그 대표적인 예다. 압구정 현대아파트는 높은 집값, 그리고 낡은 외관과는 대조적인 내부 인테리어로 유명한 곳이기도 하다. 실제로 현대아파트 6·7차 아파트 단지 내부는 사뭇 독특한 풍경을 지니고 있다. 베이지 톤으로 칠해진 아파트 외벽과 조경은 오래된 아파트 특유의 느낌을 자아내지만 유리창 샷시는 새롭게 갈아 낀 집이 대부분이다. 단지 내부를 걸어 다니다 보면 인테리어 공사가 분주하게 이루어지는 집도 종종 보인다. 외부인의 시선을 특히 잡아끄는 것은, 크고 비싼 각종 외제 차들이 아파트 전면의 협소한 주차 공간에 빼곡히 이

중 주차되어 있는 장면이다. 세워 둔 차들이 나가더라도 먼저 겹겹이 세운 차들을 손수 밀고 나가야 할 정도로 주차장은 거의 들어차 있었다.

아파트를 중심으로 주거 공간이 상품화되는 현상은 강남과 서울 외부에서도 반복되면서 아파트의 독특한 '가치'를 생성해 냈다. 앞서 살펴보았듯이 아파트가 지닌 경제적 가치는 거주자들의 차별화된 문화적 취향과도 밀접한 관계를 맺는 동시에, 거주 공간이 지니는 안전성을 구축하려는 내부자들의 다양한 공간적 실천과도 결부된다.[64] 그리고 이러한 가치들은 문화·경제적인 차별성과 동일성을 생성해 내면서 독특한 '계급'들이 강남 내부에서 형성되고 경합하게끔 만든다.

> 김해윤: [지도에서 잠원역 근처를 가리키며] 여기에는 이렇게 한신포차도 있고 조금 상황이 안 좋으니까. 저쪽 오리지널 성골 쪽이랑은 다른 거예요. 청담, 압구정. 그, 도곡도 성골이라고 잘 못해요. 그쪽이랑은 다르다. 그러니까 여기는 가격이 저렴했고. (연구자: 성골?) 그러니까 저쪽은 성골이죠. 저쪽은 진짜 강남이죠. (연구자: 진골은 누구예요, 그러면?) 대치 도곡. (연구자: 육두품은?) 육두품이요? 저희 동네[서초동].
>
> 연구자: 거기도 부자 동네잖아요. 그런데도?

김해윤: 그 느낌 달라요! 이쪽은 아껴서 사는 게 보여요. 여기서 쇼핑 지역들이 있어요. 저희 지역은 뉴코아를 가요. 뉴코아아울렛 강남점. 여기 고속터미널 바로 앞에 있는 거예요. […] 그런데 예를 들어서 이쪽 부자들, 신사동 쪽 부자들은 현대백화점을 가죠. […] 여기[뉴코아아울렛]를 가면 식료품 같은 거 싸니까 오시기도 하는데 여기서 쇼핑은 하지 않으세요. 옷들이 싼 것 같고 후줄근하거든요. 제가 입는 옷들이 그런 옷이고요. […] 돈을 쓰는 사람과 안 쓰는 사람이 또 있어요. 여기 강남에는.

연구자: 안 쓰는 사람들은 어떤 사람이에요?

김해윤: 저 같은 사람들이죠. 집이 전 재산인 사람들. 이 집 팔면 아무것도 없고. 이걸 갚기 위해서 일을 하고 있고. 은행 빚 갚기 위해서 일을. 그게 끝나면 돈이 되지만 지금은 환금하면 세금하고 뭐 하고 양도세 하고 폭탄이니까 이걸 어떻게 하냐, 이러고 있고. 그래서 불만이 있는 거야, 이 지역에. 그런 분들이 엄청난 불만인 거예요.

'성골'과 '진골', '6두품' 등의 표현이 노골적이기도 하지만 김해윤 씨의 서술은 강남에서 거주지를 거점으로 상이한 생활 방식을 영위하는 각종 '계급'들이 공존하고 있다는 점을 드러낸다. 외부의 시선을 통해 강남은 '기회의 땅'이자 때로 '상류층의 거주지'로 표상되지만 그 내부는 소비문화와 거주 공간을 매개로 차별화하는 '계급'들 간의 관계로 구성되는 것이다.

소유와 거주는 강남 아파트 소유주들의 관념에서 명확하게 구분된다. 어떤 아파트를 소유하는 동시에 거주한다는 것은 아파트 값을 "깔고 앉아 있는" 것이나 다름없다고 김해윤 씨는 말한다. 강남에서 아파트를 '소유만' 또는 '거주만' 하는 '불안정한' 주민들은, 소유와 동시에 거주하는 주민에 비해 낮은 경제적 '계급'에 위치한다. 동시에 강남 내의 구역들은 청담과 압구정, 도곡과 대치, 서초와 잠원 등으로 묶여 '레벨'로 분류된다. 이러한 구역들이 표상하는 문화적 취향은 거주민들이 지닌 경제적 요건과 결합하여 '계급'을 구성해 낸다. 이러한 '계급'적 관계를 염두에 두고 경쟁에 몰입한 중산층 거주민들의 세계에서 그들의 시야는 강남이라는 거대한 '게이티드 커뮤니티' 내부로 좁혀진다.

계속해서 재구축되는 '상상의 강남'

강남은 영등포와 함께 묶여 한강 이남으로 통칭되다가 일제강점기를 전후하여 영등포가 개발되면서 미개발 지역으로 남는다. 이후 1960년대에 들어서는 영동지구라는 이름으로 구획되어 매각·개발되기에 이른다. 이 지역은 서울 개발 정책에서 이른바 '3핵'을 구성하는 구역 가운데 하나로 잠실과 함께 묶여 구획되어 대대적인 개발 아래 놓인다. 영동지구 구획 정리 사업이라는 정부 주도의 개발을 배경으로 강남 일대는 경부고속도로가 관통하는 전국적인 교통망의 집결지로, 또한 대규모 아파트 단지를 지닌 주거 지구로 변모한다.

강남 일대는 보편적으로 강남구, 서초구, 송파구 일대를 가리키지만 내부 주민들의 시선에서 강남의 경계는 달리 구성되었다. '상상의 강남'은 강남 내부에 거주하는 주민들의 상충하는 이해관계와 관념 속에서 달리 구성되고 있었다. 강남의 경계는 행정적인 기준이나 경제적 요건뿐 아니라 문화적 아비투스를 매개로 상이하게 그어졌다. 그러나 '상상의 강남'에 내포된 상이한 관념들은 강남을 특정한 경제·문화적이자 계급적 공간으로 간주한다는 점에서 서로 맞닿아 있다. 즉 '상상의 공동체'로서의 강남은 이 공간이 외부에 대해 지니는 배타적 경계와 함께 내부적으로 형성되는 경합의 관계들로 만들어진다. 현재 강남 일대에서 부단히 전개되는 재개발 과정은 더욱 가열차게 강남의 외부 경계선들을 만드는 데 기여한다. 동시에 이는 주거 공간이자 금융 시장의 매개로 부상한 브랜드 아파트로 하여금 강남의 상징으로 자리 잡게 했다.

그럼에도 일상적 공간으로서 강남은 보다 다양한 행위자들이 점유하고 경험하는 공간이다. 이는 본격적인 개발이 시작될 즈음의 영동지구, 그리고 그 이전의 '한강 이남'으로 거슬러 올라가는 통시적 흐름 속에서도 마찬가지였다. 지금의 강남 일대를 만들어 낸 개발의 역사는 내외부의 경제·문화적 경계들을 여러 겹으로 생성해 냈다. 강남을 둘러싸고 갈수록 높아지는 '진입 장벽', 그리고 내부에서 일어나는 '구별 짓기'의 시도들은 해당 지역이 지닌 특권적 성격에 의존하여 '상상의 강남'을 구성한다. 물론 '상상의 강남'이 구축하는 세계관은 강남을 다른 방식으로 규정하는 시도에 의해 침투되고 변형될 수 있다. 강남을 경유하는 보다 다양한 행위자들이 강남의 틈새마다 존재하는 도시 공간을 거점으로 강남을 어떻게 재규정하는지 추후 살펴볼 수 있게 되기를 기대한다.

— 황의진

동부이촌동,

두 가지 상징이 교차하는 공간

한국 아파트 역사의 중심지, 혹은 '리틀도쿄'

이 글은 용산구 남서쪽의 이촌동 중에서도 한강대교를 중심으로 동쪽에 위치한 이촌1동, 즉 '동부이촌동'에 초점을 맞춘다. 동부이촌동은 중·상류층의 거주 공간인 동시에 일본인 거주지로서 서울의 근대화 및 문화적 다양성을 보여주며 특히 용산구의 역사적 흐름과 맞물리며 그 모습이 변화해 왔다. 「서울시 등록외국인 현황 통계」(2021)를 보면, 동부이촌동이 위치한 용산구는 서울시에서 유일하게 일본인 수가 1,000명을 넘는 곳이며, 남성 568명과 여성 551명 등 총 1,119명이 일본인 거주민으로 등록되어 있다.

이 글의 목적은 '재팬타운' 또는 '리틀도쿄'라고 불리는 일본인 거주지와 '한국 아파트 단지 역사의 중심지'라는 동부이촌동의 두 가지 상징을 통시적으로 살펴보고 이 두 상징이 교차하는 지점으로서 동부이촌동을 재구성하는 데 있다. 이와 동시에 한국 근대화 과정을 경험한 엘리트이자 1980년대 후반부터 한강맨션에 사는 한 거주자의 구술생애사를 통해 상류층의 삶과 교차하는 공간으로서 한강맨션과 동부이촌동을 살펴볼 것이다. 동부이촌동을 다룬 기존의 연구들은 주로 이 지역에서 살아가는 일본인들의 정체성 및 공동체 형성에 관한 접근과 공간 설계, 디자인, 건설에 대한 건축학 분야의 접근 위주로 이루어져 있다. 다시 말해, 일본인 거주지라는 측면과 아파트 단지 모델로서의 동부이촌동이 별개의 학술 분야에서 각각 연구되어 온 경향이 보인다. 하지만 통시적인 역사와 함께 동부이촌동의 변천 과정을 살펴보면 동부이촌동을 상징하는 이 두 가지 측면은 결코 상이한 흐름이 아니며, 같은 공간 안에서 서로 맞물리면서 동부이촌동이라는 공간을 함께 구성해 왔음을 알 수 있다.

이 글은 이처럼 두 가지 상징이 교차하는 공간으로 동부이촌동을 재구성한다는 점에서 기존 연구의 관점과 차이점을 지닌다. 더 나아가 중·상류층 거주 공간으로서의 동부이촌동의 성격을 드러내는 사례로, 건설 초기 중산층 거주지로 각광받은 아파트 단지인 한강맨션에 거주해 온 한 주민의 구술생애사를 살펴볼 것이다. 이로써 엘리트 상류층의 삶과 공간이 어떻게 맞물려 드러나는지 인류학적으로 분석하고자 한다.

구체적인 구성은 다음과 같다. 먼저 조선 후기부터 해방에 이르는 시기까지 용산구와 동부이촌동의 변천 과정을 추적한다. 이어 서울에 일본인 이주민이 들어온 역사를 살펴본 다음, 일본인 거주지와 아파트 단지 모델이라는 두 가지 상징에 본격적으로 초점을 맞추고자 한다. 먼저 1960년대 이후 한국에 들어온 일본인의 거주지로서 동부이촌동과 용산이 어떤 변화를 경험했는지 검토하며 필자가 동부이촌동을 실제로 방문하며 관찰한 내용을 토대로 과거와 달리 변한, 혹은 미세하게 남아 있는 '재팬타운'과 '리틀도쿄'의 모습을 서술하고자 한다. 그다음에는 1970년대부터 동부이촌동에서 본격적으로 탄생한 중산층 이상의 거주 공간으로서 한강맨션 단지를 살펴본다. 아파트가 어떠한 사회적 배경을 토대로 건설되었는지, 당시의 역사적 상황과 준공되었을 때 공간의 모습, 거주자들의 사회문화적 특성을 검토하고자 한다.

마지막으로 한국 근대화 과정과 맞물린 상류층의 삶과 한강맨션, 그리고 2024년부터 본격적으로 시작되는 한강맨션 재건축 사업이 끼칠 영향에 대해 한 거주자의 구술생애사를 바탕으로 살펴보고자 한다. 구술생애사 작업에 도움을 준 김태준 씨(가명, 1934년생)는 한강맨션에 1989년에 입주하여 현재까지 거주하고 있다. 김태준 씨와의 생애사 인터뷰를 통해 그가 한국의 산업 근대화에 공헌을 남긴 엘리트층이자 1980년대 후반부터 상징적인 중·상류층의 거주지인 한강맨션에 입주한 것을 알게 되었고, 그의 구술 자료를 동부이촌동의 상징성을 분석하는 자료로 활용했다.

동부이촌동의 변천 과정 : 조선 후기부터 해방까지

조선 초에 도성 밖은 도성 내에 비해 상대적으로 한적했다. 임진왜란과 병자호란이 일어나면서 전국에서 서울에 이농자들이 모여들었고 도성 안뿐만 아니라 성 밖에도 많은 사람이 살게 되었다. 조선시대 때 용산은 한성부 관할이지만 도성 밖에 위치한 성저십리 지역으로 주민이 적고 한적한 강촌이었다.[1] 용산 지역의 한강변은 1960년대 후반부터 한강 개발 계획이 실시되기 전까지 백사장이었다. 이를 보여주는 것처럼 이촌동의 본래 명칭인 '사평리진(沙平里津)'은 '나루터가 있는 모래 발판'이라는 의미다. 현재 이촌동은 한자로 '二村洞'이라고 표기되지만, 일제강점기 이전에는 '移村洞'이라고도 불렸다. '移(옮길 이)'라는 한자가 붙은 이유는 '여름에 큰 장마가 지면 강[한강] 가운데 섬을 이루고 살던 사람들이 홍수를 피해 강변으로 옮겼기' 때문이다.[2] 이처럼 이촌동을 비롯한 용산구 지역은 한강의 홍수로 인해 자주 피해를 입은 곳이었으며, 주민들은 홍수 때마다 터를 이동하여 생활했다. 수해의 위험성은 이촌동이 신용산에 위치함에도 불구하고 조선인 거주자가 많았던 배경이기도 했다.

김태웅은 1925년 일제의 수해 대책과 도시 개발 사업과의 연계가 어떻게 이촌동 주민들의 삶에 영향을 미치게 되었는지 사료를 토대로 검토했다. 1925년 7월 서울과 경기 지역에는 3일 사이에 300~500mm의 강수가 내렸고, 한강 범람으로 인해 사망자와 재산 피해액이 각각 647명, 1억 3천만 원(1년 예산의 58%)에 이르렀다.[3] 당시의 홍수로 엄청난 피해를 입은 이촌동은 폐동(廢洞)되었고, 이후 일제 당국은 이 지역에 조선인의 거주를 금지하기에 이르렀다. 김태웅에 따르면 일제의 이러한 시책은 1920년대 초부터 추진된, 이른바 '대경성' 도시 개발 계획의 일환에 따른 것이었다.[4] 후술하겠지만 이처럼 잦은 홍수가 일어난 이촌동 일대는 1970년대 한강 정비 이후에야 본격적인 주거지로 개발될 수 있었다.

서울 지역에서 일본인 거주의 역사는 19세기 후반으로 거슬러 올라간다. 1876년 강화도조약 체결 당시에 개항된 항구를 중심으로 일본인 거주지가 형성되었고, 서울의 충무로를 비롯해 목포와 군산 등에도 일본인들이 거주하는 신시가지가 조성되었다. 개항 이후에는 일본인의 용산 개발과 거주가 본격화되었다. 일본인은 1880년대 중반부터 이미 용산에 살기 시작하며 1904년 러일전쟁 이후에는 현재의 한강대로 일대에 신시가지가 형성되면서 현재 원효로 일대의 구용산과 신용산으로 분화되었다.[5]

일제강점기 당시, 조선인과 일본인 사이에서 서울의 거주지는 북촌과 남촌으로 나뉘었으며 용산에서도 이러한 거주지 분화 현상이 관찰되었다. 용산구지에 기재되어 있는 1925년을 기준으로 한 자료에 따르면, 당시 군사 시설 및 철도 중심지였던 용산에는 조선인과 일본인이 동서로 나뉘어 거주하고 있었다. 이 가운데 구용산 일대는 조선인 지역, 그리고 신용산은 일본인 지역이었다고 한다. 즉 "도성 안의 남촌(日), 북촌(韓)에 대해서 용산은 두렷한 동촌(日), 서촌(韓)의 구분"이었던 것이다.[6]

1925년 용산의 한국인 우세 지역과 일본인 우세 지역의 인구를 비교한 자료에 의하면, 당시 이 일대는 한국인 인구가 1,890명, 일본인 인구가 89명으로 압도적으로 한국인이 많이 거주하는 지역이었다.[7] 이후 1935년에는 남부의 이촌동 일대가 한국인의 독거지에서 일본인을 포함하는 잡거지로 변화했다.[8] 이러한 도시 공간의 구분은 인류학자 세타 로우의 '분할도시(divided city)' 개념과 연관된다. 분할도시는 "풍요와 빈곤 간의 대조가 두드러지고, 계급과 민족을 나누는 숨겨진 장막이 도시의 공간 구조를 둘로 나눈다는 특징을 가지고 있다."[9] 분할도시 개념은 앞서 언급한 일제강점기 서울의 공간 구분뿐만 아니라 뒤에서 논할 일본인 거주지로서의 동부이촌동, 용산, 그리고 중·상류층의 거주 공간 아파트 단지 모델로서의 '부촌' 동부이촌동과도 연결하여 생각할 수 있다.

동부이촌동을 포함한 용산은 한강과 깊은 연관성을 갖는다. 한강 위에 세워진 최초의 다리는 1900년에 준공된 이촌동과 노량진을 연결하는 한강 철교였다. 그 후

1917년에 한강대교가 개통되었고 "전통 지역인 북촌의 도심부와 한강 이남의 신흥 지역을 연결하는 한강대교는 도시 발전 방향의 중요한 전환을 상징하는 것"이었으며, 개통 행사 또한 조선인 기생과 일본인 게이샤가 함께 참여하는 등 상징적인 것이었다.[10] 1905년 을사조약 강제 체결 이후 용산은 일본군의 주둔지가 되었고 1915년 이후부터는 제20사단 사령부가 용산에 주둔했다. 이 때문에 당시 길야정(吉野町, 도동1가), 고시정(古市町, 동자동), 연변정(練兵町, 남영동) 일대는 군인정(軍人町)이라고 불리기도 했다.[11]

그 후 용산 지역의 인구는 한강이라는 자연과 그것을 이용한 상업 발달, 도심에 가까운 지리적 위치로 인해 계속 증가했다. 특히 한강의 조운 역할 증대와 1910년 이후 일본인 거주지 형성 및 철도 부설은 용산 지역의 발달에 큰 영향을 미쳤다. 1933년 인구 규모를 살펴보면, 경성부 거주 일본인 중 약 3분의 1에 해당하는 7,904호 3만 4,943명이 지금의 용산구 지역에 살고 있던 것을 확인할 수 있다.[12] 또한 이촌동이 위치한 용산구 자체가 과거 한국 철도망의 중심지였으며, 해방 당시 용산을 기점으로 하거나 용산을 통과하는 철도(경인선, 경부선, 경의선, 경원선, 용산선 등)가 많았다. 즉, 용산은 "한국을 남북으로 종관하는 X자형 간선철도망의 핵심"에 위치했다고 말할 수 있다.[13] 이처럼 용산 일대에 철도와 병영이 들어서면서 청계천 이남 남산 일대에 이어 용산 일대는 제2의 일본인 거류지로 성장했다.[14]

일본인 거주지로서의 동부이촌동

한국에 거주한 일본인의 역사: 해방 후부터 국교 정상화까지

해방과 동시에 한반도에 살고 있던 대부분의 일본인은 일본으로 돌아갔다. 해방 이후부터 1965년 한일 국교 정상화까지의 20년간 한국과 일본은 공식적으로 국교가 단절되었다. 때문에 당시 재한 일본인들의 삶에 관한 내용을 살펴보기에는 관련 문헌이 많지 않아 어려움이 있다. 하지만 이 당시 한국에는 일본인들이 남아 있는 경우도 있었으며, 1965년 이전에 일본인이 한국에 들어오는 경우도 있었다.

전자의 대표적인 사례가 '재한 일본인 처'라고 불리는 여성들이다. 재한 일본인 처(이하 '일본인 처')란 일제강점기 때 조선인 남성과 결혼하여 일본이 패전한 이후 한국에서 살게 된 일본 여성들을 의미한다.[15] 일본인 처가 한반도에 들어오게 된 계기는 크게 3가지 경우가 있었다. ① 일제강점기에 조선인 남성과 일본에서 동거·결혼한 후 1945년 전후에 남편을 따라 한국으로 이주한 경우, ② 1945년 이전부터 한반도에 거주했고 조선에서 결혼하여 그대로 잔류한 경우, ③ 패전 후 만주 등에서 일본으로 돌아가려고 했으나 귀국하지 못해 한국에서 결혼한 경우이다. ①의 경우, 당시 2,000여 명의 일본인 처들이 남편을 따라 한국으로 들어왔다고 한다.[16]

한국에 이주한 일본인 처들의 삶은 순탄하지 않았다. 이들은 남편의 태도 변화나 시댁과의 관계 등의 문제와 더불어, 특히 해방 이후에는 한국 사회의 반일 감정을 고려해 일본인이라는 사실을 숨긴 채 불안정한 삶을 살아가야만 했다. 한국전쟁으로 혼란이 가중되면서 이들은 경제적 어려움에서 벗어나기가 더욱 쉽지 않아졌다. 고령이 된 일본인 처에게는 자식들의 보살핌이 필요했지만 자식들조차도 국적 문제로 교육을 제대로 받지 못하거나 취업에 실패하는 등 삶이 불안정했고, 따라서 일본인 처에 대한 무관심은 예견된 수순이었다. 즉 대부분의 일본인 처는 주변화 및 비가시화된 존재로 생을 마감할 때까지 안정적이고 여유로운 삶을 살아갈 수가 없었다.

앞서 언급했듯이 1965년 이전에 일본인이 한국에 들어오는 경우도 있었다. 신재준은 1960년 4·19혁명 이후 한일 관계 개선에 발맞춰 새롭게 건너온 이들을 '뉴커머'라고 언급한다.[17] 이들은 대개 기자, 기업의 주재원, 외교관 등으로 구성되어 있었다. 실제로 4·19 혁명 이후 한국에 진출하기 시작한 일본 상사는 이미 40여 개가 있었고, 국교 정상화 이후 1966년에는 124개에 달했다.[18] 이러한 뉴커머들의 존재는 이후 논할 일본인 거주지로서의 동부이촌동과도 깊은 연관성을 지닌다. 1960년대 초에 이들은 장기 체류 허가를 받기가 쉽지 않아 주로 호텔에 임시로 거주하는 경우가 많았다. 1965년 국교 정상화 이후에야 호텔에 머물던 일본인들이 전·월세로 주택가로 나가려는 경향이 나타나기 시작했고, 1970년에 들어서 제도 개선으로 한국에 장기 거주가 가능해지면서 상사 주재원들을 비롯해 일본인 인구가 증가했다.

용산구 일본인 거주지의 형성

신재준은 일본인 집거지의 범위를 기존 연구들과 다르게 설정한다. "현재 기준으로는 동부이촌동을 집거지로 보는 게 보통이지만 1970년 전후 시점에서는 외인촌이었던 부근의 한남·이태원까지 범위를 확대해야만 집거지 형성의 역사적 맥락을 보다 정확히 이해할 수 있다"는 것이다.[19] 이러한 그의 지적은 일본인 거주지로서 동부이촌동에만 주목하는 대신 한남·이태원 외인촌의 역사와 외인아파트 건설을 비롯하여 용산구를 포괄적으로 다루어야 함을 시사한다. 더불어 일본인 주요 집거지의 범위가 1980년대 이후에는 동부이촌동을 넘어 서빙고동까지 확대되었음을 신동아아파트에 일본인이 거주했다는 사실을 통해 확인할 수 있다.[20] 이 글에서도 일본인 거주지의 통시적 양상과 관련하여 가능한 한 동부이촌동뿐만 아니라 거시적인 관점에서 용산구와의 관계도 고려하여 검토하고자 한다. 먼저 여기서는 1970년대의 용산구를 중심으로 일본인 거주지가 어떻게 형성되었는지 살펴보겠다.

1950년대부터 한남동과 이태원동 일대에는 다수의 외인주택이 들어섰다. 외인주택은 UN 등 주한 외국 기관에 근무하는 외국인 직원들에게 주거지를 제공하는 동시에, 한국 정부의 입장에서는 외국인에 대한 임대를 통해 외화를 획득할 수 있는 기회이기도 했다. 다만 외인주택만으로는 외국인 입주민의 수요를 감당하지 못했고, 이후 주택이 아닌 아파트 형태의 건설 계획이 시작되었다. 사실 당초 한남·이태원의 외인촌에는 대부분 미국인이 거주하고 있어 일본인은 많지 않았다. 하지만 서울 내에 일본인 거주자가 증가함에 따라 한남·이태원의 외인아파트에 입주하는 일본인이 많아졌고 외국인의 부족한 거주지를 해결하기 위해 동부이촌동까지 외인아파트 건설이 확대되었다.

동부이촌동의 일본인 거주지는 한강외인아파트(현재의 LG 한강자이)가 들어서면서 본격적으로 형성되기 시작했다. 이후 1994년 남산외인아파트가 철거되면서 그곳에 살던 일본인들이 동부이촌동으로 넘어오며 동부이촌동의 일본인 수는 더욱 늘어났다.[21] 한강맨션과 더불어 1970년에 준공한 한강외인아파트는 약 500세대가 입주한 대규모 단지였으며, 화장실과 라커룸이 있는 야외 수영장이 마련된 한국 최초의 아파트 단지였다. 한강외인아파트 또한 한강맨션과 비슷하게 단지화 전략이 채택되었는데 이는 단지 경계에 세워진 철책을 통해 구현되었다. 박철수는 이것이 후일 아파트 단지 만들기의 전형적 수법으로 정착했다는 점에 주목해야 한다고 지적한다. 또한 그는 한강외인아파트에서도 평형에 따른 구조적 차이가 형성됨으로써 외국인에게 한국의 아파트라는 공간은 경제적 계급을 통한 구별 짓기가 이루어지는 곳으로 비추어졌다고 강조한다.[22]

1970년대 초부터 서울 내 일본인 거주가 증가했고 특히 용산구에 거주하는 인구가 1972년을 지나 급격히 증가했다. 1960년대 초 일본인 여성 단 3명이 거주하고 있던 한남동 유엔빌리지의 경우, 이 무렵에는 전체 450가구 중 약 100가구가 일본인이었고, 한강외인아파트의 입주자는 11%가 일본인, 1974년 남산외인아파트에는 일본인 121세대가 입주하고 있었다고 한다.[23] 이처럼 한남·이태원·동부이촌동 일대에 일본인들이 들어오기 시작한 것은 과거 일제강점기 시절의 거주 양상과는 다른 것이었다.

일본인들이 한남·이태원·동부이촌동 일대를 거주 공간으로 택한 배경에는 물론 소속 기업 및 기관의 영향도 있으나, 그것을 넘어 입지 조건과 최신 편의 시설이 갖추어진 거주 환경의 우수성도 있었다. 특히 일본인들이 한남·이태원·동부이촌동 일대의 외인아파트 집거를 선호했던 이유로 신재준은 한일 관계와 한국인의 반일 감정 때문에 "아파트와 같이 경비가 더욱 철저한 주거시설·지

연도	일본인	외국인	서울시
1960	22	6,458	2,445,402
1961	47	7,934	2,577,018
1962	80	10,666	2,983,324
1963	149	11,323	3,254,630
1964	165	11,168	3,424,385
1965	222	11,718	3,470,880
1966	268~277	10,080~10,302	3,805,261
1970	309~319	10,463	5,536,377
1971	1,193	–	5,850,925
1972	1,798	21,103	6,076,143
1973	3,414	27,323	6,289,556
1974	3,185	28,805	6,541,500
1975	1,742	10,038	6,889,081

▲ 서울시 일본인 (상주)인구(단위: 명)
참조: 신재준(2022), 앞의 논문, 233, 244를 토대로 작성

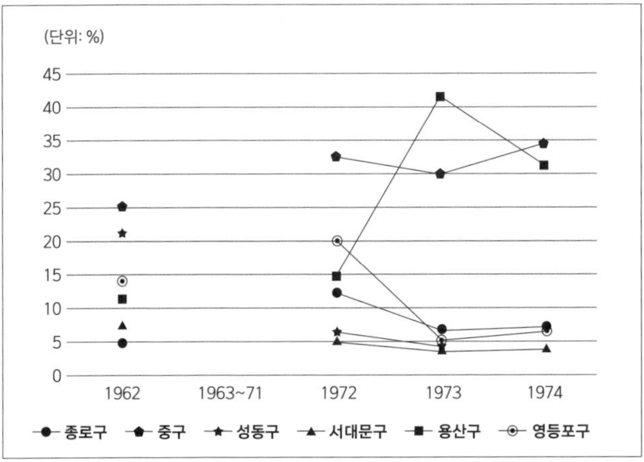

▲ 1962~1974년 서울시 일본인의 주요 6개 구별 거주 현황 변화
참조: 신재준(2022), 앞의 논문, 259쪽에서 재인용

역에 집거하는 것이 더 안전하다"고 판단되었을 것이라고 주장한다.[24] 이를 잘 드러내는 사례가 1974년 8·15 저격 사건이었다. 범인인 문세광이 재일교포 2세로 밝혀지며 한국 사회에서는 대대적인 반일 시위가 발생했고, 상점에서는 일본인의 출입을 막거나 상품을 팔지 않는 상황이 전개되기도 했다. 이러한 사회적 분위기 때문에 일부 일본인은 본국으로 귀국하는 선택을 하게 되었고 한국 내 일본인 사회는 위축될 수밖에 없었다.

1970~80년대 서울의 특정 지역에서는 선진국의 주재원들을 중심으로 한 외국인 밀집 지역이 형성되었다. 그들은 직장인 대사관과 학교, 종교시설 등을 따라 커뮤니티를 형성했고 그와 더불어 해외 음식점이나 식료품 가게 등이 생기기 시작했다. 동부이촌동도 이 당시 일본인들에 의해 형성된 외국인 밀집 거주 지역이다. 이제 일본인 거주지 형성에 의해 등장한 '재팬타운', '리틀도쿄'과 현재 동부이촌동의 모습을 함께 살펴보자.

'재팬타운', '리틀도쿄'의 등장과 흔적

신재준은 하나 더 중요한 지적을 하는데, 그것은 서울에 유입된 일본인의 역사를 살펴보면서 "일본인의 '집거'와 '재팬타운'은 완전히 같지는 않다"라는 것이다.[25] 일본인이 모여 살기만 하면 그곳이 '재팬타운', '리틀도쿄'라 불린 것은 아니다. 여기에는 일본인 거주민을 위한 각종 편의 시설과 음식점, 일본어 서비스 등도 함께 고려되어야 한다. 1965년 이후 한국에 온 뉴커머들은 대개 상사 및 대사관 등의 주재원과 그 가족들이 대부분이었고 이 점은 거주지 인근의 교육 공간이나 일상 소비 공간을 조성할 필요로 이어졌다. 구체적으로는 일본어로 된 버스 안내 방송이나 일본 음식점과 일본 식품을 파는 마트, 일본어 사용이 가능한 미용실, 병원, 부동산 등이 동부이촌동에 형성되었다. 실제로 김태준 씨도 필자와의 인터뷰 중 한가람아파트 옆의 이촌역 4번 출구 주변에서 유치원이나 학교를 마치고 돌아오는 아이들을 기다리는 일본인 여성들을 본 적이 있다고 했다. 또한 지금의 LG한강자이가 건축되기 전의 한강외인아파트에도 일본인이 많이 살고 있었다고 언급했다.

고자와 야스노리는 동부이촌동에 거주 중인 일본인 주재원 아내 6명의 일상생활에 주목하여 그들의 생활과 한국 문화가 접촉하는 지점을 심층 인터뷰를 통해 드러낸 바 있다.[26] 이를 통해 2000년대 중반 동부이촌동에 거주하고 있던 일본인 여성들의 생활을 읽을 수 있다. 이들은 대개 같은 일본인 주재원 아내들과 커뮤니티를 형성하여 일상에서도 자녀 교육, 한국 전통문화 체험, 한국 드라마 촬영지 관광 등으로 함께 시간을 보낸다. 한국인과의 소통이 부족할 수밖에 없는 이유는 이들이 한국어에 능숙하지 않다는 언어적인 요인과 함께, 남편의 기업 측에서 한국에서 취업과 운전을 자제해 달라는 요청을 받고 있어 외부와의 교류가 쉽지 않다는 요인 등이 존재한다. 일본인 주재원의 아내들은 한국 사회에서 생산자가 아니라 소비자로만 활동할 수 있으므로 일본에서보다 생활의 자유를 누릴 수 없는 환경에 놓이게 된다.

2006년에는 1,324명의 일본인(상사 주재원, 대사관 직원과 가족들)이 한가람아파트 등에 살고 있었고, 2015년의 「서울시 등록외국인 현황 (국적별/동별) 통계」에 따르면 용산구에는 1,655명(남성 858명, 여성 797명)의 일본인이 있었다. 2015년 당시 동부이촌동(이촌1동)에는 852명(남성 474명, 여성 378명), 서부이촌동(이촌2동)에는 17명(남성 5명, 여성 12명)의 일본인이 거주하고 있었다. 최근에는 한국인이 많이 들어오는 반면 일본인은 감소하는 추세가 보이며 거주자의 국적도 점차 다양해지고 있다.[27] 이러한 감소 추세의 배경에 대해 임영언과 허성태는 주재원으로 와 있던 일본인들이 회사에서 가까운 아파트를 임대하면서 굳이 임대료가 비싼 동부이촌동에 거주할 필요가 없어진 점과 일본인 학교가 개포동을 거쳐 마포구로 이전된 점을 지적하면서 동부이촌동에 살아야 할 이유는 점점 희박해지고 있다고 말한다.[28]

그럼에도 불구하고 동부이촌동을 방문하면 일본인 거주지의 모습을 여전히 발견할 수 있다. 앞서 언급했듯이 일본인 주민이 많아짐과 동시에 동부이촌동에는 일본인을 상대로 하는 음식점이나 상점, 일본어가 가능한 부

일본인 거주지의 모습을 보여주는 기표들

동산과 병원 등이 들어서기 시작했다. 현재도 '일본인 전용'이라는 문구가 남아 있는 부동산이 보이며 동부이촌동을 지나가는 버스에는 일본어로 안내방송이 나온다. 또한 일본어가 가능한 미용실, 일식집 등도 들어서 있다. 앞선 사진의 '日本人專門(일본인 전문)'이라 적힌 부동산, '日本語可能(일본어 가능)'이 병기된 미용실 안내는 이를 보여주는 사례다.

또한 동부이촌동에는 이촌종합시장이 있는데, 최근 이 시장을 둘러싸고 '일본풍(風)'의 음식점이 많아지고 있다. 시장과 주변 골목길은 그다지 큰 편은 아니지만 골목 사이에 다수의 일본 음식점과 이자카야가 위치하고 있다. 이와 같은 일본 음식점들의 이용객은 대부분이 한국인이다. 따라서 가게에서 판매되는 요리는 일본 현지 맛과는 다를 수밖에 없다. 김태준 씨는 인터뷰 중 한 일식점에 대해 "전에는 일본 현지의 맛이었는데, 이 몇 년 사이에 많이 바뀌었어. 젊은 사람들이 많이 와서 주말에는 줄 서야 할 정도라 주말에는 잘 안 가"라고 말했다. 나는 주말에 동부이촌동에 들러 시장 주변도 둘러보았다. 김태준 씨 말대로 젊은이들이 음식점을 많이 방문하는 모습을 볼 수 있었다. 흔히 인터넷, SNS에서 '맛집'이라 불리는 이 음식점들은 대부분 일본어로 되어 있는 간판을 붙인다. 또한 가게 외관도 일본 여행을 가면 볼 수 있는 듯이 현지다운 것으로 꾸민다. 기존 연구들이 동부이촌동이 아닌 지역으로도 일본인 거주지가 확대 및 분산되는 경향에 대해 지적한 점을 고려하면 다음과 같이 말할 수 있다. 이제 이와 같은 음식점들은 과거 일본인 주재원과 그 가족들이 커뮤니티를 형성하면서 생긴 특성과 달리 한국 사회에서 일반적으로 소비되는 일본 음식점으로서의 속성을 지니기 시작했다. 음식점의 메뉴판이 일본어로 되어 있는 경우도 찾아볼 수 있으나, 이러한 특징은 일본인 거주지로서의 동부이촌동을 보여준다고 하기에는 다소 어려운 지점이 있다. 아울러 이러한 최근의 추세를 염두에 두면서 한국 도시 공간의 일본 음식점의 경향과 소비되는 양상에 대한 거시적인 검토와 함께 논의하면 더욱 풍부한 분석이 가능할 것이라 예상된다.

아파트 단지 모델로서의 동부이촌동

백사장에서 아파트 단지로

용산구 지역은 해방과 한국전쟁 이후 본격적인 인구 증가를 경험했다. 휴전협정 이후 파괴된 서울 거리에는 다양한 사람들이 전국에서 모여들었다. 일본인이 패전과 함께 철수한 뒤 일본인 거주지에는 월남민이나 해외 동포 등 많은 인구가 유입되었으며, 1965년에는 용산 지역의 인구가 해방 직후의 2배가 되었다.[29] 증가하는 인구로 인해 일자리뿐만 아니라 주택 부족도 심각한 문제로 떠올랐다. 주택 부족은 한국인뿐만 아니라 서울 내에 거주하는 외국인들이 직면한 문제이기도 했다. 즉, 당시 한국인과 외국인 모두의 수요를 만족시키기에는 주택이 턱없이 부족했다. 이러한 시민들의 어려움은 정부, 특히 이승만 정권에 대한 비판으로 이어졌다.

앞서 언급했듯이 동부이촌동은 1960년대 후반부터 한강 개발 계획이 실시되기 전까지 백사장이었다. 1956년 제3대 대통령 및 제4대 부통령 선거 당시, 동부이촌동의 '한강 백사장'은 당시 야당인 민주당의 구호였던 "못 살겠다. 갈아보자"라는 민주주의를 외치는 목소리와 함께 민주당 선거 유세의 핵심지로 기록되어 있다. 당시 서울의 인구수가 약 150만 명, 유권자 수가 약 70만 3천 명이었는데 한강 백사장에 무려 30만에 달하는 시민들이 모였다고 한다.[30] 또한 백사장은 겨울에는 스케이트장, 국군의 날과 같은 행사 때에는 낙하산 강하 시범이 열리는 장소이기도 했다.[31] 이 한강 백사장은 1970년대에 들어서면서 거대한 아파트 단지로 변화하게 된다.

1960년대 후반에 이촌동 강변이 매입되어 대규모 주택지가 되자 공무원아파트 · 외국인아파트 · 한강맨션 등이 연이어 건립되어 서울시 내 아파트 마을의 효시가 되었으며, 이곳 인구 또한 급격히 증가했다.[32] 이는 1966년부터 재임한 김현옥 서울시장이 추진한 한강 개발 3개년 계획(여의도 개발, 강변도로 건설, 한강변 택지 조성)과 깊이 연관되어 있었다. 당시 동부이촌동의 택지를 조성하기 위해 공유수면 매립 공사가 한국수자원개발공사에 의해 1968년부터 약 7개월간 수행되었다. 이를 통해 조성된 택지에 1969년에 공무원아파트(34동 1,313가구), 대한주택공사에 의해 1970년 한강맨션(23동 700가구), 외인아파트(18동 500가구)가 건설되었다.

이어 동부이촌동을 중심으로 많은 아파트가 공유수면 매립지에 건설되었다. 이중 한강맨션을 비롯해 리바뷰맨션, 타워맨션, 점보맨션, 장미맨션, 코스모스맨션, 미주맨션, 왕궁맨션, 반도아파트는 현재도 동부이촌동에 남아

연도	건설사	아파트
1971	주택공사	민영아파트 22동 748가구
	정안상사(주)	리바뷰맨션아파트 1동 55가구
1972	주택은행	복지아파트 10동 290가구
1973	삼익주택(주)	타워맨션아파트 1동 60가구
	현대건설(주)	현대아파트 8동 507가구
1974	삼익주택(주)	렉스맨션아파트 10동 460가구
	삼익주택(주)	점보맨션아파트 1동 144가구
1975	정우개발(주)	장미맨션아파트 1동 64가구
	한양주택(주)	코스모스맨션아파트 1동 30가구
	라이프주택(주)	미주맨션아파트 2동 70가구
	삼익주택(주)	왕궁맨션아파트 5동 250가구
1976	삼익주택(주)	청탑아파트 1동 40가구
	한양주택(주)	수정아파트 1동 83가구
1977	삼익주택(주)	반도아파트 2동 192가구

▲ 한국수자원개발공사 공유수면 매립 잔여지 아파트 건설
참조: 용산구(2001), 앞의 책, 168쪽에서 인용

있다. 이처럼 1960년대 후반부터 이루어진 중·상류층과 외국인 거주를 위한 동부이촌동의 대규모 아파트 단지 조성은 한국의 아파트 역사에서 핵심적인 사례이며, 한국에서 동부이촌동은 "대규모 고층아파트 단지의 원조"라고 할 수 있다.[33] 정헌목은 본래 아파트라는 것이 서구에서는 산업화와 도시화로 인한 주거 부족 문제를 해결하기 위해

저소득층의 주거지로 등장했으나, 한국에서는 이와 다르게 근대화의 상징, 중산층 이상의 집단 주거지, 욕망이 투사되는 공간이자 상품·사회적 지위를 과시하기 위한 요소, 재산 증식 방법으로 작동했다고 강조한다.[34] 뒤에서 자세히 논하겠지만 이러한 특징들은 동부이촌동의 아파트에서도 드러난다.

한강맨션

1970년에 준공한 5층 높이의 한강맨션은 내국인 분양 아파트로는 최초로 '맨션'이라는 용어가 붙은 사례이다. 한강맨션 건설 계획을 추진한 것은 당시 대한주택공사의 총재였던 장동운이었다. 그는 1968년 일본에서 본 맨션과 하이츠 주택 분양 광고가 한강맨션의 탄생 동기가 되었다고 밝힌 바 있다.[35] 박철수에 따르면 장동운은 일본의 주택 분양 광고를 보고 "우리나라도 앞으로는 서민 아파트만을 지을 것이 아니라 생활 수준에 따라 주택을 개발해야 한다고 생각하여 한강맨션을 구상한 것"이라고 밝혔다.[36] 이는 계층, 특히 중·상류층에 맞게 각각 다른 평형에 거주할 수 있도록 한다는 것이었다.

대한주택공사가 매립지에 '중·상류층용' 한강맨션을 건설한 배경에는 당시 "상가 아파트와의 경쟁 관계 속에서 주택공사의 살길을 찾기 위함"과 "정부 정책에 부응하는 공공 주택 공급 기관으로서의 역할을 강화하기 위함"이라는 두 가지 이유가 있었다.[37] 한강맨션은 그 내부가 27평, 32평, 37평, 51평, 55평의 5개 면적으로 구성되었으며, 반면에 1960년대 전반에 지어졌던 공영 주택들은 대개 6~7평에서 10평 내외에 화장실도 4~5가구가 공동으로 사용하는 구조였다.[38] 이는 한강맨션이 당시 한국 사회의 특정 사람들이 사치를 누릴 수 있는 공간이었다는 점을 보여준다. 당시 한 신문 기사에 의하면 27평에는 부유한 집안에서 자라 이제 막 경제적으로 자리 잡기 시작한 신혼부부가, 32평에는 회사 중견 사원급과 문인, 탤런트, 영화배우가, 그리고 51평과 55평에는 큰 기업의 사장들이 입주하고 있었다고 한다.[39]

한강맨션의 특징은 크게 두 가지를 꼽을 수 있다. 하나는 근린주구 이론을 적용한 것이며 또 하나는 국내 최초로 모델 하우스를 도입했다는 것이다. 1970년대 아파트 건설 계획에 큰 영향을 끼친 것이 미국에서 유래한 '근린주구(neighborhood unit)' 개념이었다. 이는 1929년 미국의 페리(C. A. Perry)가 제안한 주거 단지 계획 개념으로, 어린이들이 위험한 도로를 건너지 않고 걸어서 통학할 수 있는 단지 규모(반경 약 500미터, 인구 5천~1만 명)에서 생활의 편리성과 쾌적성 및 주민들 간의 사회적 교류 등을 도모할 수 있도록 조성된 물리적 환경을 말한다.[40] 이와 관련하여 놀이터, 정원, 주차장, 쇼핑센터 등이 한강맨션 단지 내에 조성되었다. 그중에서도 가장 상징적이라고

(위)
1970년 한강맨션아파트 어린이공원

(아래)
지금의 한강맨션아파트 어린이공원

할 수 있는 장소는 어린이 놀이터였다. 이제는 과거처럼 아이들이 노는 모습이 잘 보이지 않고 주민들이 의자에 앉아 얘기하는 모습만을 볼 수 있었다. 동시에 공원 주변의 나무들이 자란 것을 통해 단지가 50년 넘는 세월을 이 공간에서 보내온 시간성을 상기시켜 준다.

한강맨션의 또 다른 특징은 최초로 모델하우스(32평)를 지어 선분양 방식을 활용했다는 점이다. 선분양 광고에는 놀이터, 정원, 주차장, 쇼핑센터 등 한강맨션 단지의 장점을 강조하여 홍보가 이루어졌다. 최근의 아파트 단지에서도 드러나는 '단지화 전략'이 당시에도 일종의 중요한 마케팅 방법으로 작동하고 있던 것이다.[41] 다시 말해, 착공 이전부터 분양 광고에 돌입하여 그 과정에서 모델하우스를 지어 대중에게 선보이는 방식, 즉 선분양-후건설 방식으로 건설 자금을 확보하는 방법은 이후의 민간업체 아파트 건설에서도 지속적으로 이어지는 방식이 되었다.[42]

또한 한강맨션 내부 공간은 화장실과 부엌 등을 포함해 모든 공간을 입식으로 구성한 점과, 거실과 침실을 분리한 점이 특징적이다. 특히 후자의 경우 주간과 야간, 공적 공간과 사적 공간의 분리를 의도한 것이었다. 이러한 서구적이고 현대적인 중·상류층의 거주 공간 특징으로 인해 한강맨션은 사치스럽다고 비판받기도 했다. 이는 궁극적으로 박철수가 강조하듯이 맨션아파트가 구별 짓기의 수단이 된 것과 관련이 있다.[43] 이러한 구별 짓기의 양상과 작동은 평형뿐만 아니라 맨션아파트 외벽의 '회색'에서도 엿볼 수 있다. 동부이촌동에 건설된 아파트 단지는 서구적 생활양식을 누릴 수 있는 현대적 공간이 되었고, 특히 한강맨션은 아파트 단지의 건설과 분양 방식에 관해 표준 모델을 제공하는 역할을 했다.

근린주구 개념을 적용하고 모델하우스를 도입한 동부이촌동 아파트 단지에서는 주변으로부터 단절된 '우리 집'과 '우리 단지'라는 영역화를 일으키는 '이중적 폐쇄성'이 형성되었다.[44] 즉 모델하우스는 가구 단위의 폐쇄성을, 근린주구는 단지 단위의 폐쇄성을 야기하는 결과로 이어졌다. 이러한 폐쇄성과 아파트의 획일성, 소비재로서의 아파트는 단기간에 많은 주택을 공급하는 것이 중요시되었던 시대적 상황과 모델하우스를 활용한 선분양 방식을 통해 이후 더욱 두드러지게 나타난다. 더 나아가 한강맨션을 시작으로 아파트 대단지 모델은 그 이후 강남 개발을 통해 확산되어 현재에 이르렀다. IMF 외환위기는 주상복합 건물 등에 관한 규제 완화 및 폐기 배경이 되었으며, 이로 인해 자유로워진 경제 시장에서 대기업 건설사들은 차별화 전략을 앞세우면서 경쟁하기 시작했다. 이 흐름 속에서 주상 복합 아파트가 증가하고 브랜드 아파트가 등장했으며, 동부이촌동에도 재건축 과정을 거쳐 LG한강자이(전 한강외인아파트)나 래미안첼리투스(전 렉스맨션아파트) 등의 브랜드 아파트가 들어서기 시작했다.

1970년대에 건설된 동부이촌동의 아파트들은 1990~2000년대부터 본격적으로 추진되기 시작한 재건축 사업의 대상이 되었다. 단기간에 많은 아파트를 지었기 때문에 시설과 건물이 빠르게 노후되어 시공된 지 20~30년밖에 지나지 않은 시점에서 많은 아파트들이 재건축을 염두에 두어야 할 상황이 되었다. 하지만 재건축 과정은 다양한 주체들의 이익과 의미가 경합하는 과정이므로 계획대로 진행되지 않은 경우도 많았다. 한편 공무원아파트는 1998년에 현재 이촌역 바로 앞에 위치한 한가람아파트가 되었다. 또한 1973년에 준공된 이촌동 현대아파트는 현재 '르엘 이촌'으로 리모델링 과정에 있다.

이촌동 현대아파트의 사례처럼 동부이촌동에는 재건축과 리모델링 열풍이 불고 있다. 리모델링은 재건축에 비해 용적률 규제와 조건(재건축: 준공 후 30년 이상, 리모델링: 준공 후 15년 이상)이 상대적으로 느슨하므로 기업 입장에서는 사업비 절감과 사업 기간 단축을 기대할 수 있다. 다만 최근에 수정 및 가결된 서빙고 아파트 지구단위 계획안을 통해 재건축 규제가 완화되었다. 이에 따라 준공 연한과 용적률 때문에 리모델링을 계획하고 있는 동부이촌동 아파트는 리모델링과 재건축을 두고 선택의 갈림길에 서게 되었다.

나는 한강맨션 단지를 방문했을 때 사진을 몇 장 촬

(위)
이촌동 현대아파트
리모델링 사업 현장

(아래)
재건축을 앞둔 한강맨션 아파트 단지와
이촌 래미안첼리투스

영했다. 재건축을 앞둔 한강맨션 단지와 1974년에 건설된 렉스맨션이 재건축되어 2015년부터 입주를 시작한 래미안첼리투스가 함께 한 프레임 속에 보인다. 이 경관은 아파트 단지를 둘러싼 한국 사회의 욕망과 그 소용돌이를 드러내는 한 장면이다. 사진에는 안 보이지만 이 두 아파트의 최근 거래가를 살펴보면 흥미로운 양상이 보인다. 이촌 래미안첼리투스는 최근 매매 실거래가 약 37억(23층, 165m²), 전세가 18억 5,000~25억이다. 반면 한강맨션은 최근 매매 실거래가 약 41억(4층, 121m²), 전세가 3억 5,000~5억 5,000이다. 전세가는 차이가 나지만 매매가는 '재건축 효과'에 힘입어 한강맨션의 집값은 오르고 있다. 이처럼 아파트 단지 모델로서 동부이촌동은 통시적인 역사와 재건축 및 리모델링이라는 현재 한국 아파트의 공시적인 양상이 교차하는 대표적인 공간이라 할 수 있다.

상류층의 삶과 아파트 : 한강맨션 거주자의 구술생애사를 중심으로

나는 2023년 5월 사전 답사를 위해 동부이촌동의 한 일식집을 방문했다가 일본어를 유창하게 구사하는 김태준 씨를 알게 되었다. 이후 몇 차례 김태준 씨를 만나 심층 인터뷰와 지역 답사를 함께 수행했다.[45] 후술할 생애사는 김태준 씨와의 만남을 통해 수집한 구술 자료를 바탕으로 재구성했다.

먼저 김태준 씨를 중산층이 아니라 '상류층'이라고 지칭하게 된 이유를 밝혀둔다. 한국 사회에서 중산층은 경제성장의 산물로서 1970년대 들어 본격적으로 가시화된 사회계층이라고 할 수 있다. 다만, 중산층과 같이 사회적으로 다양하고 다층적인 집단을 일괄적으로 구분하는 것에 대해서 정확한 사회문화적 기준이 존재하는 것은 아니다. 송은영의 지적처럼 "다양하고 이질적인 사람들로 구성되어 있는 중간 계급의 존재를 드러낼 때 중요한 기준으로 항상 제시되는 것은, 스스로 중산층이라고 생각하는 주관적 귀속 의식의 문제다."[46] 이에 크게 두 가지 측면에서 김태준 씨의 계층을 검토했다. 하나는 김태준 씨 본인의 인식이며 나머지 하나는 그의 삶 속에서 드러나는 경제 자본 및 문화 자본, 사회관계 자본이다. 이어지는 내용에서는 김태준 씨의 구술에서 나타나는 '계층', '시간성', '이동'을 중심으로 그의 삶과 한강맨션의 관계를 재구성하고자 한다.

상류층의 삶

김태준 씨는 1934년 지금의 서울 마포구에서 의사 집안의 셋째 아들로 태어나 비교적 부유한 어린 시절을 보냈다. 자녀 교육에 열렬한 부모 덕에 어릴 때부터 과외 선생님이 있는 환경에서 공부했다. 그러다 한국전쟁을 겪으며 집안 형편이 어려워져 대학교부터는 스스로 돈을 벌어 학교에 다니면서 생활했다. 형제들은 모두 의과대학에 진학했지만 김태준 씨는 건축학과에 진학하기로 결심하여 서울대학교 공과대학 건축공학과에 입학했다.

당시는 한국전쟁으로 서울대학교가 부산으로 피난해 온 시기였기 때문에 김태준 씨도 입학 당시 부산에서 대학교에 다녔다고 한다.[47] 김태준 씨가 대학교에 다닐 때 미국에서는 아이젠하워가 대통령에 당선되었다. 김태준 씨는 자신의 생애를 들려주면서 미국에 관한 이야기를 자주 언급했는데 이는 당시의 한국과 미국이 긴밀한 관계를 맺고 있었기 때문으로 보인다. 또한 졸업 후 일 때문에 미국에서 3년을 거주하는 등 김태준 씨의 삶에는 한국, 일본, 미국이라는 세 국가가 큰 영향을 미쳤다. 한국의 근대화 과정을 경험한 김태준 씨는 박정희 대통령에 대해 "그분 덕분에 부유한 나라가 될 수 있었다"고 강조한다. 김태준 씨는 대학 재학 시절 설계사무소에서 일하거나 과외를 하고 또는 자동차 정비 일을 하면서 학비를 벌었다고 한다. 대학교를 졸업한 후에는 군대에 들어가 미군 관련 설계 일을 했고 5년간 복무하여 제대했다. 제대 후 대한중석 기술부에 들어갔다가 광산 관련 기술 업무에 종사했다. 그 당시 군을 제대하면 과장으로 일할 수 있었으나, 광산 업무를 계속하는 것에 스스로 만족하지 못해 그 후 포항종합제철(현재의 POSCO)에 들어가게 되었다.

김태준 씨의 삶은 한국의 근대화와 맞물려 흘러 왔다. 특히 그가 건축공학과를 졸업해 POSCO에서 포항제철소와 광양제철소의 설계 및 건축에 참여했다는 것은 한국의 산업 근대화에 관한 중요한 측면을 엿볼 수 있는 지점이다. 또한 1986년부터 미국의 US스틸과 POSCO가 함께 설립한 철강 생산 업체 USS-POSCO Industries(UPI)의 공동 대표(부사장)로 미국에 건너가 우여곡절 끝에 공장 건축을 마무리한 경험은 김태준 씨에게 자신의 능력과 입지를 구축할 수 있던 중요한 계기가 되었으며 인터뷰 중에도 그는 미국 내 일에 대해 비교적 구체적으로 이야기하곤 했다. 1998년에 퇴직할 때까지 김태준 씨는 약 30년 동안 POSCO 관련 기업에서 일을 했다. 자회사 대표까지 역임한 그에게 한국의 철강 산업과 근대화를 뒷받침해 온

POSCO라는 기업은 자신의 삶을 상징하는 것 중 하나이다. 즉, 김태준 씨는 한국 근대화의 속에서 엘리트 집단의 일원으로서 활약하며 '중산층'의 삶을 살아 왔다.

엘리트들의 구술 특징은 스스로 완결성 있는 서사를 만들어 낸다는 것인데, 이러한 특징은 김태준 씨에게도 엿볼 수 있다. 자신이 살아 온 이야기의 핵심이자 가치는 회사 그리고 사회적 성공과 동일시되었다. 김태준 씨는 나에게 인생의 선배로서 하는 이야기라고 말하면서 "집, 자가가 있어야 해"라고 강조했다. 그럼에도 불구하고 인터뷰 중 자신의 가족, 결혼과 같은 사적인 이야기에 대해서는 자세히 언급하지 않았다.[48] 이러한 성공담, 무용담에 중점을 둔 김태준 씨의 삶의 이야기들이 드러내는 사실은 당시 한강맨션에 들어가서 산다는 것이 그만큼 사회적 성공을 함께 필요로 했다는 점이다. 더 나아가 한국의 근대화 및 산업화에 공헌한 인물로서 가족에 대한 관심이 상대적으로 덜 중요했다고 생각할 수 있다.

그가 미국에서 귀국한 후 1989년에 한강맨션에 입주하게 된 배경에는 한 건설 회사 상무의 권유가 있었다. 그는 그 상무가 "우연히 어떤 사람이 사라고 알려 줬어. 돈이 부족하면 빌려준다고도 했어"라고 하면서 한강맨션을 사게 된 이유를 이야기했다. 그 상무와의 관계를 자세히 알려주지는 않았으나 이미 김태준 씨가 미국에 부사장 지위로 간 사실과 함께 생각하면 그가 건설업계에서 어느 정도 인맥을 가지고 있었고, 사회관계 자본을 활용해서 한강맨션에 입주했다고 할 수 있다. 아울러 당시 김태준 씨가 입주해 현재까지 거주 중인 집은 51평이다. 27평, 32평, 37평, 51평, 55평의 5개 면적으로 구성된 한강맨션에서도 그는 상대적으로 넓은 평수의 집에 살고 있다. 실제로 그는 "우리 집 전망이 좋아. 한강맨션 중에서도 한강변에 있는 건물이 평수가 넓어"라고 언급했다. 그의 말에 따르면 한강변에 위치하는 한강맨션 3개 건물 중 중간에 있는 것이 55평이고, 양옆 건물이 각각 51평이라고 한다. 김태준 씨는 한강맨션에 대해 다음과 같이 이야기한다.

> 김태준: 단지로서는 이러한 큰 단지는 처음이었다고 해. 한국도 아파트를 세우기 시작한 시기 […] 공단이 정식으로 만든 단지로서는 최초였으니까 그때는 정부의 높은 분들이 다 […] 정부 관계 인사들이 많았다고 들었어. 우리 집도 일본의 부(副)대사가 살고 있었어. 그 사람이 다시 대사가 되어 또 왔었어. 옛날에는 정부 관료나 의사 […] 높은 사람들이 많이 살고 있었어.

당시 한강맨션에 산다는 것은 중·상류층의 지위를 나타내는 상징이었고, 그 속에서도 김태준 씨도 상대적으로 높은 지위에 속한 인물이었다. 김태준 씨는 한강맨션에 입주하기 전에는 서울 동작구 장승배기에 단독주택을 지어 살고 있었다. 그 단독주택도 담을 쌓아 올린 2층짜리 집이었고, 주차장과 마당이 있는 집이었다고 한다. 하지만 그곳이 재개발 지역으로 선정되고 이사해야 할 상황에 놓이게 되면서 한강맨션에 들어오게 되었다. 이처럼 김태준 씨의 생애, 이를테면 그가 한강맨션에 입주할 수 있었던 사회관계 자본의 존재, 51평의 집이라는 경제 자본, 나아가 그의 사회적 성공은 김태준 씨로 하여금 한국 사회의 '상류층'으로서 자리매김하게 했다.

재건축을 둘러싼 '시간성'과 계층을 상징하는 '이동', 그리고 '몸'

재건축을 앞둔 한강맨션에 대해 김태준 씨는 "재건축 후 나는 여기 못 살 것 같아", "더 오래 살 수 있다면 나중에 집 팔아도 되는데"라고 말하며 자식들도 집을 갖고 있어서 팔지, 상속할지 고민하고 있다고 한다. 또한 재건축 때문에 이사를 해야 하는 상황에서 어디로 갈지는 정했으나 새로 가는 곳이 좁다고 말하면서 "이사 가는 게 정말 싫은데. 안 했으면 좋겠어. 지금 환경이 최고야. 강도 보이고. 짐을 버리는 것도 힘들어"라고 표현했다. 내가 단지 내에서 재건축에 대한 분위기가 어떤지 질문했을 때 김태준 씨는 "거의 대부분의 사람들이 다 찬성한다"고 했다. 그런 사람들을 가리켜 김태준 씨는 "돈에 환장했네"라고 한국어로 강조해 말하기도 했다. 그가 보기에 재건축에 열광하는 사람들은 "돈에 환장한 사람들"인 것이다.

이러한 김태준 씨의 표현 이면에는 두 가지 측면이 존재한다. 아파트와 집을 재산 증식의 수단으로 여기는 그들과 구별 짓기를 시도하는 한편으로, 본인에게는 삶의 시간이 상대적으로 얼마 남지 않았다는 자각이 바탕에 깔려 있는 것으로 보인다. 여기에는 한강맨션이라는 아파트 단지가 갖는 중요성도 깔려 있다. 아파트 매매 시장에서 한강맨션의 등장을 기점으로 공공 주택으로서의 아파트 단지는 욕망을 부추기는 대상이자 경쟁적으로 거래되는 상품으로 급격하게 변화했다.[49]

1970년에 준공된 한강맨션은 약 50년 만에 본격적으로 재건축 사업의 길로 들어서게 되었다. 이러한 재건축 내지 리모델링 사업을 통해 탈바꿈하여 이어지는 아파트 단지의 '생애'는 올해 90세가 되는 김태준 씨의 삶과는 다른 시간성을 갖는다고 할 수 있다. '욕망을 부추기는 대상', '경쟁적으로 거래되는 상품'으로서의 아파트는 인간의 삶의 시간성과는 다른 독특한 형태의 시간성을 형성하고 있다. 다시 말해, 인간이 아파트에서 거주한다는 것은 인간의 수명과, 준공 이후 수십 년이 지나면 재건축과 리모델링 사업으로 탈바꿈하는 아파트의 시간성이 교차한다는 사실을 의미한다. 이 두 시간성의 맞물림 속에서 아파트와 인간은 함께 노화한다. 앞서 언급했듯이 고령의 나이가 된 김태준 씨에게 이듬해부터 본격적으로 시작되는 재건축 사업은 재산 증식, 경제적 이득과 같은 의미가 아니라 삶의 공간에 대한 불안과 걱정으로 재현된다.

엘리트 상류층인 김태준 씨는 한국 근대화를 거쳐 상징적인 한강맨션에 입주해 이제는 재건축을 앞두어 다른 곳으로 이사해야 한다. "집, 자가가 있어야 해"라고 '자가'의 중요성을 강조하면서 잦은 이사를 비판적으로 인식하는 그는 '자가'에서 떠나야 하는 상황에 놓이게 되었다. 그의 삶은 수많은 '이동'으로 구성되어 있다. 물론 우리가 하는 수많은 일들이 '이동'과 결합되어 있지만, 여기서는 김태준 씨의 인생과 관련해 '집'과 '집'을, '국가'와 '국가'를 이동하는 것에 주목하려고 한다. 이동이란 "정체성에 영향을 미치며 정체성에 의해 영향을 받는다. 한편으로는 우리가 이동하는 방식은 우리의 정체성을 규정한다."[50] '이동'은 누구에게나 허락되어 있는 반면에 어떤 측면에서는 누군가를 배제할 수 있는 것이기도 하다. 그리고 이러한 배제는 계층, 성별, 연령, 장애 등 여러 가지 요인으로 인한 불평등을 초래한다. 대개 계층이 낮다고 여겨지는 사람들은 자발적이고 자유로운 이동이라기보다는 '쫓겨남'과 '감시' 때문에 도시를 이동한다.[51] 엘리트 상류층인 김태준 씨의 경우 한국전쟁 때 서울에서 부산으로, 포스코에 있을 때는 서울에서 포항으로, 한국에서 미국으로, 단독주택에서 아파트로 이동했고, 그의 자녀들도 대학생 때 한국에서 미국으로 이동했다. 그의 삶 속에서 이동은 한국전쟁 시절을 제외하면 비교적 자유롭고 이득이 되는 것들이었다. 단독주택이 재개발 지역이 되면서 거주지를 옮겨야 했던 기억에 관해서도 이때 그만큼의 보상금을 받았다고 이야기했다. 그러나 이러한 엘리트 상류층으로서의 특권과도 같은 '이동'은 이제 '쫓겨남'에 의한 이동으로 변화하게 된다. 엄밀히 말하면 재건축 사업으로 인한 이사는 '쫓겨남'은 아닐 수 있으나(오히려 그의 계층을 드러내는 측면이기도 하지만), 김태준 씨 자신에게는 '쫓겨남'과 비슷한 의미로 표현된다.

수많은 이동에 의해 구성되어 온 그의 엘리트 상류층으로서의 삶은 이제 그 '이동'으로 인해 제약을 받게 되었다. 김태준 씨의 이야기에서 보이는 계층에 의한 이동의 측면은 그의 나이를 고려했을 때 또 다른 지점인 신체, 즉 몸과 연결된다. 거칠게 정리하자면 한강맨션을 둘러싼 그의 '이동'은 계층과 몸이 교차하면서 드러난다고 할 수 있다. 재건축 사업과 관련한 김태준 씨의 사례는 일반적으로 이야기되는 긍정적인 재건축 및 리모델링 사업의 측면과는 상이한 측면을 보여준다.

두 가지 상징이 교차하는 동부이촌동

이 글은 일본인 거주지와 한국 아파트 단지의 모델이라는 동부이촌동을 드러내는 두 가지 상징에 통시적으로 접근하면서, 현장 연구과 구술생애사 인터뷰를 통해 이 두 상징이 교차하는 지점으로서 동부이촌동을 재구성하고자 했다. 그리고 한국 근대화 및 산업화 과정을 경험하며 공헌을 남긴 엘리트이자 1989년부터 한강맨션에 사는 한 거주자의 구술생애사를 통해 상류층의 삶과 한강맨션이라는 공간이 어떻게 관계 맺고 있는지 그 교차 양상을 살펴보았다. 이를 위해 먼저 조선 후기부터 해방까지의 용산구와 동부이촌동의 변천 과정, 한반도에 일본인 이주민이 들어온 역사를 추적했다. 다음으로 1960년대 이후 한국에 들어온 일본인 거주지로서 동부이촌동과 용산이 어떤 변화를 경험했는지 검토했고, 현장 연구를 통해 과거와는 다른 형태로 미세하게 남아 있는 '재팬타운', '리틀도쿄'의 모습도 기술했다. 그리고 1970년대부터 동부이촌동에서 본격적으로 탄생한 중산층 이상 거주 공간으로서의 한강맨션 단지를 살펴봄으로써 아파트가 어떠한 사회적 배경을 토대로 건설되었는지, 당시의 역사적 상황과 준공되었을 때의 모습, 거주자들의 사회문화적 특성을 살펴보았다. 마지막으로 한국 근대화 과정과 맞물린 상류층의 삶과 한강맨션, 그리고 내년부터 본격적으로 시작되는 한강맨션 재건축 사업과 거주민의 삶이 교차하는 양상에 관해 구술생애사를 통해 '계층', '시간성', '이동'이라는 개념을 중심으로 분석해 서술했다.

이 글은 기존 연구에서 별개로 다뤄진 동부이촌동의 두 가지 상징과 그들이 교차하는 양상을 함께 고찰한 점, 그리고 인류학적 연구를 통해 중·상류층의 거주 공간인 한강맨션 단지를 배경으로 한 거주민의 삶과 몸, 계층이 재건축 사업과 어떻게 얽히고 있는지 살펴본 점에서 의의를 지닌다. 동부이촌동이라는 공간은 이 같은 두 가지 상징을 따로 고려하면 불완전하게 파악할 수밖에 없다. 한국의 근대화 과정을 같은 공간을 통해 경험한 두 상징의 교차는 동부이촌동을 구성하는 중요한 요소라고 할 수 있다.

이처럼 의미 있는 시도에도 불구하고 조사 및 분석 과정에서 아직 부족한 지점이 남는다. 특히 흥미로운 부분은 2020년대 현재의 시점에서 '일본'이라는 또 다른 상징이 이 지역에서 어떻게 재현되는가에 관한 질문이다. 현재 동부이촌동에서 일본과 관련된 공간들이 어떻게 재현되며 소비되는지, 더 나아가 대표적인 일본적 공간인 동부이촌동의 일본 음식점이 다른 지역의 음식점과 어떠한 차이점을 지니고 있는지는 이후 더욱 자세히 살펴볼 필요가 있다. 한국 사회에서의 일본 음식 소비 양상이라는 거시적 맥락을 염두에 두고 구체적인 현장 연구와 문헌 조사가 이루어지면 보다 풍부한 논의가 가능할 것으로 생각된다.

– 도쿠나가 에미

광교 신도시,

수원의 도시화와 신도시 주민들의 지역 인식

광교 신도시는 어떤 곳인가?

수원시는 서울에서 가깝고 다양한 문화적 기회를 누릴 수 있으며 역사적으로도 중요성이 큰 도시다. 한때 수원 내부에서는 아파트 단지가 활발하게 개발되었던 팔달구의 인구 밀도가 월등히 높았다. 그러나 현재는 광교 신도시의 사회적·경제적 중요성이 부각되고 있다. 브랜드 아파트 단지들이 집중적으로 들어서고 호수공원을 비롯한 친환경적인 편의시설이 갖추어지면서 벌어진 일이다.

수원지방검찰청과 수원지방법원이 들어서고 신대호수와 원천호수 공원이 자리 잡고 있는 광교 신도시는 생활 공간으로도 큰 관심을 받고 있다. 특히 상현역을 출발점으로 신분당선을 통해 강남역까지 30분, 판교역까지 16분 안에 도착할 수 있다는 점 때문에 직장인에게 인기가 많다. 또한 시립 어린이집, 사립 유치원 및 어린이집, 초·중·고등학교 모두 가까운 위치에 자리 잡고 있고, 다종다양한 편의시설도 잘 갖추어져 있어 신혼부부나 자녀가 있는 가정의 선호도도 높다. 광교 신도시가 가족 중심 도시의 성격을 띠고 있다는 사실은 통계에서도 드러난다. 『통계로 보는 수원시 20~30세대의 삶』에 따르면 수원시 내부의 합계 출산율은 광교 신도시인 영통구에서 1.00명으로 가장 높고, 구도심인 팔달구가 0.66명으로 가장 낮다.[1] 즉 광교 신도시는 개발 과정과 생활 수준 및 구조를 질적인 관점에서 탐구할 수 있는 흥미로운 지역이라 할 수 있다.

이 글은 '수원의 강남'으로 표현되는 광교 신도시의 도시화 과정을 바탕으로 거주민들이 이 지역을 생활 공간으로 선택한 이유가 무엇이며 도시 내의 계층화 인식이 어떠한지를 살펴본다. 이를 통해 다음과 같은 질문들에 답하고자 한다. 사람들이 광교 신도시에 이주하는 실제 요인들은 무엇인가? 건설사와 수원시의 개발 '의도'와 거주민들이 만들어 가는 '문화'는 서로 어떤 관계를 형성하는가? 지역과 지역 사이가 아니라 도시 안에서 주거 형태에 따라 달리 형성된 거주민의 계층 의식을 어떻게 설명할 수 있는가?

인터넷에서 '광교 신도시' 혹은 '광교'라고 검색하면 해당 지역의 명확한 경계와 위치가 나타나지 않는다. 그러나 '광교2동'으로 검색하면 정확한 위치를 찾을 수 있다. 해당 지역에 위치한 법원 및 검찰청, 역사적으로 중요성을 띠는 신대호수 및 원천호수의 존재는 현재 광교2동에 집중된 도시 개발의 양상을 잘 보여준다. 이 글은 다양한 사회문화적 현상이 이루어지는 장이자, 경기도 내에서 거주·행정의 중심지로 기능해 온 수원시에서 새롭게 부상하는 광교 신도시(광교2동)에 초점을 맞춘다. 이를 통해 도시 계획의 의도대로 만들어진 공간이 현실에서 어떻게 형성되고, 이러한 도시 계획 및 개발이 거주민과 비거주민에게 어떤 사회경제적 영향을 미치는지 살펴보고자 한다.

수원시의 역사적 중요성
: 중심지 역할과 상징성

수원의 역사를 거슬러 올라가 보자. 삼국시대 때 수원 지역을 최초로 차지한 국가는 백제였다. 백제는 3세기 중엽에 급격히 발전하여 4세기 중반에 국가 체제를 완성했는데, 지금의 경기도 지역 대부분이 당시 백제의 영토였다. 이후 고구려의 남하 정책으로 한강 유역과 수원을 포함한 그 주변 지역이 고구려 땅이 되었을 때 수원은 '매홀(買忽)'이라 불렸는데, 이 이름은 '물고을'이라는 뜻이다. 수원이라는 이름은 어디로 가든 땅을 파면 물이 나오고 하천과 저수지가 많기 때문에 붙여졌다.[2]

조선시대에도 수원은 경제적으로 중요한 의미를 띠었다. 정조부터 순종까지 6대에 걸쳐 조선 후기의 모든 임금은 수원을 찾았다. 이 사실 또한 다른 도시가 갖지 못하는 수원만의 자랑이자 특성이다.[3] 현재 수원은 일명 수원갈비의 본고장으로도 유명한데, 이는 조선시대부터 해당 지역에 우시장이 형성된 점과 밀접한 연관을 지닌다. 정조는 화성을 축성하고 수원을 자립 기반을 갖춘 도시로 육성하기 위해 둔전을 경영했다.[4] 또한 농민들에게 종자와 소를 나누어 주어 둔전에서 농사를 지을 수 있도록 하고 수확기에 일정량의 곡물을 받았으며, 소 역시 3년에 한 마리씩 갚도록 했다. 이에 점점 늘어난 소는 수원의 대표 상품으로 팔리기 시작했고, 자연스럽게 수원 우시장이 전국적으로 유명해졌다.[5]

수원이라고 하면 팔달산과 화성 행궁을 떠올리지 않을 수 없다. 지리적인 관점에서 팔달산은 수원의 랜드마크로서 상징성을 갖고 있으며 화성 행궁은 산악숭배 신앙에 대한 의미 부여를 가능하게 한다는 점에서 중요하다. 팔달산은 1789년에 수원 읍치를 화산에서 팔달산으로 옮기면서 수원시의 중심이 되었다.[6] 이는 정조가 할아버지인 영조에 의해 죽은 아버지인 사도세자의 묘를 이장하기 위해 화성의 건설을 주도하고 나서부터다. 1794년 2월부터 화성이 본격적으로 지어졌고, 1796년에 188여 칸이었던 행궁은 576칸으로 세 배 가까이 커졌다. 한편 정조는 자신의 이상적인 '계획도시'를 만들고자 했다. 이에 따라 화성 건설에 이어서 도시 내 도로가 대대적으로 정비되고, 도시의 입지와 구조도 상당히 파격적으로 계획되었다. 정조의 개혁 정책과 맞물려 건설된 이 도시는 '동양 최초의 계획도시'로 평가되기도 한다.[7]

이처럼 화성은 안정된 왕권을 바탕으로 '성왕의 정치'를 구현하려는 국왕 정조의 의도로 건설되었다. 정조는 화성 건설을 통해 '삼대의 정치'를 구현하는 데 소요되는 각종 재정적 기반을 마련하는 한편, 금난전권으로부터 자유로운 '상업 도시'를 조성하려고 한 것이다.[8] 이러한 '상업

도시'의 정체성은 곧 '신도시' 개념과도 연관된다. 손정목은 화성을 신도시 개념으로 보아야 되는 이유로 ① 수도 한양을 모도시로 조성한 위성도시라는 점, ② 신도시의 번성을 위해 수도 기능을 일부 담당했다는 점, ③ 자족적인 도시로 조성되었다는 점을 지적한다.[9]

이상 수원의 역사적 배경과 상징적이고 중요한 요소들을 살펴보았다. 수원시의 랜드마크는 화성이며 팔달산과 광교산을 중심으로 하여 도시 발전이 이루어져 왔고, 현재에도 이러한 중심지들은 상징성을 유지하고 있다. '물'의 중심지로서의 수원은 '모수국'으로 불리다가 백제, 고구려, 신라의 지배를 거친 삼국시대에 '매홀'이라 일컬어졌고, 통일신라에서 고려로 넘어가는 시기에는 '수주'라 불렸다. 조선시대에 와서는 '수원'이라는 이름이 자리잡았다. 특히 18세기 말은 수원이 이전과 완전히 다른 신도시로 탄생하는 획기적인 기점이었다.[10] 신도시 수원의 탄생은 정조의 아버지 사도세자의 양주 배봉산 기슭에 있었던 묘소가 화산으로 옮겨진 것으로부터 시작된다. 묘소는 화성으로 옮겨지지만 "땅이 국세가 크게 트여 가히 큰 고을을 조성하는 데 마땅한 곳"인 팔달산 기슭 일대에 신도시 수원이 건설된다.[11] 이렇게 정조는 크게 보았을 때 행정, 산업, 군사 등 다양한 기능이 가능한 '근대적인 도시'로 수원을 건설하고 발전시켰다.

19세기 말에 이르러 수원은 일본의 침략으로 인하여 도시 위상이 격하되었으며 이후 일제강점기를 거치며 도시 성장에 큰 피해를 입었다. 화성 건설 때 굉장히 늘어났던 인구는 급속도로 감소했다. 일본의 통제하에서 수원은 '수원군'이 되면서 면·읍으로 나뉘고, 수원면 및 수원읍에 속한 마을들의 명칭이 일본식으로 개편되기도 했다. 이때 화성 행궁이 철저히 파괴되고 시내의 중요한 시설들도 하나하나 사라져 갔다.[12]

한편, '나무의 도시, 물의 도시'라고 일컬어지며 농업이 활발히 이루어진 수원은 1930년대에 이르러 커다란 변화를 맞게 된다. 우선 수여선(수원-여주) 및 수인선(수원-인천) 철도 개통을 통하여 주변 도시와의 교통망이 만들어진다. 그다음에는 일제의 영향으로 도시 계획이 설립된다. 1930년대 후반에 일제가 한반도에 근대 도시 계획을 도입한 배경은 두 가지로 정리 가능하다. ① 제국 일본의 영토적 팽창에 따른 한반도 도시 개발의 필요성이고, ② 도시 계획에 대한 일본 내부의 환경 변화이다.[13]

앞서 살펴보았듯이 '근대 도시'로서 수원의 공간 구조는 화성이 축조되는 과정에서 시작되었다. 일본의 영향으로 도입된 '근대 건축'은 수원이 건축된 전통적 맥락을 부정함으로써 수원의 도시 구조 및 사회적 인식과 충돌할 수밖에 없었다.[14] 이런 상황에서 수원 시민들은 직접 농업과 교육 시설을 설립하는 등 도시의 정체성을 지키기 위해 노력했다. 이후 1930년대를 거쳐 해방을 맞으면서 수원은 농업뿐 아니라 공업 도시로서의 성격도 차츰 띠게 된다. 교통망이 건설되고 생산업이 이루어지면서 교육에 대한 관심도 지속적으로 높아진다. 이때부터는 이전의 '전통성' 대신 새로운 차원의 '근대 도시' 또는 '근대 건축'과 관련한 인식이 수원 시민들의 사회문화적 생활 속에 자리 잡게 된다. 또한 해외 기술이 도입되고, 전쟁 이후 나라를 복구하면서 새 시대에 알맞은 도시 계획 및 개발을 반영한 '현대적' 도시 만들기 사업이 진행되기 시작한다.

해방 후 도시개발 및 공간 구조의 변화

해방 이후부터 1950년대에는 새로운 도시 개발보다는 복구에 초점이 집중되었다. 그러나 1960년대에 이르러 급속도로 이루어진 경제 발전에 따라 '도시 중심적' 인식이 자리매김하면서 도로 개통과 산업화가 가속화되기 시작한다. 이 과정에서 1962년 수원에서 최초로 『도시계획법』이 제정되면서 주거, 상업, 공업, 농업으로 지역이 나뉘고 근대적인 도시의 첫 틀이 형성된다.[15]

1970년대에는 한국 사회에서 전국적으로 급속한 공업화와 도시화가 이루어지는데, 대부분 서울 중심으로 진행되었다. 이에 따라 중앙 정부는 과밀 방지를 위하여 서울에 위치한 공장을 주변 지역으로 옮겨야 한다는 판단을 내렸다. 그 결과 대규모 공장들이 서울에서 가장 가깝고 입지가 적절한 환경인 수원으로 이전하게 되었다. 다양한 공장이 이전하면서 수원에는 공업화가 더 빠른 속도로 진행되고 대기업의 이전 역시 활발해졌다. 이 같은 대기업 공장의 유치는 이후 수원의 경제 활성화와 도시 발달에 큰 영향을 끼쳤다.

1980년대에는 급속한 산업화·공업화 과정에서 도시 발전과 지역 주민의 이해 및 자발성이 상충하는 문제가 발생했고, 이에 따라 『도시계획법』에 대한 수정의 필요성이 대두되었다. 1981년에 개정된 법은 어느 정도 획기적인 내용을 담고 있었다. 도시 기본 계획을 짧고 좁은 차원에서가 아니라 20년의 기간을 염두에 둔 더 폭넓은 방향성을 반영하여 설정했다. 이에 따라 도시 계획에 대한 주민의 이해와 참여를 가능하게 하는 모임의 필요성, 무질서한 개발의 방지 그리고 도시 계획에 필요한 전문성 등이 논의되고 법에 반영되었다. 대부분 도시 전체 단위에 집중되었던 기존의 방식 역시 재고되어 도시 내의 동네 단위로 초점을 좁힌 개발도 진행되기 시작했다.[16] 이는 수원에서 지역마다 다른 기능이 엿보이는 지역성을 드러냈고, '구시가지' 및 '신시가지'라는 새로운 도시 인식이 확산되는 결과로 이어졌다. 이어 1990년대에는 수원의 경관 변화 및 개발이 가장 큰 규모로 이루어졌다. 농수산물 도매 시장, 원천지구 택지 개발 사업, 게임 산업 단지 개발 등이 그것이다. 이 같은 과정을 거쳐 오늘날 2000년대 이후 수원의 면모가 자리 잡게 되었다.

수원의 도시화 과정
: 2000년대를 중심으로 본 계급화의 양상

도시 경관으로 보는 이중 도시 개념

도시 계획에 대한 인류학적 접근은 '계획된 공간'에서 구상된 유토피아와 실제 일상생활 사이의 차이에 초점을 맞춘다.[17] 이는 도시 설계를 특징짓는 사회문화적 처방 및 이데올로기와, 도시 설계가 실행된 이후에 주민들이 새로운 환경을 전유하고 변형하는 방식을 대조함으로써 드러낼 수 있다. 이 같은 접근은 아래와 같이 도시 경관 및 이중 도시 개념에 대한 이해를 필요로 한다.[18]

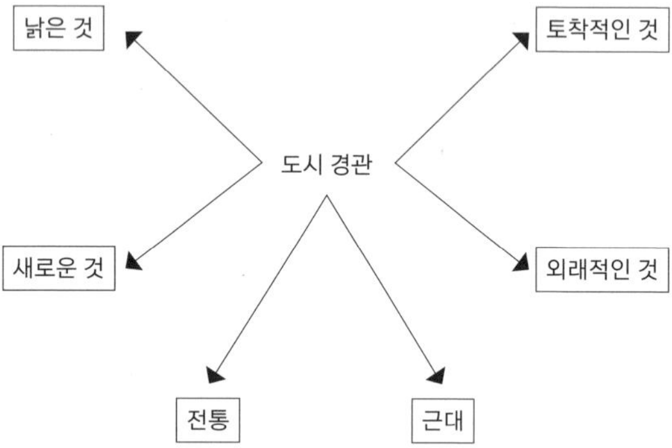

이중 도시

위 도식을 통해 이해할 수 있듯 도시 경관은 역사적 과정을 거치며 서로 대립 관계에 있는 요소들을 중심으로 형성되고, 이러한 도시 경관은 광범위한 차원의 이중 도시를 만들어 낸다. 이 이론은 수원시의 도시 계획에도 적용 가능하다. 앞서 살펴보았듯이 정조는 사도세자의 묘소를 화산으로 옮기면서 화성 건설을 통해 새로운 도시를 만들려고 노력한 바 있다. 이는 산을 통해 도시를 보호하는 한국의 지리적 상황에 알맞을 뿐만 아니라 산악숭배와 같은 종교적·문화적 사고방식과도 연관된다는 점에서 '전통적'이다. 한편, 새로운 도시가 계획되고 정조의 '이상적인 도시 이데올로기'가 공간의 변천에 개입하는 흐름은 '근대적'이며 '새로운 것'이었다.

그러나 수원이 식민지 도시로 전환되면서 토착적인 요소와 외래적인 영향이 충돌하며 또 다른 차원의 도시 경관이 형성된다. 이후 한국 사회에서 교육이 발달하고 경제 성장이 두드러지면서 '구시가지' 및 '신시가지'에 대한 지역 의식이 형성되고 '새로운 것'과 '낡은 것'의 경계도 뚜렷해졌다. 이러한 도시 경관의 변천이 이중 도시 형성 과정에 적극적으로 개입하면서 '신도시' 개념과 인식 또한 한국 사회에서 분명히 자리매김한다. 한국에서는 어느 지역이나 저마다 특정한 기능을 지니며 도시 계획과 개발은 그 기능에 맞게 실행된다. 이러한 기능과 개발의 상응은 거주민과 비-거주민의 인식에도 영향을 끼치며 사회문화적 공간 구성 및 일상생활을 변화시킨다.

특정한 기능 개발에 따른 도시의 공간 구성 및 일상생활의 양식은 계급 개념과 직접적으로 관련된다. 박지환 역시 분당 신도시를 중심으로 도시의 계급 공간 그리고 그 사회문화적 형성에 주목한 바 있다.[19] 그는 성남시 내에서 계획 및 개발된 분당 신도시에 초점을 맞추어 중산층의 일상생활 그리고 생활양식으로 자리매김한 계급화 현상을 분석한다. 즉, 같은 성남시이지만 사회·문화·경제적 측면에서 구별되는 새로운 공간에서의 계급 양상에 대해 논의하는 것이다. 분당 신도시는 기능적 차원에서 '소비 공간'이자 '교육 공간'으로 만들어졌고, 말 그대로 '계급 도시'의 특징을 갖도록 건설되었다. 이러한 도시 계획 및 개발은 국가와 건설사의 '하향식' 공간 만들기 작업이다. 그러나 실제로 그 공간에서 생활하고 사회적 실천을 하는 사람들은 해당 공간을 인식하고, '소속 계급'에의 구성원으로서 계급 재생산을 하기 시작한다. 공간은 인간의 사고방식 및 생활양식에 영향을 미치면서 인간 또한 공간과 상호작용을 하면서 공간에 영향을 끼친다.

계급은 일정한 경제적 조건을 바탕으로 유사한 생활양식을 실천하며 비슷한 사회적 지위와 위신을 누리는 집단이다. 여기서 '도시 공간의 계급적 분화'는 한국 사회에서 계급 문제가 가시화되는 통로 중 하나이다.[20] 이러한 논의를 위에서 내가 제시한 도식과 연결한다면 이중 도시의 다양한 측면에 계급이 자리매김한다는 점에 주목할 수 있다. 다시 말해, 도시 계획을 통해 '계획된 공간'이 '하향식'으로 위계를 이루며 만들어지면서 실제 공간에서 실천하는 인간관계와 대중적 인식에도 '계급화'가 나타난다는 것이다. 지역 대 지역으로, 그리고 지역 내부적으로도 사람들은 계급화로 인해 나뉜다. 이 같은 관점을 적용해 광교 신도시의 사례를 살펴보자.

도시 계획 및 개발: 광교 신도시의 등장

거대도시(metropolis)란 인구 규모가 100만 명이 넘고, 주변 지역과의 연계에서 사회적·경제적 중심지 역할을 수행하는 도시를 뜻한다. 수원의 인구는 2002년 4월 25일 한국의 기초자치단체로는 처음으로 100만 명을 넘었으며, 2010년 말이면 한국에서 8번째로 많았다.[21] 수원시의 인구는 이처럼 계속 증가하는 추세를 보였으나 연령별 인구 구성은 내부적으로 차이를 보이고 있었다. 유소년층은 1990~2010년 사이에 계속 감소했고, 경제활동 인구로서의 청장년층과 60세 이상의 노년층은 계속 증가했다.[22] 저출산으로 인해 유소년층의 수가 감소한 반면에 도시 개발로 수원시에 일자리가 많아지면서 직장을 다니는 30대 중후반 인구가 유입되었기 때문이다. 초저출산 사회로 바뀌어 가는 사회 구조는 고령화 사회의 성격을 더 강렬히 띠었으며 이에 따라 노인 인구 역시 증가했다.

그러나 이는 수원시 전체에 대한 정보이다. 수원시의 연령별 인구 구성을 행정구별로 살펴보면 다음과 같다. 2010년 기준으로 유소년층의 비율이 가장 높은 구는 영통구, 가장 낮은 구는 팔달구이다. 반면 노년층의 비율은 팔달구에서 가장 높고 영통구에서 가장 낮으며, 청장년층의 비율은 팔달구에서 가장 높다.[23] 이러한 사실은 구시가지와 신시가지 구조의 차이를 잘 보여준다. 신시가지에서는 젊은 연령층의 유입으로 핵가족화 현상이 강하게 나타나면서 유소년층의 비율도 높게 확인된다.

도시는 물리적 공간의 관점에서 다양한 요소를 내포하며 사회·문화·경제적 공간을 재구성한다. 주거 공간, 상업 공간, 업무 공간, 생산 공간, 공공 공간, 도로 등은 상호 작용하면서 도시 구조를 만들어 낸다. 도시 계획 및 개발은 이러한 상호 작용을 가능하게 하며 그 도시에 사는 사람들의 생활 조건에 영향을 미친다는 점에서 중요하다. 수원시 역시 그러한 상호 작용이 이루어지는 일상의 장이다.

수원시는 경기도청의 이전 등을 통해 사회, 경제, 문화의 복합적인 기능이 작동하는 행정 구역이자 문화 도시로서 중심지의 위상을 지닌다. '신도시'로 건설된 조선시대부터 현재 경기도 제1의 도시로서 기능하고 있는 수원은 1990년대부터 고밀 개발, 대규모 택지 개발 사업, 첨단 산업의 성장, 북서 및 남동축으로 도시의 성장 방향 설정, 고속 교통망 건설 등의 요인으로 가시적 경관이 시시각각 변화하며 성장해 왔다.

그렇다면 '신도시'는 무엇인가?[24] 김진유는 신도시가 단순한 주택 단지의 묶음이 아니라 도시로서 새로운 기능이 추가되는 효과가 있다고 정의한다.[25] 즉, 신도시 개발은 '도시 경쟁력'을 높이기 위한 하나의 방법이 된다는 의미이다. 분당 신도시의 도시 계획 사례를 예로 들자면 개발의 목표는 "공해 없는 도시 환경과 충분한 녹지 조성 등을 통해 쾌적한 환경을 조성하고, 교통 시스템, 체계적 도로망의 구축 등 도시 기반 시설을 충분히 확보하여 편리하고 안전한 도시 조성"이며 이를 통한 수도권 도시 문제의 완화, 자족적 도시로서의 기능, 서울의 기능 분담 도시로서 교육, 주거 등 충분한 시설의 확충이다.[26] 마찬가지로 광교 신도시는 인구밀도가 저밀도로 계획되어 쾌적성이 높고, 행정타운·유원지·첨단 R&D단지·에듀타운 등이 특화된 전략 사업 지구로 지정되었다. 처음에는 '광교테크노밸리'라는 명칭이 사용될 예정이었으나 주거, 행정, 업무, 산업 등 복합적인 기능이 도입됨에 따라 '광교 신도시'라는 명칭으로 결정지어졌다.[27] 이 두 가지 예시만 보아도 '신도시'는 특정한 기능이 작동하고, 이것이 주변 지역과 차이를 나타내면서도 서울과의 비교가 바탕이 되는 도시 계획 전략이라는 사실을 알 수 있다. 이러한 전략은 특정 대상 지역의 입지를 강화하는 효과를 극대화하면서 거주민 및 비-거주민 간의 경쟁 또한 발생시킨다.

광교 신도시의 개발 과정: 컨벤션시티, 행정 및 주거 기능

광교 신도시는 다른 신도시 개발과 달리 지방 정부가 중심이 된 신도시 개발의 최초 사례로 나타난다.[28] 2011년에 입주를 시작한 주거와 행정 기능을 갖고 있는 신도시로서 광교 신도시는 경기도시공사, 경기도, 수원시, 용인시의 주도로 조성되었고, 수원시가 전체의 88%, 용인시가 12%를 차지하고 있다.[29] 처음 입주가 시작되었을 때 오피스텔이 주된 주거 형태로 나타났으나 발전 과정에 따라 아파트 단지, 상가주택 등 주거 형태가 다양해졌다. 자녀 교육이 집중된 광교에는 수원 원도심으로부터 초·중·고등학교가 이전해 오면서 특히 젊은 핵가족의 입주가 더 빨라졌다. 또한 수원시와 용인시를 연결하고 있다는 점, 복합쇼핑몰과 같은 공공 공간이나 신대 및 원천저수지의 존재로 인해 광교 거주민뿐만 아니라 주변 지역의 주민들까지 찾아오는 중심지로 여겨진다는 점으로 인해 경제적인 측면에서도 활발하게 기능하고 있다.

신도시 개발이 시작되기 전에 광교 지역은 '원천유원지'라 불렸다. 원천유원지 개발 계획은 1996년 수원시에서 수원컨벤션센터 건립을 제안하면서부터 본격화되었다. 수원시가 2002년 월드컵 유치를 준비하는 과정에서 '대규모 컨벤션 단지 조성 계획'을 구상했기 때문이다. 1998년에 이르러 수원시는 '경기 첨단, 행정 신도시 건설을 위한 수원 이의지구 개발 계획'을 토대로 컨벤션시티를 만들겠다는 내용의 도시 기본 계획을 발표했다. 그러나 경기도와 건설교통부의 도시계획법을 내용으로 한 반대 입장으로 인해 컨벤션시티 계획은 좌절되었다. 이후 2002~2004년 사이에 경기도와 수원시는 '컨벤션 기능'에 '행정타운의 기능'을 더해 '종합 발전 계획'을 발표했다.

이 시점부터 현재와 같은 모습의 광교 신도시 개발이 가능해졌다. 이때 용인시에 이미 극심한 난개발이 진행되고 있었기 때문에 '용인시 일부 구역'이 포함될 수 있도록 개발 지역을 확대하겠다는 약속이 필요했다. 그리고 행정 및 주거 기능을 염두에 둔 택지 개발 사업 지역이기 때문에 개발 지역을 '광교 신도시'라는 이름으로 변경하겠다는 약속을 통해 개발 사업이 진행될 수 있게 되었다.[30]

광교 신도시의 건설과 관련하여 나온 기사들을 살펴보면 흥미로운 지점들을 발견할 수 있다.

> 판교에 쏠린 관심만큼 기대를 모으고 있는 신도시가 또 하나 있다. 전국 최초로 자치 단체인 경기도가 추진하고 있는 광교 신도시다. […] 특히 이전 신도시와는 달리 광교 신도시는 행정타운과 첨단 지식 산업 단지, 업무 지구 및 관광 위락 시설 등이 배치되어 자족 기능이 대폭 강화된다. 배산임수의 배치로 녹지율 45% 확보. 90년대 초에 조성된 분당, 일산, 편촌, 산본 등의 1기 신도시와 비교해서 직장과 교육, 환경 분야에 대한 새로운 접근이 시도된다. […] 판교 신도시에 도입하려다가 교육계의 반발로 취소되었던 학

원 집적 단지 조성에 대한 시도도 구상되고 있다. […] 사업 주관자인 경기지방공사 관계자는 "15~30년이 지난 강남과 분당이 현재도 제일 좋은 도시라는 것이 말이 되느냐"며 "현 수요자들의 요구에 맞는 멋진 신도시를 만들어 한창 개발이 진행 중인 판교, 김포, 파주, 동탄 등의 2기 신도시와 향후 추진될 3기 신도시에 모범을 제시하겠다"고 밝혔다.[31]

위의 기사는 광교 신도시가 판교나 분당과 같은 다른 신도시에 비해 지닌 강점을 제시한다. 이때 도시가 만들어지는 데 업무, 교육과 같은 '특정 기능'을 언급하고 있다. 이처럼 특정 기능을 갖도록 건설되는 신도시들은 대체로 강남과 비슷한 요소들을 내포하고, 교통망을 통해 강남과 더욱 가까워지도록 설계된다. 이러한 도시 개발은 행정단위로서 도시 자체(서울, 성남 등)에 대한 인식보다는 개별 신도시에 국한된 인식을 강화하는 효과를 자아낸다. 즉, "강남 살아요", 성남이 아닌 "분당/판교 살아요" 등의 인식이 만들어진다는 것이다. 위의 기사에서도 '서울과 성남'이 아닌 '강남과 분당'이 제일 좋은 도시로(기능해 온 것으로) 언급된다. '수요자들의 요구에 맞는 멋진 도시'라는 표현은 신도시가 계획될 때부터 입주가 가능한 사람과 가능하지 않은 사람, 또는 입주할 수 있는 사람과 그렇지 않은 사람을 구별한다. 이런 식으로 위에서부터의 계급화 현상이 만들어지면서 거주민과 비-거주민 사이에도 사회문화적인 계급화 인식이 달리 나타난다. 그러므로 도시 계획 및 개발은 사회적 공간이 생산되는 데 개입하고 장소를 만든다. 이러한 공간 및 장소에는 거주민 및 비-거주민이 다종다양한 측면에서 의미를 부여하여 자신의 사회적·경제적 계층에 대한 인식을 갖게 된다.

광교 신도시에서도 이러한 현상이 나타난다. 연구 진행 과정에서 인터뷰 참여자들은 광교 신도시 거주민과 비-거주민으로 나뉘었고, 자신들의 계층에 대해 나름의 뚜렷한 기준을 갖고 있었다. 이들은 주로 소득 및 주거 형태를 기준으로 자신들의 집단과 다른 집단을 나누었다. 또한 수원과 그에 상응하는 다른 도시(행정단위로서의 시)를 비교하기보다는, 수원 내 다른 지역이나 분당 혹은 판교와 같은 신도시와 광교를 비교하곤 했다.

광교2동 호수마을을 통해 본 신도시의 지역 의식 및 계층화 인식

광교 신도시 거주민의 지역 의식 : 광교2동 호수마을을 중심으로

광교 신도시는 신대호수와 원천호수, 큰 공원, 법원 및 검찰청, 교육 시설의 입지 측면에서 인기를 얻고 있다. 게다가 신분당선을 통해 강남, 판교, 양재, 수지 등의 다른 지역에도 빠르게 도달할 수 있다. 거주민의 지역 의식에 대해 살펴보려면 먼저 주변 경관을 관찰할 필요가 있다. 이에 따라 나는 평일과 주말에 따로 현장을 찾아가서 사진을 촬영하고, 공원을 방문하여 산책하면서 직접 느낀 감정과 사람들의 행동을 기록했다. 동시에 심층 인터뷰를 함께 수행했다. 참고로 아래 인용한 인터뷰 대상자의 이름은 모두 가명이다.

용인 쪽은 대체로 가게들이 서로 붙어 있고 쇼핑 기능을 갖고 있는 것으로 확인된다. 한편, 수원 쪽(광교2동)으로 넘어가는 순간부터 도로 옆에 아파트 단지와 나무가 어우러진 풍경이 나타난다. 골목을 통해 동네로 깊숙이 들어가면 다양한 디자인의 상가주택을 볼 수 있다. 골목

(위)
광교 법조타운 비석

(아래)
LH 광교호수마을 휴먼시아 32단지 아파트

에 들어가기 전에는 '광교 법조타운', '맛, 멋의 거리'라는 표현이 적힌 거대한 비석이 자리 잡고 있다. '맛'은 상가주택들의 1층이 대체로 식당으로 이루어졌기 때문으로 보이며, '멋'은 앞서 살펴본 기사에서 언급된 바 있는 "현 수요자들의 요구에 맞는 멋진 신도시"라는 표현과 연관된다.

앞 페이지의 아파트 단지는 위층에서 신대호수가 직접 보이는 LH 광교호수마을 휴먼시아 32단지 아파트이다. 단지 안에는 '시립호수 어린이집', '제니퍼영어'라는 교습소, 그리고 주민 공동 시설이 있다. 그리고 바로 옆에 광교중앙공원이 위치하고 있으며 이 공원이 바로 신대호수와 원천호수가 있는 광교호수공원과 연결되어 있다. 이 점만 보아도 광교 신도시가 호수 및 공원을 중심으로 개발된 도시임을 확인할 수 있다. 그리고 아파트 단지 안에 놀이터가 많이 있을 뿐만 아니라 아이들을 위한 다양한 시설이 있다는 점은 광교 신도시의 '핵가족을 위한 계획된 환경'이라는 기능을 잘 보여준다. 이러한 환경에서는 부모의 직장, 소득 등으로 부모들 간뿐만 아니라 아이들 사이에도 계층화 현상이 나타나기도 한다.

광교 신도시의 상가주택은 대체로 3~4층으로 구성되어 있다. 이들은 서로 비슷해 보이지만 자세히 보면 저마다 다양한 디자인을 갖고 있다. 1층에는 식당, 술집, 부동산 등 가게들이 나열되어 있다. 골목길은 깨끗하고 조용한 분위기다. 또한 저밀도 인구 지역이기 때문에 퇴근 시간에조차 사람이 많이 보이지 않으며 어디서든 머물 자리를 찾을 수 있다. 게다가 식당들은 대체로 8시에서 8시 반부터 문을 닫는다. 오후에는 대체로 아이와 함께 산책하거나 학교에서 아이를 데려오는 학부모들이 보인다. 인터뷰를 진행한 사람들 가운데 한 명은 이러한 상가주택을 갖고 있는 자신을 직접적으로 '상류층'이라 표현했으며, '임대 아파트-아파트 단지 및 오피스텔-상가주택'이라는 순서로 광교 내에서 통용되는 상향식 계층화 구조를 밝히기도 했다.

이러한 상가주택과 주변 아파트 단지 사이에 사립 어린이집, 시립 어린이집, 초·중·고등학교가 몰려 있다. 또한 교육 시설 사이에는 외부 놀이터들이 배치되어 있다. 놀이터를 멀리서 보면 나무들이 눈에 띄고 그 뒤쪽으로 높은 건물들이 바로 보인다.

이제 '광교 호수마을 호반써밋 아파트 단지'로 시선을 옮겨보자. 이 아파트 단지는 신대호수 바로 옆에 위치하며 광교호수공원 및 광교중앙공원과 직접 연결된다. 그뿐만 아니라 이곳은 수원지방법원, 수원지방검찰청, 이의 초·중·고등학교, 시립 광교2동 어린이집 등으로 둘러싸여 있고, 주변에 더 많은 아파트 단지들도 있다. 이 아파트 단지는 총 10동 1,188세대로 구성되어 있으며 높이는 21층에서 36층까지 다양하다. 외부인은 건물로 들어갈 수 없지만 단지 내부로는 비교적 자유롭게 들어갈 수 있다. 단지 내에는 호수공원과 직접 연결된 문이 있다.

아파트 단지 출입문으로 들어가서 조금 걸어가다 보

(위)
광교2동에 있는 상가주택의 모습

(아래)
광교호수공원의 모습

면 오른쪽에 놀이터 하나가 바로 눈에 띄고, 광교호수공원으로 넘어가는 문이 있는 왼쪽으로 가면 놀이터 하나가 더 보인다. 놀이터, 생활시설, 휴게시설, 운동시설, 보육시설, 커뮤니티시설, 공원 등 여러 시설이 단지 내에 배치되어 있다. 또한 편의점도 존재한다. 이는 아파트 단지가 단순히 건축물로만 구성된 곳이 아니라 하나의 '동네' 혹은 '작은 도시'를 이루고 있는 느낌을 주기에 충분하다.

이 같은 모습으로 개발된 아파트 단지는 경제적으로 비슷한 사람들을 한곳에 모으며 외부와의 구별을 가능하게 한다. 이와 관련해서 정헌목은 '모델하우스', '근린주구' 그리고 '이중적 폐쇄성'이라는 개념들을 제시하면서 아파트화 현상을 "아파트에서의 생활을 철저히 내부 공간 중심으로 축소해 현관문 바깥의 공용 공간을 생활 공간으로 편입시키지 않는 주택관을 형성하는 강력한 동기"라고 정의한 바 있다.[32] 이는 '같은 형태의 아파트'가 가까이 건설되면서도 주변과 '구별되는 생활 양식'이 나타나도록 한다는 의미를 갖고 있다. 호반써밋 아파트 단지 역시 주변과 차별화하는 주거 공간으로서 중요한 사례가 된다.

한편, 나는 '안전하고 살기 좋은 도시'를 표방하는 광교의 한 다리에서 일어난 초등학생 사망 사건(2022년 7월 15일)에 대해 접했다. 광교호수공원에 놓인 이 다리는 보트 등의 접안을 위해 펜스가 설치되지 않은 구역으로 만들어졌다. 이와 관련해서 수원시 관계자는 "해당 지점은 공원 조성 때부터 자연 관찰용으로 만들어진 곳이며,

보트 등의 접안과 다목적 시설 이용 목적으로 펜스가 없었다"라며 "사고는 이번이 처음"이라고 설명했다. 하지만 현실은 정반대이다. 이 장소에서는 2014년부터 총 21건의 사고가 발생했고, 그중에 6건은 사망 사건이었다. 그뿐만 아니라 2019년 10월에 50대 여성이 광교호수공원에 빠졌다가 인근 지역을 순찰 중이던 경찰에 구조되는 일도 있었다.[33] '사고가 이번이 처음'이라는 시 관계자의 표현과 실제 주민의 (목숨과도 연관되는) 입장 차이는 이곳이 과연 '안전한 도시이자 살기 좋은 도시'인지 의심이 들게 만든다. 보이는 것과 보이지 않는 것, 위에서부터의 도시 개발과 아래로부터의 생활 요건 사이에는 일종의 모순적 관계가 존재하는 셈이다.

신도시 개발 과정은 '살고 싶은 도시', '살기 좋은 도시'에 대한 인식이 형성되도록 이루어진다.[34] 특히 거주 지구와 관련해서는 건축물 자체뿐 아니라 일자리, 환경, 문화 시설, 안전감 등 다양한 측면을 고려하게 된다. 3기 신도시로서의 광교 신도시는 자연, 교육, 연구, 교통망 등 많은 요소를 내재하며 강남, 분당, 판교 그리고 동탄 신도시와 비교 대상이 되는 계획 도시의 성격을 띤다. 정태조는 '살기 좋은 도시로서의 광교 신도시'에 대한 설문 조사를 실시하여 주거 가치와 주거 만족을 측정하며 자연환경(지리적·풍수적 요인) 및 인문환경(기능성, 효율성, 안전성)을 중요한 요소로 꼽았다. 이에 따르면 광교 신도시는 다른 도시에 비해 녹지율이 훨씬 높으며 두 개의 저수지를 통해 도시 내의 습도와 기온 조절이 가능하다는 점에서 자연환경에 대한 지역 의식이 긍정적으로 나타난다. 또한 법원 및 검찰청이 내부에 위치하며 경기도청도 들어온 이후로 광교 신도시는 경기도의 '중심지' 역할도 맡고 있다. 게다가 교육 및 여가 시설이 잘 구축되어 있어 인문환경과 관련한 지역 의식 역시 만족스러운 편이다.

그러나 이처럼 '긍정적인' 지역 의식은 주택 가격에 영향을 미치면서 '값비싼 도시'를 형성하기도 한다. 종합적인 대중교통 환승 시스템이 갖추어지고 접근성이 올라갈수록 서울 중심지로부터 수도권으로 이주가 적극적으로 이루어지면서 수도권 신도시의 주택 가격도 영향을 받는다.[35] 해당 지역 역시 신분당선에 닿게 되면서 강남, 판교, 신사 등의 중심적인 지역에 빠른 속도로 이동할 수 있다는 장점 때문에 외부로부터의 입주가 활발해졌다. 이는 주택 가격이 빠르게 상승하는 데 직접적인 요인으로 작용했다.

정리하자면 광교 신도시는 도시 경관의 관점에서 저수지를 비롯한 여러 자연환경 요소, 그리고 주거 및 업무 관련 건축물과 교통망 등의 요소를 포함해 계획된 공간이다. 이러한 공간적 특징은 사회문화적인 측면과 상호 작용하면서 거주민 및 비-거주민 간 생활 양식의 차이 그리고 계층화 현상을 추동한다. '살기 좋은 도시'에 대한 지역 의식은 '살기에 좋지 않은 도시'에 대한 반대 의식을 만들면서 타 도시와의 차별화를 가속화한다. 이는 지역 대 지역의 차이(거주민과 비-거주민)만큼 지역 내부의 계층화(거주민 대 거주민) 또한 불러일으킨다.

거주민 및 비-거주민의 주거 형태 및 소득에 따른 계층화 인식

신도시 건설은 도시 경쟁력에 효과적인 영향을 미치면서 다른 도시와의 경쟁 및 계급화 현상을 야기한다. 이와 함께 도시 계획 및 개발에 따라 일어나는 신도시 내부의 계급화에 대해서도 살펴볼 필요가 있다. 광교2동의 주민들과 인터뷰를 진행하면서 광교 신도시 거주민들이 자신들의 계급에 대해 명확한 기준을 갖고 있다는 점이 드러났다. 그리고 이러한 기준은 자신들의 소득 및 주거 형태와 직접적으로 연결되어 있다. 광교 신도시 주민들의 거주지는 임대 아파트, 아파트 단지나 오피스텔 그리고 상가주택 등으로 나타난다.

광교 신도시는 주민들 사이에서 '수원의 강남'이라는 이름으로도 불린다. '강남'이라는 명칭은 상징적이다. 인류학자 정헌목은 자신이 현장 연구를 수행한 한 고급 브랜드 아파트 역시 다양한 공공시설과 쇼핑 시설, 편의 시설을 갖추고 있어 주민들 사이에서 해당 지역의 '강남'으로도 불린다고 지적했다.[36] 비슷한 이유에서 광교 신도시 역시 '수원의 강남'으로 인식되고 있다. 이처럼 강남과 타 지역을 비교하고 위계를 설정하는 현상이 서울의 경계를 넘어 여타 '신도시'로까지 확산되었다는 사실은 흥미롭다.

광교 신도시에서 살고 있는 박병우(남, 1980년생)는 광교가 처음 만들어지기 시작한 2012년에 토지를 분양받아 상가주택을 지었다. 현재 그는 세 딸 그리고 아내와 함께 살고 있다. 처음 광교 지역이 개발될 때 박병우 씨는 '나의 집'을 새로 짓겠다는 마음을 먹고 들어왔다고 한다.

> 처음에는 가족이 살기에 좋은 도시라고 생각하고 들어온 건 아니었어요. 일단 내 집을 짓겠다는 걸 가지고 들어오게 됐어요. 살다 보니까 이제 많은 인프라들이 형성이 되면서 좋아진 거예요. 초창기 때는 12년, 14년도에는 버스도 없었고, 어린이집도 없었어요. 근데 이제 사람들이 광교가 좋아진다고 해 가지고 17년도부터 막 들어오고 있어요.

박병우는 광교 신도시의 생활 수준 및 계층 현상과 관련하여 비교적 명확한 기준을 제시한다. 앞서 살펴본 것처럼 광교 신도시는 경제적 측면에서 강남, 분당, 판교 그리고 동탄과 비교되는 경우가 대부분이다. 이러한 인식은 시와 정부의 입장에서뿐만 아니라 거주민들 사이에서도 통용되며 주민들로 하여금 지역 간의 계층화에 대한 뚜렷한 기준을 갖게 한다. 박병우는 서울을 비교 단위로 사용하기에는 너무 크다는 점을 언급하면서도 서울을 '수원' 전체와 비교한다. 나는 그와의 인터뷰에서 '서울', 수원 그리고 성남의 도시 규모 및 생활 수준에 대한 사회경제적 인식은 신도시 건설에 따라 변화하고 재구성된다는 점을 확인했다. 또한 광교 내부로 범위를 좁히자 박병우는 상가주택 건물주라는 점을 들어 자신을 상류층으로 제시했다.

> 생활 수준이나 계층은 상중하로 따졌을 때 [아마] 수원시 안에서는 상[정도가 아닐까…] 강남 대비 하, 수원 대비 상, 서울 성북동보다는 상. 강남, 판교, 분당 [중에서는] '분당보다는 이제 광교가 살짝 위로 올라왔다'는 소리가 들려서 판교보단 살짝 아래, 대신 분당보다는 위… 이렇죠. 개인적으로 경제적으로는 빈곤층 정도 (웃음). 그냥 편하게 생각해서 굳이 말한다면 상류층 같아요. […] 저는 대체로 '수원에 살아요'라고 해요. 그런데 사람들이 수원이라 하면 조금 못 사는 사람, 아니면 좀 거친 사람 [이렇게들 생각하니까…] 그런데 광교 산다고 하면 자기만의 프라이버시라든지 브랜드 가치가 좀 높다고 생각을 하니까 그렇게[광교 산다고] 표현하는 사람들이 많아요.

또한 수원보다는 광교에 산다고 표현하는 입주민들이 주변에 많다는 박병우의 대답을 고려하면, '수원 살아요'와 '광교 살아요'라는 표현 간의 차이는 외부의 시선을 반영한 사회경제적 인식에서 비롯된다는 점을 알 수 있다. 다시 말해 '광교 살아요'라고 말하는 광교 주민들의 인식에는 '수원'과 '광교'의 위계적 차이와 신도시의 뛰어난 '브랜드 가치'가 자리매김해 있는 것이다.

한편, 박병우는 다른 인터뷰 참여자들과 마찬가지로 자연환경에 대해 상당히 만족하는 편이다. 나는 인터뷰를 통하여 높은 녹지율이 도시 공간에 대한 주민들의 애착과 비례하는 것으로 확인했고, 이러한 점에서 광교는 강남이나 분당보다 더 '살기 좋은 도시'로 인식되고 있었다. 거주민들은 높은 녹지율을 근거로 광교를 수원 내의 다른 동과 구별하며 보다 '이상적'이라 표현하기도 한다.

> 자연환경은 전국 어느 데보다 좋은 것 같아요. 제가 일산도 가 보고 분당이나 다른 데 다 가 봤는데 생활 여건상 더 많이 다양한 공간이 있다는 게 제게 이상적인 거예요. 수원시에서는 그래서 수원 광교에 사시는 분들은, 원천동 광교 여기 동네는, 복 받은 사람이라고 보면 돼요.

한편, 다른 인터뷰를 통해 임대 아파트와 아파트 단지 및 주택 거주민들이 상이한 계층에 속한 집단으로 간주된다는 점도 확인할 수 있었다. 똑같이 광교에 거주한다고 해도 각기 다른 주거 형태가 곧 거주민의 소득과 연관된 것으로 여겨지면서 도시 내부의 이 같은 계층화가 발생하는 것이다. 이처럼 수원 내 지역 간의 계층화에 더하여 광교 신도시 내부에서의 계층화가 동시에 이루어진다. 광교 신도시는 다른 지역보다 우위에 있다는 인식과 함께, 광교 주민이 사는 집의 평수, 주거 형태, 소득, 자녀가 다니는 학교와 받는 사교육 수준 등이 지역 내부의 계층화를 강화하는 요소들로 나타난다. 광교에 있는 임대아파트에 입주한다는 것은 경제적으로 힘든 상황에서 대출을 받아서라도 들어가는 것으로 인식된다.

그러니 엄마들이 무리해서 들어오고 [⋯] 무리해서 들어온 엄마들이, 돈 없는 사람들은 살짝 들어오지 못하는 [⋯] 임대 아파트와 일반 아파트 단지 간의 사회적 계층 차이가 심해요. 주택, 아파트 사는 사람, 임대 아파트, 이렇게 세 분류로 보시면 돼요. 저는 조금 이렇게 말하긴 그런데, 저는 건물주예요. 건물주다 보니까 아파트 사는 사람보다는 낫거든요. 그리고 우리 광교 안에 영구 임대가 있고, 민영 임대가 있어요. 두 가지 종류가 있는데 영구 임대는 정말 조금 어려우신 분들이에요. 의료보험 조금 내고 이러한 사람들이 그래요. 영구적으로 영원히 죽을 때까지 하는 공간이 영구인데. 그리고 민영 임대는 내가 건물 지어, 10년 동안 내가 더 빌려줄게. 10년 동안 당신이 살다가 내가 너한테 5억에 팔게, 10억에 팔게, 그러면은 당신이 살래? 살 거면 줘. 네 것 해. 민영이 이런 식이에요. 그런데 이제 광교 안에는 민영 임대는 없어졌어요. 10년이 돼서 다 분양으로 한 거지요. 이제는 영구 임대냐, 그냥 주택이냐. 보니까 이제 한 5년 전까지만 해도 뭔가 10억 이하도 있었는데, 지금은 20억 이상도 있더라. 다른 데 비해서 좀 많이 더 오르긴 했죠. 이렇게 올랐고 우리는 쭉 이렇게 올라가는 거라고 보면 돼요.

아이들 간의 계층화 현상에 대해서도 살펴볼 필요가 있다. 부모의 거주지와 소득에 따라 아이들의 놀이 집단이 갈리는 모습은 광교에서 드물지 않다. 박병우는 이것이 엄마들의 행동과 밀접한 연관을 띠고 이루어진다고 본다. 또한 그는 개발 초창기 때 자녀들 간에 차별 의식을 불러일으킨 엄마들이 나중에 동탄으로 거주지를 옮겼다고 주장한다.[37] 계층화 현상이 나타나는 데 개입한 엄마들 역시 경제적으로 힘든 상황이었고, 그렇기 때문에 동탄으로 이사하면서 떠나갈 수밖에 없었다는 것이다.

아이들 사이에도 계층 차이가 있어요. 우리 아빠 이렇다, 우리 엄마는 이렇다, 심해요. 심지어는 엄마들에 대한 잘못이라고 인지하면 될 것 같아. 아이들은 처음에 잘 몰라요. 그렇죠. (자녀 이름) 엄마들이 자기 애들을 우리 애랑 못 놀게 하더라구요. 우리 애들을 몇 년 주택 산다고, 하 정말 […] 이제 엄마들이, 초창기 때 있는 엄마들은 자기는 그냥 일반 분양 아파트에 살아. 그런 엄마들이 자기네들끼리 얘는 영구 임대 산다고 멀리 해. 우리 애는 주택에 살아, 그러니까 살짝 멀리 해. 자기네들끼리만 하는 거죠. 근데 나중에는 이제 건물주라는 걸 알고 이제 애 엄마도 껴 주는 거죠. 애 엄마도 그렇고 애도 그렇고 이제 서로 안 놀지 말라고. 그러니까 […] 처음에 애들이랑 못 놀게 했다는 건 (임대에 산다고) 못 사는 줄 알고 가난한 줄 알고. 나중에 알고 봤더니, 우리보다 더 잘사는 사람이네, 그렇게 엄마들이 하는 거죠. 그러다 보니까, 저희 애가 놀고 싶어도 애들이 엄마 못 놀게 하거나 아니면 애 엄마를 멀리하는 사람들. 근데 처음에 왜 그런가 했더니, 우리가 주택 살아서 그거였어요. 근데 나중에는 이제 아닌 걸 알고 그리고 제가 학교 활동을 이제 딱 잡아 버리니까 서로 애 엄마한테 잡아당기려고만 하죠. 와서 같이 하자, 이거 하자, 일로 와, 같이 어디 가자. 이제 요렇게 모양새를 갖춰가는 거죠. 사람들이, 그러니까 못된 엄마들이에요. 이제 그런 엄마들도 있고 아닌 엄마들도 있고. 그니까 초창기 때는 자기는 광교 살 돈은 없지만, 광교 사러 와. 돈보다 프라이버시가 더 높았던 거예요. 레벨이, 네. 근데 생각해 보니까, 자기는 광교 살지만 정도 수준이 안 되는 거예요. 이런 엄마들 전부 다 동탄으로 많이 빠졌어. 엄청 멀리 갔지. […] 여기도 그런 엄마 모임이 되게 많아 가지고 엄청났죠. 우리 애는 이렇게 했다, 이렇게 할 것이다. 어디든 그래요. 그니까 어디든 삼삼오오 모여서 자기네들만의 또 세계가 있어서 그래. 근데 그거에 대해서 신경 쓰고 하면, 못 살아요. 그냥 너희들끼리 크든지 말든지 (해야 돼요). 이제 우리가 지켜야 될 선은 기본적인 것과 기본만 하며 살면 (되지 않을까요?)

박병우의 아내와 자녀는 주택에 산다는 이유로 '엄마 모임'에서 한때 배척당했으나 그가 건물주라는 사실이 드러나면서 상황은 달라졌다. 이러한 경험을 토대로 박병우는 '엄마 모임'이 서로의 사회경제적 계층을 '확인'하는 공간이라고 주장한다.

한편, 같은 광교 주민인 김현정(여, 1977년생)은 팔달구에 있는 아파트에서 10년 가까이 전세로 살았다가 광교에 있는 아파트에 다시 전세를 얻어 2022년 후반에 들어왔다. 김현정은 두 자녀(고등학생, 중학생), 남편과 함께 넷이서 살고 있다. 어린이집 원장을 오랫동안 했다가 현재는 퇴사한 상태이다. 그녀는 친환경적인 도시 공간과 교육 시설, 편리한 교통 덕분에 광교에서의 생활에 크게 만족한다.

김현정이 팔달구에서 10년 가까이 생활하다가 광교 신도시로 이사한 이유는 자녀들의 교육을 위해서였다. "자연환경이랑 금액을 맞춰서" 호수 바로 옆에 있는 아파트에 들어가는 대신, 호수가 잘 보이며 자녀가 통학할 중고등학교가 위치한 아파트를 선택했다고 한다.

> 아이들이 이제 뭐 더 성장해서 학교를 어디에 갈지 그걸 고려해서 저희들이 그때는 움직여도 되니까. 그것까지는 아직 확정된 상태는 아니에요. 그것까지도 고려는 하고 있어요. 사실은 아이들이 지금 이제 중학교, 고등학교를 가기 때문에 놀이터는 기준점이 크게는 아니었어요. 오히려 학군 그리고 도서관 그리고 스터디카페... 아이들이 공부할 수 있는 여건 위주로 고려해서 팔달구에서 여기로 이사했

지요. 제일 먼저 교육 조건 고려하고, 자연환경이랑 금액을 또 맞춰야 되니까. 그게 고려 사항이었어요. 호수공원 바로 옆에 사는 것을 원하지 않았으니 호수가 보이는 아파트를 선택했어요. 저희 이제 거기서 산책하고 아이들도 주변 환경이 편하니까 친구들도 거기에서 만나고 놀이하고 그렇게 […] 또 거기서 책도 읽고 그렇게 보내고 있더라구요. 그래서 현재는 지금 주거 만족도를 여쭤 보신다면 상중하 중에 상 정도 돼요, 만족도가.

학군과 호수공원 덕분에 주거 만족도가 '상'에 해당한다는 김현정은 편리한 교통 역시 광교 신도시의 장점 가운데 하나라고 말했다. 광교에서는 "상현동으로 가기도 편하고 용인으로 빠지기도 편하고 수원에 나가기도 편하기" 때문에 "남편 출장이나 제가 뭐 약속이나 있을 때 가기가 굉장히" 좋다는 것이다.

흥미롭게도 다른 거주민들과 비교하여 김현정이 스스로 판단한 자신의 '계층'은 그렇게 높지 않았다. "집이랑 사회경제적 소득"을 감안하면 자신의 계층은 "중에서 하 단계"에 속한다는 것이다. 그럼에도 김현정은 이전에 살던 팔달구에 비해 광교 신도시에서의 생활이 지닌 장점을 비교적 분명하게 꼽았다.

저희, 이전에 팔달구에서는 아파트 동 위치한 이웃끼리 친했어요. 그러면 여기 이사한 곳은 커뮤니티 클럽, 동아리

활동이 많아요. 그래서 예를 든다면 요가, 골프 […] 독서, 골프 […] 토론, 모닝 이렇게 클럽 활동이 많아요. 자체적인 클럽이에요. 그룹별로 예를 든다면 요가 같은 경우는 인원이 20~30명 이렇게 되고. 응, 그니까 클럽마다 참여 멤버는 다르기는 하지만 생각보다 많더라구요. 유치원, 초등학교, 중학교, 고등학교가 다 있기 때문에 아이들이 다양하게 많아요. 팔달구랑 또 달라 […] 아파트 주민들하고 소통하는 방법이 구두, 말로, 그리고 두 번째는 카페, 그리고 또 아파트 앱이 있어요. 소통 커뮤니티가 있어요. 그래서 요렇게 세 가지 공유하고 있어요. 그래서 세 가지 정도 저는 참고하면서 아이 교육, 사교육 기관, 이사 와서 잘 몰랐잖아요. 그래서 참여해 참고해서 선정했어요.

김현정의 경험에 따르면 팔달구의 아파트보다 광교 신도시 아파트 단지에서 커뮤니티 활동이 훨씬 많고 다양하다. 그녀가 거주하는 아파트 단지는 아파트 주민들만의 애플리케이션도 있다. 이는 단지 내의 거주민들 간의 소통을 증가시키며 집단주의적인 인식을 형성하는 통로로도 보인다. 그뿐만 아니라 김현정은 광교 신도시는 사교육 시설이 인근 여타 지역보다도 잘 발달해 있기 때문에 아이들도 많다고 여러 번 언급했다. 광교에서 살면서 다소 높은 사교육비를 지출하지만, 이와 관련한 교육 서비스는 김현정의 가족이 광교에 거주하는 주요 이유이기도 하다.

다음으로 최시라(여, 1968년생)는 팔달구에 있는 아파트 단지에서 20년을 넘어서 거주하고 있다. 두 자녀가 있지만 남편과 둘이서 살고 있다. 그녀는 어린이집 원장으로 광교에서 일한 지 10년째지만 "자본이 없기 때문에" 광교로 들어오지 못하고 팔달구에서 산다. 광교가 발전하는 모습을 보면서 옮기고 싶었지만 도시가 처음 만들어졌을 때도, 지금도 자본은 항상 부족하다. 다만 최시라는 어린이집 원장이기 때문에 다양한 학부모를 만나며 인맥을 넓게 쌓아 광교 주민들의 생활 구조에 대해서도 잘 알고 있다.

> 자본이 있다면 광교에서 집을 갖고 싶어요. 이제는 팔달구가 구도심이잖아요. 광교에서 일했기 때문에 여기가 어떻게 발전했는지 봤는데 엄청 좋아졌어요. 학부모들과 만나면서 얘기를 많이 듣는데 집에 테라스도 있고 발코니도 따로 있더라고요. 또 […] 우리 집에서 건물만 보이는데 여기서 똑같이 20층에 있으면 호수가 보여요.

최시라는 광교와 강남을 비교하면서 강남의 생활 수준이 광교로 옮겨지고 있다고 본다. 그 근거로 중산층과 상류층 등 '자본이 있는 사람들'이 전략적인 방식을 사용해서 광교에 이사하고 있다는 점을 들었다. 이때 입주한 사람들의 소득 및 주거 형태에 따른 계층화가 발생하면서 자녀들 간의 경제적 구별이 드러나는 경우도 많았다.

지금 강남의 생활 수준이 광교로 옮겨지고 있어요. 예를 들면 강남에서 23평에서 살다가 15억 냈어. 여기 광교 와서 32평에 10억 냈어. 평수가 커지고 돈은 덜 내는 거죠. 그런 사람이 엄청 많아요. 원래도 잘 사는 사람인데 여기서 더 잘 사는 식이에요. 그래서 사회적 지위 차이는 어느 곳보다 넓어요. 3년 전까지만 해도 여기 애들이 시립 어린이집을 다니고 있어서 괴롭힘을 당하고 있었어요. 다른 애들이 자기 엄마 아빠의 직장을 얘기하면서 "니 엄마 아빠는 뭐해?"라는 질문을 하더라고요. 얘네 잘 사는 애, 서로 못 사는 애 비교하고 있었던 거지요. 그래서 애들이 울고 막 그랬어요. 근데 지금은 집값이 다 올라서 그런 일이 자주 안 일어나게 된 것 같아요.

그러나 광교는 중상위층에 속하는 사람들만의 도시는 아니다. 광교 2동에 많이 위치한 국민 임대 아파트와 영구 임대 아파트의 주민들 역시 광교에서 살아가고 있다. 똑같은 광교 주민이지만 그들 사이에는 상당한 사회경제적 차이가 존재한다고 최시라는 말한다. 주민들의 사회경제적 수준은 그들의 주거 형태나 자녀가 다니는 학교 등으로 가늠할 수 있다. 이처럼 소득 및 주거 형태는 광교 주민들의 계층화 인식과 깊은 관련을 맺고 있다.

힐스테이트 단지는 가장 유명하죠. 평수가 너무 넓고 친환경적으로 만들어져서 […] 거기에는 이제 거의 높은 급의 공무원이 들어갈 수 있어요. 여기 검찰청이랑 법원이 있잖아요. 그런 검사나 대기업 중소기업 회사원들만이 들어가지요. 우리는 꿈도 못 꾸죠. (웃음) 근데 또 여기에는 국민임대 아파트들이 있어요. 힐스테이트와 완전 반대지요. 독거노인이나 혼자 사는 사람들… 자본이 없는 신혼부부… 그러니까 경제적으로 여유가 없는 사람들만 들어갈 수 있어요. 그래서 성인들 사이에 계급화가 엄청 심하다고 보면 돼요. 그래서 애가 다니는 학교에 따라서 부모의 수준도 알 수 있어요. 그리고 들어가는 건물에 따라도 어떤 사람인지 알 수 있죠. 정부 지원을 받을 수 있는 학교도 있고, 잘 사는 애들이 가는 학교도 있고, 그러니까.

수원 팔달구 출신으로 서울에 거주하는 이건우(남, 1995년생) 역시 광교에 대한 계급적 측면을 강하게 인지하고 있다. 그는 어렸을 때부터 광교에서 사는 사람들을 부러워했으며 지금도 광교와 같은 도시에서 살고 싶어 한다. 광교호수공원에서 발생한 사망 사건에 대해서 모르고 있었음에도 불구하고 그는 "애를 잘 키울 수 있는 도시"인 광교에 "돈만 있으면" 가고 싶다고 말했다.

팔달구는 지금에서야 안전해요. 나 어렸을 때는 하나도 안전하지 않았고, 학교 폭력이 심하고, 성폭행 사건도 많이 일어나고 그랬어요. 누군가가 죽고 나서야 CCTV들이 막 생겼는데 무슨 의미가 있냐고. 광교가 처음 만들어졌을 때 우리 학교에서도 거기로 가는 애들이 많았는데 엄청 부러웠어요. 엄마 아빠에게 가자고 했는데 안 됐어요. 그래서 거기 사느니 서울에서 힘들게 사는 게 낫죠. 앞으로 돈만 있으면 광교 같은 도시에서 살고 싶어요. 애를 잘 키울 수 있는 도시는 좋은 도시잖아. […] 경기도청이 지금 광교로 옮겨졌잖아요. 법원도 있고 검찰청도 있고 다 있어요. 돈이 있는 사람들만의 도시예요. 그래서 이제 수원이 아니라 광교라고 해야 돼요. 거기가 경기도의 중심이 됐으니까. 학생으로서 거기서 살 수는 없어요. 광교에서 못 사는 사람도 우리보다 잘 사는 사람이에요. (웃음)

이건우는 수원의 중심지 역할을 지금은 광교가 도맡고 있다고 본다. 광교는 경기도의 중심이고 광교에 거주하는 사람은 아무리 못 산다 해도 "우리보다 잘 사는 사람"이라는 것이다. 이건우의 생각에 "광교에서 전세 살 자격도 안 되는" 자신의 가족은 경제적으로 '중하위층'에 속한다. 그의 가족은 팔달구에서 아파트 단지에 입주했던 예전에는 중산층이었을지 모르나, "은행에 따로 돈을 5~6억" 마련해 두지 않은 지금은 다르다고 이야기했다. 이처럼 이건우는 자신과 자신의 가족이 '자격' 미달이라고 인식하며 자본과 사회적 계급을 바로 연결 지었다.

광교 신도시와 주민들의 인식

광교 신도시에서 나타나는 거주민 및 비-거주민의 계층화 인식은 소득 및 주거 형태에 따라 구성된다. 광교 신도시는 강남, 분당, 판교와 계속 비교되고, 이에 따라 생활수준에 대한 뚜렷한 기준 및 인식이 사람들의 머릿속에 무의식적으로 자리 잡는다. 거주민과 비-거주민 간의 계층화만큼 거주민들 사이의 계층화도 중요한 현상으로 드러난다. 경기도청이 광교 신도시에 이전하고 법원 및 검찰청이 광교에 자리 잡도록 진행된 도시 개발은 사람들의 도시 공간에 대한 감정 및 사회경제적 의식에 직접적으로 영향을 미친다. 이는 도시 계획 및 개발의 '의도'(공간의 사회적 생산), 그리고 이러한 계획된 공간에 대한 실제 생활하는 사람들의 인식과 공간을 이해하고 재구성하는 과정(공간의 사회적 구성)이 서로 복합적인 관계를 맺고 있다는 점을 보여준다.

한국 사회는 사회경제적 계급에 대해 지속적으로 인식하게 만들고 명확한 기준을 갖게끔 하는 구조가 작동하고 있다. 급속도로 만들어지는 신도시와 그 과정에서 계속 서로 비교되는 구시가지 및 신시가지에 대한 공간적 인식 구조가 그것이다. 이러한 공간적 인식 구조는 지역마다 특정한 '기능'이 있고, 주거 형태가 상당히 다양하다는 사실에서 비롯된다고 사료된다.

여기서 다룬 인터뷰보다 더 많은 사람을 만나기 어려웠다는 한계로 인해 이 글의 분석을 광교 거주민에 대한 보편화로 확장하기는 어렵다. 그뿐만 아니라 지역 의식과 관련하여 계층화 현상과 안전성에 대한 모순적 관계는 중요한 문제의식이기에 이에 대한 연구가 필수적이라 생각된다. 위에서 언급한 바 있듯이 시 관계자는 광교호수공원에 있는 다리에서 발생한 초등학생 사망 사건에 대해 "사고는 이번이 처음"이라고 발언했지만 현실은 그와 달랐다. 밖에서 보았을 때 '안전한 도시이자 살기 좋은 도시로서 광교 신도시'는 실제로는 안전성에 대한 '구멍'을 갖고 있는 것이다. 이처럼 시 관계자들의 입장, 주민들의 입장 그리고 이들 사이에 드러나는 모순적 관계에 대해서는 심층적인 분석이 필요하다. 다시 말해 눈에 보이는 것과 보이지 않는(못하는) 것, 위에서부터의 도시 개발과 아래로부터의 생활 요건 간의 모순적 관계는 더 깊이 파고들어야 하는 주제이다. 비록 이 글에서는 해당 내용을 더 깊이 담지는 못했지만 이는 추후 과제로 남겨두고자 한다.

– 제이넵 오제트

운중동 먹거리촌, 신도시의 흐름이 닿은 교외 공간

흘러나간 도시, 변화하는 교외

1970년대 이후 한국에서는 근대적 개념의 신도시가 형성되기 시작한다. 여기서 '신도시(new town)'란 자연발생적으로 성장한 도시가 아니라 처음부터 계획된 목표에 따라 의도적으로 만들어진 도시를 의미한다. 광의적 개념에서 신도시는 모든 계획적으로 개발된 새로운 도시 주거지를 지칭하며, 여기에는 위성도시, 침상도시, 주택 단지, 확장도시 등이 전부 포함된다.[1] 신도시가 형성되기 이전에 그 지역에 존재하던 전통적인 지역 사회는 신도시의 건설이 시작됨과 동시에 송두리째 소멸한다. 이는 신도시가 일종의 '계획된 유토피아'로 설계되고 만들어지기 때문이며, 그러한 '유토피아' 안에 기존 지역 사회의 자리는 없기 때문이다.

그렇다면 신도시의 지구 계획에 '직접' 포함되지 않는 주변 지역은 어떠한가? 이들 지역은 신도시의 지구 계획에 포함되는 지역과는 달리 외부 압력이나 공권력을 동원한 지역 사회의 해체가 이루어지지 않는다. 그러나 도시라는 공간은 기본적으로 사람, 동물, 돈, 사물, 관념, 기술 등이 매우 역동적이고 불안정하게 흐르고 연결되면서 교차하는 곳이다.[2] 따라서 신도시의 근교에 위치한 지역 사회는 도시로부터 흘러나오는 여러 요인에 의해 영향을 받아 변화할 수밖에 없다. 신도시 지구 계획에 직접적으로 포함되는 지역들의 변화와는 다르게, 이러한 변화는 점진적이면서 동시에 지역 사회 구성원의 의지에 의하여 이루어진다. 그렇다면 이와 같은 변화에 영향을 주는 요인은 어떤 것이 있는가? 다층적이고 복합적인 도시의 어떤 요소들이 도시 외곽으로 흘러나와 전통적인 지역 사회에 영향을 주고 그들을 잠식해 나가는 것일까?

이를 알아보기 위한 한 사례로 운중동 먹거리촌을 살펴보고자 한다. 서판교의 서쪽 끝자락에 위치한 운중동은 전통적인 산간 농촌이었으며, 2005년 판교 신도시가 만들어질 당시에 지구 계획에 직접 포함되지 않은 지역이다. 그러나 1990년대에 1기 신도시인 분당 신도시와 평촌 신도시가 인근에 형성되면서 계속하여 신도시의 간접적인 영향을 받아온 지역이기도 하다. 2007년 판교 신도시의 완공과 입주 이후에는 신도시의 최인접 지역으로 직접적인 영향을 받았다. 신도시로부터 장장 30여 년에 걸쳐 그 영향을 받아온 결과, 오늘날 운중동은 전통적인 농촌 마을이 소멸하고 먹거리촌과 고급 주택 단지로 재편되어 신도시의 교외로서 기능하고 있다.

이 글에서는 먼저 운중동의 변천 과정을 통시적 관점에서 살펴본 후 운중동의 변화에 각각 영향을 준 요인이 무엇인지를 확인한다. 이후 이러한 요인들이 인근 신도시 조성과 어떠한 연관성이 있는지를 파악하여 신도시 조성이 인근의 지역 사회에 끼치는 영향을 파악한다. 마지막으로 운중동 먹거리촌의 현황을 확인하고 그 구조를 파악한 후, 통시적 관점에서 층층이 쌓여 온 인근 신도시의 영향이 어떻게 오늘날 운중동 먹거리촌의 모습으로 표출되었는지를 살펴본다.

산간 농촌마을 운중동

운중동 마을 개요

운중동(雲中洞)은 청계산과 바라산 사이 형성된 좁은 계곡에 위치한 마을이다. 좌측으로는 하오개(학고개, 鶴峴)를 넘어서 의왕으로 연결되며, 우측으로 계곡을 빠져나가면 판교와 연결된다. 운중동의 본래 이름은 '뫼루니'로, 산이 높고 구름이 많은 계곡에 있는 마을이라 '뫼운리(山雲里)'로 부르던 것이 변형되어 '뫼루니'가 되었다. '뫼루니' 이외에도 지역 주민들은 '뫼룬', '메루니', '미루니' 등의 이름으로 불렀다.

뫼루니에는 여러 개의 자연 마을이 있었는데 각각 '웃뫼루니', '중간말', '점말', '백당골', '안골', '양지말', '각골', '아랫뫼루니'이다. 웃뫼루니(혹은 상뫼루니)는 뫼루니의 가장 위에 있던 자연 마을로 현재 운중저수지 자리에 있던 마을이다. 이 마을은 안동 김씨가 세거하여 살던 집성촌이다. 중간말은 뫼루니의 가장 중앙에 위치한 뫼루니의 중심 마을로, 현재의 한국학중앙연구원(구 한국정신문화연구원)과 운중동 먹거리촌이 위치한 곳이다. 윗뫼루니와 중간말 사이에는 옹기를 만드는 사람들이 사는 '점말(店村)'이 있었는데, 이를 '사기막골'이라고 부르기도 했다. 아랫뫼루니(혹은 밑뫼루니)는 뫼루니계곡의 가장 바깥쪽에 위치한 마을로, 뫼루니에 속해 있지만 뫼루니의 다른 마을들보다는 판교리에 좀 더 가까운 마을이다. 오늘날의 산운마을, 즉 판교 택지 개발 지구의 서쪽 지역에 해당한다.

뫼루니는 조선시대에 경기도 광주군 낙생면(樂生面)에 속했다. 1914년 일제의 행정 구역 개편에 따라 윗뫼루니, 중간말, 아랫뫼루니를 각각 상산운리(上山雲里), 중산운리(中山雲里), 하산운리(下山雲里)로 개칭하고 상산운리와 중산운리를 합쳐 법정동인 운중리(雲中里)로 만들었다. 뫼루니(山雲)의 중간 지역이기 때문에 운중(雲中)이라는 이름을 붙였다. 하산운리는 인근의 두밀(杜密) 마을과 묶어서 법정동인 하산운리(下山雲里)로 분리했다. 두밀은 오늘날의 산운마을 13~14단지로, 조선 후기에 천주교 신자들이 박해를 피해 숨어들어 만든 마을이다. 이때부터 지역 주민들은 운중리의 마을들(윗뫼루니와 중간말을 포함한 5개의 마을)을 묶어서 '윗뫼루니'라 하고, 하산운리의 마을들(두밀, 밑뫼루니)을 묶어 '아랫뫼루니'라고 했다. 1960년대에 학고개를 넘어 의왕으로 가는 도로가 생기면서 윗뫼루니 마을이 중간말 바로 아래쪽으로 옮겨졌다.

1973년에 광주군 중부면·대왕면·낙생면·돌마면을 떼어 성남시를 만들었고, 그에 따라서 성남시 운중동(雲中

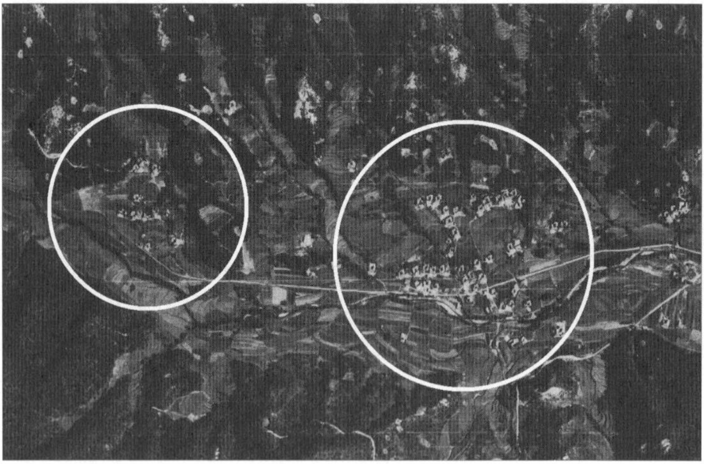

1966년 항공사진에 나타난 운중동 윗뫼루니(좌)와 중간말(우)

洞)과 하산운동(下山雲洞)이 되었다. 1977년 성남시 농촌 지역의 행정동을 개편함에 따라 운중동, 하산운동, 석운동(石雲洞, 도루니), 대장동(大庄洞, 대장) 4개의 법정동을 묶어서 행정동인 운중동으로 만들었다. 1989년 성남시가 수정구와 중원구로 나뉘면서 중원구에 속했고, 1991년 분당 신도시가 개발되면서 낙생면의 다른 마을들과 함께 분당구에 속하게 되었다. 2004년 판교 신도시 개발 계획이 확정되며 하산운동, 그리고 운중동의 일부(새로 옮긴 윗뫼루니, 양지말, 각골 등)가 판교 택지 지구에 포함되었다. 오늘날 옛 운중동의 모습을 찾아볼 수 있는 곳은 중간말(현 운중동 먹거리촌)이 유일하다.

성남시로의 편입과 한국정신문화연구원 설립

1990년대 이전까지 운중동은 전통적인 농촌이었다. 주민들은 산골짜기에 형성된 평야에 계단식으로 논을 일궈 생계를 유지했다. 운중동 일대에는 청계산과 바라산에서 흘러내리는 풍부한 담수가 있었기 때문에 논농사를 짓기에는 유리한 환경이었다. 특히 청계산에서 발원하여 운중동을 가로지른 후 판교에서 탄천과 합수하는 운중천은 운중동 사람들의 소중한 수원이었다.

마을 대부분의 논은 뫼루니 한가운데에 있는 분지인 '까치목들'에 만들어졌다. 이 까치목들의 좌측에 중간말, 우측에 아랫뫼루니가 있었다. 그러나 계곡 안쪽으로 들어갈수록 평야 지대가 좁았기 때문에 큰 규모의 논밭을 만들 수는 없었다. 즉 운중동 사람들은 논농사를 지을 수 있었기 때문에 빈농은 아니었지만, 큰 규모의 논을 만들 수는 없었기 때문에 부농 역시 아니었다. 도로가 멀고 유동인구가 적은 지역이기 때문에 상업 등으로 생계를 유지할 수도 없었다. 이와 같이 전형적인 산골 농촌이었던 운중동은 1970년대 이후 일련의 과정을 거치며 오늘날과 같은 고급 주택단지와 먹거리촌으로 변화했다.

1971년 발생한 '8·10 성남 광주대단지 민권 운동'[3]의 결과로 성남시 건설 계획이 수립되었고, 같은 해에 광주군 낙생면이 경기도 직할 성남출장소의 관할로 들어갔다. 계획도시인 성남시의 일부가 되면서 낙생면 일대는

1971년 9월 수도권 개발 제한 지역 중 일부로 포함되었다. 1973년에 성남시가 공식 출범하면서 낙생면 운중리는 성남시 운중동으로 승격되었다. 성남시의 일부가 되면서 운중동은 낙생면의 다른 지역들과 함께 개발 가능성이 있는 지역으로 여겨지게 되었고, 그에 따라 1978년에는 하산운동, 판교동과 함께 국세청에서 부동산 투기 억제 지역으로 고시되었다.[4] 그러나 이러한 일련의 과정은 운중동 주민들의 삶에 있어 큰 영향을 끼치지 못했다. 완전한 농촌 지역인 낙생면의 개발은 아직 소원해 보였으며, 지가 역시 이때까지는 그렇게 가파르게 상승하는 모습을 보이지 않았다.

1978년 운중동 위쪽 윗뫼루니와 중간말 사이에 한국정신문화연구원(현재의 한국학중앙연구원)이 들어서게 된다. 박정희 정권은 '건전한 정신문화의 정립과 창달'이라는 시대적 요청에 부응하기 위해 정신문화에 관한 연구와 교육을 담당하는 기관 설립을 추진했다.[5] 이에 1976년 7월에 대통령의 한국정신문화연구원 설립 지시가 떨어졌고, 그에 따라서 5개의 후보지가 추천되었다. 박정희는 5개의 후보지를 모두 직접 시찰했으며, 풍수지리가 좋다는 이유로 운중동을 연구원의 최종 후보지로 낙점했다. 1년 반 정도의 공사 기간을 거친 후 1978년 6월에 한국정신문화연구원의 개원식이 이루어졌다.

한국정신문화연구원은 운중동 주민들의 삶에 직접적으로 연결되는 기관은 아니었다. 연구원의 기능과 목적은 운중동의 농민들과 한참 동떨어져 있으며, 숙소와 식당이 별도로 있었기 때문에 연구원의 직원들과 학생들을 대상으로 장사를 하기도 어려웠다. 그러나 한국정신문화연구원의 설립은 운중동과 주민들에게 변화를 불러오는 중요한 계기가 되었다. 연구원의 후보지 선정과 설립 과정 전반에 걸쳐 대통령이 수차례 이곳을 방문했기 때문이다.

앞서 언급한 것과 같이 박정희는 후보지를 시찰하는 과정에서 이곳을 찾았으며, 이후 공사가 진행되는 동안 여섯 번이나 운중동을 찾았다.[6] 당시는 새마을운동이 한창이었던 시기로, 박정희가 방문하는 농어촌은 대개 대통령의 방문을 전후로 하여 마을의 기반 시설이나 도로 등이 확장되는 혜택을 누렸다. 박정희가 운중동을 최초로 찾은 해인 1976년에 운중동에는 두 가지의 변화가 생겼다. 첫 번째로 판교에서 시작하여 운중동을 거쳐 안양까지 이어지는 왕복 2차선 도로인 342번 지방 도로가 만들어졌고, 이 도로가 기존 운중동을 동서로 관통하는 마을길을 완전히 대체하게 되었다. 두 번째로 운중동 일대의 농업용수를 공급하기 위한 운중저수지가 착공되어 2년 후인 1978년에 완공되었다.

박정희는 영부인 대리인이었던 장녀 박근혜와 함께 1978년에 이루어진 한국정신문화연구원 개원식에도 참석했다. 최규하 역시 1980년 7월에 한국정신문화연구원을 시찰했다. 전두환은 1981년부터 매년 한국정신문화연구원을 시찰했으며, 1981년에는 운중동 일대 야산에서 식목일 식수(植樹) 행사를 치르기도 했다. 한국정신문화연구원의 설립과 그에 따른 연이은 대통령의 방문은 운중동에 근대적인 기반 시설들이 확충되는 계기가 되었다. 342번 도로를 따라 아름드리 나무들이 식재되는 등 대통령의 잦은 방문에 따른 경관의 변화도 일부 이루어졌다. 그럼에도 이러한 일련의 흐름은 전통적인 농촌이었던 운중동의 모습을 본질적으로 바꾸지는 못했다. 한국정신문화연구원이 설립되고 대통령들이 다녀가고 도로가 생겨나는 와중에도 운중동 사람들은 여전히 농사를 지으며 생계를 꾸려갔다. 이 시기의 운중동은 여전히 산간 농촌이었으며, 주민들의 일상에 생긴 변화는 농업용수를 공급할 수 있는 저수지가 새로 생긴 것, 그리고 마을 중심 길이 아스팔트로 포장된 도로로 바뀌게 된 정도였다.

신도시 개발과 운중동 먹거리촌의 형성

운중동의 모습과 주민들의 생업 구조가 본격적으로 바뀌기 시작한 것은 1990년대 이후의 일이다. 이 시기에 청계산과 운중동을 둘러싼 주변 지역에 분당 신도시를 비롯한 1기 신도시들이 차례로 형성되었다. 청계산 국사봉을 비롯하여 훌륭한 자연 경관을 보유한 운중동은 인근 신도시의 여가 장소로 떠올랐으며, 이에 영향을 받아 전통적인 농업 구조에서 탈피하기 시작했다. 신도시 개발이 진전될수록 운중동의 상업, 특히 요식업은 점차 성장했다. 이는 '운중동 먹거리촌'의 형성으로 이어졌다. 따라서 이 시기의 운중동은 두 가지의 생업 구조, 전통적 생업인 농업과 새로 나타난 생업인 상업(요식업)이 공존하는 과도기적 양상을 보였다.

인근 신도시의 개발과 형성

청계산 인근에 제일 처음으로 형성된 신도시는 과천 신도시이다. 과천 신도시의 개발은 분당과 평촌 등 1기 신도시의 개발보다 앞서며 그 맥락 역시 다르다. 과천은 1970년대 중반에 서울시의 강남 개발과 함께 만들어진 도시로, 제2종합청사를 건설하여 서울의 행정 기능을 분산하고 이에 따라 강북의 인구를 강남으로 이전시키기 위한 목적으로 만들어졌다.[7] 1978년 행정기능 중심의 전원 도시로서 과천 신도시를 만들기 위한 계획이 수립되었고, 1982년에는 정부청사 이전 및 아파트 입주가 시작되었다. 1980년대 중반에는 강북 지방에 집중된 여가 및 근린 시설의 분산을 위하여 남서울대공원 및 서울랜드, 과천시 경마공원이 만들어졌다.

과천을 비롯한 강남 지구 개발이 성공적으로 마무리된 후 1980년대에는 강남의 아파트 수요 폭등에 따른 집값 상승이 계속되었다. 1989년 정부는 서울시 아파트 가격 안정을 위해 신도시를 건설하고 그를 통하여 중산층의 수요 대상인 중형 이상의 주택을 대량으로 공급하는 계획을 발표했다. 분당은 이를 위한 42만 규모의 계획 신도시로 교육·상업·문화 등의 자족적인 도시 기능을 갖추어 강남의 인구를 흡수하고자 하는 목적으로 만들어졌다. 특히 교육에 있어서는 "강남 지역에 버금가는 교육 환경"을 조성하기 위한 각종 방책이 시행되었다.[8] 이와 같은 도시 계획, 그에 뒤따르는 '꿈의 도시 분당'에 대한 선전, 성남과 분당의 사회적·인식적 분리 등을 통하여 분당은 최소한 주민의 사회경제적 특성, 그리고 도시 이미지상으로 성공적인 "중산층의 도시"로 거듭났다.[9]

안양의 평촌 신도시 역시 수도권 인구를 분산시키기 위한 '수도권 지역 200만 호(戶) 주택 건설 계획'의 일환으로 만들어진 도시이다. 평촌 신도시는 16만 8,000만 명을 수용할 수 있는 규모로 계획되었는데, 이는 분당에 비하여 높은 인구밀도로 과천, 목동, 상계동 등과 유사한 규모이다. 평촌은 1989년 신도시 건설 계획 수립 이전까지 녹지였던 분당에 비해 상대적으로 지가가 높았고, 또 안양시의 중심 기능을 흡수해야만 했기 때문에 전원 도시였던 분당보다 밀도가 높을 수밖에 없었다. 이에 따라 평촌은 수도권 광역 교통망, 녹지를 활용한 근린 공간, 행정·교육·사무 공간을 포함한 자족 가능한 신도시 형태로 개발되었다.[10] 1988년 안양 평촌 지구 건설에 대한 계획이 발표된 지 4년 후인 1992년부터 평촌 신도시의 주민 입주가 시작되었고, 이후 순차적으로 평촌 신도시 택지 개발 사업이 준공되면서 인근 지역으로 확장되었다.

운중동과 청계산, 신도시의 교외 나들이 장소

청계산은 서울시 서초구, 과천시, 안양시, 성남시까지 4개 지자체와 맞닿아 있는 큰 산이다. 1970년대의 강남 개발, 그리고 1980~1990년대의 1기 신도시 개발을 거치면서 청계산은 과천·분당·평촌 3개 신도시에 둘러싸인 형국에 놓였다. 그리고 그 청계산의 바로 남쪽에 위치한 운중동 역시 신도시들 사이에 위치하게 되었다. 이는 운중동의 생업 구조가 변화하는 직접적인 요인으로 작용했다.

산의 면적이 넓고 산세가 깊으며 유명한 사찰인 청계사가 있는 청계산은 신도시들의 주말 나들이 공간으로 활용되기에 충분했다. 양재와 과천 일대에 시가지가 형성된 이후인 1980년대 무렵부터 청계산은 이미 유명한 교외 관광지였다. 1992년의 한 신문 기사에서는 청계산을 '수도권 낙엽명소 4선' 드라이브 코스 중 하나로 소개하고 있다.

> 청계산 코스 - 서울에서 가장 가까운 근교 사찰의 하나인 청계사가 위치해 있어서 낙엽과 함께 산사의 아름다움도 즐길 수 있다. 서울 사당동에서 남태령을 넘어 달리면 관문사거리가 나타난다. 관문사거리에서 3㎞ 우회도로를 돌아나오면 47번 국도와 만나며 그 길로 2㎞쯤 더 가면 인덕원사거리. 좌회전하여 2.5㎞ 정도 달리면 농업진흥공사와 서울구치소를 지나 백운저수지 입구가 보인다. 이곳 진입로에서 342번 도로를 따라 판교 쪽으로 300m쯤 가면 청계사 입구가 왼편에 나 있다. 돌아오는 길은 청계사 진입로에서 판교인터체인지로 11.5㎞를 달리면 운중저수지와 정신문화연구원을 거쳐 서울로 돌아올 수 있다.[11]

청계산 인근 지역에 신도시들이 생기면서 교외지로서의 청계산 일대 개발 또한 본격화되었다. 1980년대 중반에 청계산 서쪽 자락(과천 방면)에 서울대공원과 서울랜드, 과천시 경마공원이 만들어진 것이 그 시작이다. 청계산 북서쪽 자락(양재 방면) 역시 수많은 등산객들이 찾으면서 이들을 대상으로 하는 식당이 생겨났다. 청계산 남쪽 바라산에 위치한 백운호수는 1996년 개발제한구역(그린벨트)에서 해제되었으며, 그에 따라 본격적인 교외 나들이 장소로 개발되기 시작했다.

운중동은 청계산의 남쪽 자락에 위치한 마을이지만 강남에서는 거리가 있었기 때문에 그전에는 등산객이 많이 찾아오지 않는 곳이었다. 그러나 1990년을 전후로 과천·평촌·분당에 신도시가 개발되면서 이들 도시에서 등산객들이 많이 찾아와 청계산 남쪽 등산로를 이용했다. 운중동을 거쳐 청계산으로 올라가는 등산로는 청계사로 올라가는 가장 가까운 등산로이자 동시에 분당에서 버스를 이용하여 찾아올 수 있는 가장 가까운 등산로였다. 이 시기부터 운중동 주민들은 등산객을 대상으로 하는 음식점 영업을 시작했다.

현재 운중동 먹거리촌에 남아 있는 식당 중 가장 오래된 식당인 '청계산손두부'는 1993년에 영업을 시작했다. 성남시 수정구 양지동에 거주하던 서상섭(가명)은 사업 실패 이후 고향인 논산에서 손두부 만드는 기술을 배워 두부 전문점을 열어야겠다고 생각했다. 그에 따라 성남 일대를 돌며 가게 자리를 찾아다녔다. 우연한 기회로 운중동을 방문한 서씨는 동네 주민인 운중슈퍼 사장과 이야기를 나눴으며, 그 이후 운중슈퍼 소유의 비어 있던 가옥을 임차하여 장사를 시작했다. 당시 운중동까지 들어왔던 버스는 단 한 대뿐이었으며, 운중동에 있던 식당이라고는 삼계탕과 보신탕을 파는 식당 하나뿐이었다. 그럼에도 불구하고 서씨는 운중슈퍼 사장과 대화를 나눈 후 운중동에 식당을 개업했다. 식당을 개업한 지 얼마 지나지 않아 운중동을 통해 청계산으로 가는 등산로를 찾는 사람들이 종종 나타나 고객이 되었으며, 평촌에서 342번 도로를 따라 분당으로 가는 사람들도 이곳을 찾았다. 청계산 손두부는 평촌과 분당 일대에서 점차 입소문을 타며 인기 있는 식당이 되었다. 그에 따라 근처에 등산객과 통행객을 상대로 하는 식당들이 몇 군데 더 생겨났다.

1998년에는 평촌과 분당을 잇는 왕복 4~6차로 도로인 안양판교 지방도(현 안양판교로)가 만들어졌다. 기존에 평촌과 분당을 잇는 도로였던 왕복 2차선 도로인 342번 지방 도로가 극심한 교통 체증을 야기할 뿐만 아니라 심한 굴곡으로 인하여 사고 위험이 컸기 때문이다. 안양판교 지방도가 만들어지면서 342번 도로는 사실상 통행의 목적을 상실한 도로가 되었다. 자동차가 다니지 않고 가로수가 잘 식재되어 있으며 운중저수지와 청계산을 비롯하여 뛰어난 자연 경관을 보유한 이 도로는 이후 운중동의 교외 공간이자 일종의 '정원'이 되었다.

중산층 주부들의 공간으로 선택된 '운중동 먹거리촌'

1990년대 초부터 등산객을 대상으로 하는 식당들이 운중동에 많이 생겨났지만, 그렇다고 본격적인 먹거리촌이 형성된 것은 아니었다. 이때까지 운중동을 찾는 외부인들의 목적은 '식당'보다는 '등산'이었다. 그러던 운중동이 어느새 '운중동 먹거리촌'이 되고 지금과 같이 수많은 사람들이 먹거리촌 식당들 때문에 찾아오는 곳이 되었다.

운중동 주변에서 오랜 기간 생활한 사람들은 모두 2007년 무렵을 운중동 먹거리촌이 활성화된 시기로 기억한다. 운중동 중간말이 '먹거리촌'이라 불리게 된 것도 이 시기부터다. 이들은 당시 운중동의 모습을 회상하며 하나의 특이점을 공통적으로 말한다. 바로 이 시기 운중동 먹거리촌을 찾은 주요 고객층이 인근 신도시에서 찾아오는 중년 여성들, 한 기사의 표현을 빌리자면 "아줌마 부대"라는 사실이다.

어째서 이 시기에 신도시의 중년 여성, 즉 중산층 주부들이 먹거리촌을 찾는 주요 고객층이 됐던 것일까? 이유를 알아보기에 앞서 당시 신도시의 중산층 주부들이 누구인지를 먼저 파악할 필요가 있다. 1970년대에 이루어진 강남 개발과 고급 아파트 단지의 등장은 유사한 사회적 궤적을 밟아오며 체득한 생활 양식을 공유하는 중산층을 형성했다. 박지환은 분당의 중산층 주부들이 분당을 '아줌마들의 천국'이라고 말하는 점에 주목했는데, 여기서

'아줌마'가 단순한 주부가 아니라 아파트 중심의 생활 양식을 실천하고 같은 소비 취향을 공유하는 중산층 주부를 의미하는 단어라고 정의했다.[12] 이 중산층 주부들은 육아와 교육, 그리고 기타 가사 업무에 집중하는 전통적인 주부들이기도 하지만, 한편으로는 '집'이라는 중요한 부동산 자산에 관한 모든 사항을 결정하는 주체들이기도 하다.

최시현은 젠더 수행을 통해 계급성을 구축하고자 하는 중산층 여성들의 주택 실천이 1970년대 이후 직접적인 자본 이익의 창출로 이어졌고, 이는 중산층으로 하여금 끊임없이 더 좋은 가치를 가진 부동산으로 갈아타면서 계급적 열망을 추구하게끔 만든다고 보았다.[13] 이 투기적 주택 실천의 장에서 획득한 '투기 아비투스'가 현대 한국 중산층, 특히 젠더화된 아비투스로서 중산층 여성의 성격을 구성하는 데 중요한 역할을 한다. 2000년대 초반의 부동산 투자(혹은 투기)는 '아줌마'로 통칭되는 중산층 여성의 사회적 정체성을 구성하는 중요한 요소 중 하나로 작용했던 것이다.

다시 2000년대 초중반의 운중동과 그 인근 지역으로 돌아가 보자. 당시 과천과 평촌, 그리고 분당 근방에서는 해마다 신도시 개발 계획이 발표되었고 그에 따라 부동산 거래가 활발하게 이루어졌다. 분당의 아래쪽에 위치한 수지(현 용인시 수지구)에는 1994년부터 계속해서 수지1·2지구, 신봉지구, 죽전지구, 성복지구, 동천지구, 상현취락지구 등의 아파트 단지들이 형성되었고, 이와 같은 난개발의 결과로 2001년에 인구수 13만을 돌파하기도 했다. 2002년에 정부는 주택 시장 안정 대책의 연장선상에서 수도권 개발 제한 구역(그린벨트)을 일부 해제하여 11개 지구에 임대 주택 10만 호를 건설하는 계획을 발표했다. 이 지구들은 의왕청계 등 1기 신도시 인근에 상당수가 분포했다. 이와 같은 신도시의 난립은 중산층에게 부동산 투자를 통해 경제적 이익을 획득할 수 있는 좋은 기회가 되었고, 특히 1기 신도시의 주민들은 신도시 개발과 관련된 정보나 자원을 획득하기에 좋은 환경에 있었다.

따라서 부동산 투자를 하는 신도시의 중산층 주부들은 부동산 관련 정보를 획득하기 위해 끊임없이 다른 사람들을 만나고 식사하며 정보를 교환해야 했다. 이를 위한 사교의 장은 정보가 새어 나가면 곤란했기 때문에 사람이 너무 많은 곳은 곤란했으며, 아는 사람이 많은 신도시 내부도 어려웠다. 특히 과천 등지는 공무원들이 많이 상주하는 곳이기 때문에 부동산 관련 정보를 공유하는 곳으로는 적합하지 않았다. 동시에 중산층 주부들의 취향에 맞춘 식사 메뉴, 그리고 식당 분위기가 필요했다. 상차림은 지나치게 소박하지도, 또 지나치게 화려하지도 않아야만 했다.

이러한 과정 끝에 신도시 주부들이 선택한 공간이 바로 운중동의 식당들이었다. 당시 등산객을 대상으로 하는 운중동 식당 중에는 열 가지가 넘는 반찬이 나오는 백반집이 있었다. 운중동은 신도시에서 거리가 너무 가깝지도, 너무 멀지도 않은 교외였다. 자연 경관이 아름다워서 기분을 전환하기에도 좋았으며, 주중 점심에 사람이 많이 몰리지도 않았다. 백반이라는 메뉴 또한 주부들의 취향에 맞으면서도 너무 부족하지도, 그렇다고 과하지도 않았다. 여러모로 중산층 주부들을 만족시키는 곳이었다.

중산층 주부들이 운중동의 백반집을 찾기 시작하면서 이 가게들은 이들의 취향에 맞춰 발빠르게 변화했다. 우선 가격을 그렇게 많이 올리지는 않으면서도 메뉴를 가능한 선에서 고급화시키는 모습을 보인다. '백반' 혹은 '한상차림'이었던 메뉴의 이름은 전체적으로 '한정식'으로 바뀌었다. 그러나 메뉴의 명칭이 바뀌었다고 해서 실제 음식의 구성이 크게 달라지지는 않았다. 가격은 1만 원 전후를 유지했고, 음식을 담는 그릇들은 보다 고급스러운 그릇들로 교체했다.

이외에도 운중동 식당들은 중산층 주부들이 만족할 만한 서비스들을 추가로 제공하기 시작했다. 중산층 주부들이 운중동에서 제일 많이 찾는 식당이었던 '장모집'은 이에 힘입어 2007년 넓은 논밭을 구입하고 그곳에 2층짜리 건물을 신축하여 확장 이전했다. 신도시 사람들이 주요 고객이었기 때문에 새로운 건물 앞에는 대규모의 주차장을 만들었다. 이전한 이후 장모집은 고객들을 대상으로 발레파킹 서비스를 제공했는데, 이는 주차에 어려움을 겪는 중년 여성들을 위한 맞춤형 서비스로 손님들에게 큰 호응을 얻었다. 한우구이 한정식을 파는 '달뜨는 기와집'

은 모든 메뉴를 국산을 사용한다는 점을 대대적으로 강조했으며, 음식을 내놓을 때 특별히 플레이팅에 신경을 썼다. 일반적인 물 대신 고급 생수인 '에비앙'을 제공함으로써 중산층 고객들에게 더욱 특별한 느낌을 주고자 노력하기도 했다.

> 성남의 한국학중앙연구소[한국학중앙연구원] 가는 길은 가을 냄새로 가득하다. 2차로 따라 우거진 가로수는 형형색색의 가을 단풍이 한창이다. 좌로는 운중천을, 우로는 청계산을 끼고 단풍 든 오솔길은 영화 속 배경처럼 로맨틱하다. 산 좋고 물 좋아 청계산 먹을거리촌에 대한 평가도 그야말로 쾌청하다. '달 뜨는 기와집'은 외관이 이름을 말해준다. 청기와를 얹은 건물 위에 노란 보름달이 휘영청 올라앉아 있다. 주메뉴는 한우구이. 하지만 한정식이 인기다. 태극기를 내건 입구에서 느껴지듯 모든 재료는 신토불이 유기농 재료다. 하지만 별난 주인은 물만큼은 에비앙을 쓴다. 믿을 수 있는 최고의 물로 대접하고 싶기 때문이란다. […] 간장게장 전문 한정식이 대표 메뉴인 '장모집'. 주중은 '싸고 맛난' 곳을 찾아 온 아줌마 부대, 주말은 외식을 나온 가족들로 늘 붐빈다. 게장 정식을 시키면 내오는 찬이 '버라이어티'하다. 묵 · 수육 · 가지무침 · 김치볶음 등 18가지 찬을 내온다.[14]

"아줌마 부대"들이 운중동을 자주 찾게 되면서 주말

이 되면 자연스럽게 주부들의 인도하에 신도시에 거주하는 중산층 가족들이 운중동 식당들을 찾게 되었다. 이들은 식후에 차가 다니지 않는 도로인 342번 도로(하오개로)에 조성된 가로수길을 거닐었으며, 저 멀리 운중저수지까지 올라가 청계산과 바라산, 그리고 저수지의 경치를 감상하고 내려오기도 했다. 신도시의 중산층 고객들이 운중동을 많이 찾아오면서 운중동에는 점차 슬라브 건물이나 주상복합 건물로 된 식당들이 하나둘 생겨난다. 이곳에 새로 개업한 식당은 대부분 등산객이나 주부 등 중년층의 취향에 맞는 메뉴들, 가령 칼국수, 백숙, 한정식 등을 파는 식당이었다. 이들이 편히 앉아 이야기를 나눌 수 있는 카페들도 이 시기에 생겨났다. 그에 따라 운중동의 도로변은 '먹거리촌'으로 변화했다. 운중동 먹거리촌이라는 명칭이 공식적으로 사용된 것은 2010년대 이후이지만, 신도시 사람들은 운중동의 식당들을 부를 때 '운중동 먹자골목', '운중동 먹자촌', '청계산 먹자촌' 등 다양한 명칭을 사용했다.

이렇듯 운중동에는 식당들이 점차 들어섰지만, 그렇다고 해서 운중동에 대대로 살아오던 토박이들이 모두 농업을 팽개치고 식당을 차린 것은 아니었다. '청계산손두부'의 예시에서 볼 수 있는 것처럼, 운중동에 식당을 차린 사람들은 외부에서 들어온 외지인인 경우가 더 많았다. 운중동 토박이들은 여전히 운중동 일대의 논밭에서 농사를 지으며 생계를 유지했다. 결과적으로 이 시기의 운중동은 도로변에 위치한 슬라브 건물과 식당들로 구성된 '먹거리촌', 그리고 도로 뒤쪽에 위치한 전통적인 농촌 주택들과 논밭으로 구성된 마을인 '윗뫼루니'가 공존하는 양상을 보였다.

판교 신도시의 개발과 '뫼루니'의 해체

판교 신도시와 판교 택지 지구의 개발

분당 신도시가 만들어진 이후로 판교 지역의 재개발 여부는 성남 지역의 꾸준한 관심사였다. 판교 주민들은 1995년부터 5,000여 명으로 구성된 '판교개발추진위원회'를 설립하여 판교 지역의 재개발을 요구해 왔다. 1998년 건설교통부가 판교 일대를 자연 녹지 개발 예정 용지로 확정하면서 판교 지역의 신도시 개발은 무산된 것처럼 보였다. 그러나 성남시는 이에 반발하여 1999년 국토연구원에 판교 일대 택지 개발 연구 용역을 맡겼으며, 용역 결과 인구 7만 5,000명을 수용하는 선진국형 전원 신도시의 개발 계획안이 제출되었다.[15] 2000년에 성남시는 판교 택지 지구의 권역을 확정하고 택지 개발 예정 지구 지정 신청서를 제출했으나, 과도한 인구 밀집과 그에 따른 교통 악화 등을 이유로 경기도에 의해 반려되었다. 이에 성남시는 판교 신도시의 개발 방향을 기존의 주거형 신도시에서 주거 단지와 벤처 산업 단지가 어우러진 복합형 신도시를 만드는 것으로 전환했다. 성남시와 경기

2009년 운중동 일대의 위성사진.
중앙의 빗금선을 기준으로 우측이 판교신도시

도, 그리고 국토교통부의 협의 끝에 2001년 10월 판교 택지 개발 예정 지구 지정 고시가 이루어졌고, 2003년 12월에는 판교 지구 개발 계획이 승인되었다. 이에 따라 판교신도시는 8만 412명이 거주하는 79만 2,114㎡의 단독 주택 단지와 153만 7,997㎡의 공동 주택 단지, 그리고 92만 452㎡의 상업·업무 용지로 이루어진 신도시로 확정되었다.[16] 2005년 실시 계획 및 개발 계획이 최종 승인되었으며 2006년부터 준공 및 청약이 실시되었다.

판교에서도 제일 깊숙한 산골에 위치한 운중동은 "전형적인 산지 마을"이자 "분당구 내에서 위상이 미흡한" 지역으로 인식되었다.[17] 2002년 기준으로 분당구민 39만 2,326명 중에서 행정동인 운중동, 즉 운중동·하산운동·석운동·대장동 4개 법정동에 거주하는 주민은 단 2,237명뿐이었다. 그에 따라 판교의 급격한 지가 상승에도 운중동은 큰 영향을 받지 않았다.

그러나 2000년에 성남시 측에서 제출한 판교 택지 개발 예정 지구에는 행정동 운중동의 일부가 포함되어 있었다. 2003년 확정된 신도시 개발 계획에는 하산운동 전체와 운중동 일부가 택지 지구로 포함되었다. 운중동의 경우 중간말과 먹거리촌 일대는 택지 지구에 포함되지 않았으나, 마을 동쪽 까치목들에 있는 논밭들이 택지 지구에 포함되었다.

택지 지구의 확장과 전통적 농촌 마을 '뫼루니'의 해체

판교 신도시의 건설과 입주가 시작되면서 운중동의 지가는 그야말로 폭등하기 시작했다. 법정동인 운중동은 판교 신도시 택지 지구에 직접적으로 포함되지는 않았지만, 행정동인 운중동을 공유하는 하산운동에는 상업 지구와 서판교 주택 단지가 들어섰기 때문이다. 이 주택 단지는 인접한 마을인 운중동 중간말로 확장할 가능성이 매우 높았다. 2009년 한국학중앙연구원은 운중동의 급격한 지가 상승으로 인하여 중간말 초입에 있던 관사와 그 부지를 민간에 매각했다. 이 자리에는 연립 주택인 운중푸르지오 하임이 들어섰다. 이를 시작으로 운중동 먹거리촌의 뒤쪽에 숨어 있던 농가와 논밭들은 점차 고급 단독 주택과 연립 주택으로 바뀌어 갔다.

판교 신도시가 완공되면서 먹거리촌의 상가들 역시 부동산업자들 사이에서 주목을 받기 시작했다. 도로에 바로 붙어 있는 집과 땅의 가격이 먼저 폭등했으며, 도로 뒤쪽 마을의 지가도 점차 이와 비슷한 수준까지 상승했다. 집값이 급등하면서 운중동에서 대대로 살아온 농민들은 외지에서 온 사람들에게 논과 집을 팔고 다른 곳으로 이주했다. 외지인들은 구입한 땅에 주차장을 포함한 2~3층짜리 상가 건물을 올렸으며, 이 상가에는 식당들이 주로 입주했다.

동네에 땅을 많이 가지고 있던 주민들이 땅을 팔고 남은 땅에 건물을 올리기도 했다. '청계산손두부' 식당 건물을 비롯하여 운중동에 몇 개의 집과 땅을 가지고 있던 '운중슈퍼'의 주인은 2013년에 가지고 있던 땅 대부분을 매각하고 그 돈으로 남은 땅에 4층짜리 주상복합 건물을 세웠다. 그로 인하여 운중슈퍼 소유의 건물에 세를 들어 장사를 하던 '청계산손두부'는 운중동 입구에 위치한 주상복합 건물의 1층으로 자리를 옮기게 되었다.

2010년 이후로 식당들의 업종 또한 차츰 변화했다. 기존에 먹거리촌을 찾는 사람들은 특정 집단, 즉 경제적으로는 중산층, 연령으로는 중년에 집중되어 있었으나, 판교 신도시가 생긴 이후로는 도시 거주민이나 판교 테크노벨리의 직장인들이 먹거리촌 식당들을 이용하기 시작

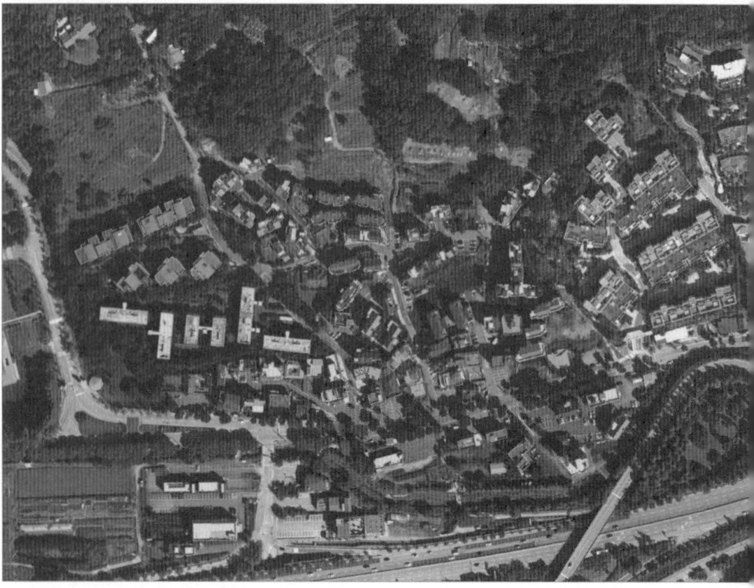

(위)
2008년의 운중동

(아래)
2020년의 운중동

했다. 그에 따라서 기존에 한정식 위주로 구성되었던 먹거리촌의 상가들은 점차 직장인의 기호에 맞춘 다양한 종류의 식당들로 변화했다.

즉, 2005년부터 시작된 판교 신도시 건설로 인하여 운중동의 전통 산간 농촌 '뫼루니' 마을은 완전히 소멸하게 되었다. '아랫뫼루니', 즉 하산운동 일대는 택지 지구의 부지 안에 포함되었기 때문에 직접적으로 철거되었다. '윗뫼루니'인 운중동의 경우 먹거리촌 뒤쪽에 숨어 있던 농가와 논밭들이 판교 신도시의 건설로 인한 지가 폭등, 그리고 서판교 주택 단지의 확장에 따라 점차 사라져 갔다. 그래도 2018년까지 운중동 뒤편으로 드문드문 찾아볼 수 있던 농가와 논밭들은 현재 단 하나의 밭을 제외하고는 그 흔적을 찾아볼 수 없다. 그에 따라 현재의 운중동(법정동)은 전통적인 농촌이 아예 탈락하고 도로변의 먹거리촌, 그리고 도로 뒤편의 고급 주택 단지로 양분되는 양상을 보인다.

운중동 먹거리촌의 오늘날

현재의 운중동 먹거리촌은 크게 세 구역으로 나눌 수 있다. 하나는 하오개로(구 342번 도로)를 따라 형성된 식당 구역, 하나는 도로 뒤편으로 숨어 있는 고급 주택들로 구성된 주거 구역, 그리고 나머지 하나는 자전거를 타기 위해 운중동을 찾는 사람들이 주로 이용하는 라이딩 구역이다.

식당 구역

현재 운중동의 가장 중심이 되는 곳은 오늘날 운중동의 정체성을 '먹거리촌'으로 만든 식당들이다. 도로변을 따라 늘어선 건물들에 음식점이 줄지어 입점해 있다. 1993년에 단 두 개였던 운중동의 식당은 현재 카페를 제외하고도 21개다. 먹거리촌, 즉 옛 중간말에서 조금 떨어진 곳에 위치한 두 개의 식당까지 포함하면 23개에 달한다.

운중동으로 들어오는 입구에는 '운중동 먹거리촌'임을 알리는 조형물이 설치되어 있다. 이 조형물은 2011년 무렵에 설치되었다. 당시 운중푸르지오하임 공사가 진행

운중동 먹거리촌 조형물과 입구

되면서 운중동 일대는 분진과 소음 피해를 입었고, 이에 운중동 상인들로 구성된 상가번영회는 당시 운중동사무소 동장의 도움을 받아 건설사 측에 피해에 따른 보상을 요구했다. 그 결과 운중동 먹거리촌임을 공식적으로 알리는 조형물을 건설사 측에서 운중동 초입에 설치해 주기로 했다. 당시 동장은 운중동 먹거리촌 활성화에 관심이 많았으며, 운중동을 자주 찾아 상인들의 이야기를 듣고는 했다. 때문에 먹거리촌 활성화를 위하여 조형물 설치를 상가번영회와 건설사 양측에 권했던 것이다. 이 조형물이 설치된 이후로 운중동 '먹자촌', '먹자골목', '먹거리촌' 등 다양한 이름으로 불리던 운중동의 음식점 거리는 공식적으로 '운중동 먹거리촌'이 되었다.

먹거리촌에 있는 대부분의 식당은 한식을 판매한다. 예전에는 한정식 가게의 숫자가 압도적으로 많았는데, 이는 앞서 살펴본 것과 같이 오늘날의 먹거리촌을 있게 한 원동력이 바로 '장모집'을 위시한 한정식 가게이기 때문이다. 그러나 앞서 살펴본 바와 같이 판교 신도시 건설 이후 신도시의 주민들이나 판교 테크노벨리에서 근무하는 직장인들이 운중동 먹거리촌의 새로운 고객으로 등장했고, 먹거리촌 식당의 분포는 기존의 한정식 일변도에서 차츰 다양해지는 모습을 보였다. 현재 먹거리촌에서 판교 신도시 건설 이전과 마찬가지로 한정식을 판매하는 집은 단 두 군데만 남아 있다.

먹거리촌의 식당은 크게 세 가지 유형으로 분류할 수 있다. 첫 번째 유형은 마을의 중심부인 운중제1경로당 인근에 위치한 식당들이다. 이들은 대부분 2000년대 중반에 형성된 식당들로 운중동 먹거리촌의 형성과 궤를 함께하는 식당이다. 대부분은 예전부터 있던 농가 주택들을 식당으로 개조하여 가게를 운영하고 있으며, 일부는 이전의 식당을 허물고 그 자리에 새로 건물을 지어 식당으로 사용하고 있다. 넓은 주차장을 갖추고 있는 점이 특징적이다. 이 주차장은 기존 농가의 마당으로 활용하던 곳이다. 판매하는 음식은 손두부·소고기구이·곱창구이·백숙·코다리조림 등으로 다양하다.

2013년 현재의 위치로 이전한 '청계산손두부'는 오늘날 먹거리촌에서 남아 있는 식당 중에서 가장 오래된 식당이다. 20~30년 동안 식당을 찾고 있는 단골들은 대부분 분당 신도시에서 오는 손님들이다. 현재 가게의 주인인 서상수(가명, 1978년생)는 2012년 무렵 부친으로부터 가게를 물려받았다. 그러나 가게를 물려받은 지 얼마 지나지 않은 2013년에 운중동 먹거리촌의 중심부(현 운중편의점 빌딩)에서 외곽으로 가게를 옮기게 되었다. 서각수는 운중동 중심부에서 외곽으로 가게를 옮기게 되면 손님이 줄어들지는 않을까 걱정이 많았다. 그러나 이전 이후 판교 테크노벨리의 직장인들에게 입소문을 타면서 가게가 유명해졌고, 평일 점심에 찾아오는 직장인들이 식당의 주요한 고객으로 자리 잡게 되었다.

판교 신도시가 만들어지고 직장인들이 운중동 먹거리촌을 자주 찾게 되면서 곱창·소고기 등의 고기구이 가게를 찾는 손님들이 많아졌다. 2002년부터 먹거리촌에서 장사를 시작한 '양과창 양평해장국'은 해장국과 곱창전골, 곱창구이를 취급하는 식당이다. 판교 신도시가 지어지기 이전부터 주변에 위치한 한국농어촌공사나 대한석유관공사, 한국학중앙연구원 직원들이 점심에 자주 찾는 곳이었다. 판교 신도시가 지어진 이후로는 테크노벨리 직장인들의 점심 식사나 저녁 식사 장소로 활용되었다. 2018년에 이른바 '곱창 대란'이 일어나면서 전국적으로 곱창구이 수요가 폭등했고, 판교 일대에서 곱창구이를 먹으러 이곳을 찾는 사람들이 엄청나게 많아졌다. 현재도 '양평해장국'은 저녁 시간이 되면 곱창구이를 먹는 사람들이 주중과 주말 모두 가게를 가득 채우고 있으며, 줄을 서서 대기해야 하는 경우도 흔하다. 최근에는 양평해장국 맞은편에 곱창구이를 취급하는 가게가 하나 더 생겨났다.

두 번째 유형은 마을의 뒤편, 그리고 한국학중앙연구원과 운중동 먹거리촌의 사이에 위치한 식당들이다. 이들은 판교 신도시 건설 이후에 형성된 가게들로 대부분 2~3층으로 된 주상복합 건물에 위치하고 있다. 주차장은 갖추었지만 그렇게 넓은 부지를 확보하지 못했기 때문에, 이 식당들을 찾는 손님들은 대부분 하오개로 도로변에 차를 주차한다. 주말이 되면 한국학중앙연구원 앞 도로는 이 식당들의 주차장으로 변한다. 주로 설렁탕·국수·청국장 등 회전율이 빠르고 간단한 음식들을 판매한다.

세 번째 유형은 하오개로의 남쪽, 하오개로와 안양판교로 사이에 위치한 식당들이다. 이 식당들은 먹거리촌 내에서 가장 넓은 주차장을 갖추고 있는 것이 특징적이다. 안양판교로에서 운중동 먹거리촌으로 접어드는 도로변에 바로 위치하고 있기 때문에 외부에서 오는 손님들이 찾아오기에도 좋은 조건을 갖추었다. 2000년대 중반까지 공장과 논밭이었지만 2010년 이후로 넓은 주차장 부지를 갖춘 식당들이 들어서고 있다. 주말이 되면 교통이 혼잡해질 정도로 이들 식당을 찾는 손님들이 많다. 한정식과 생선구이 정식, 그리고 만두전골을 취급하는 식당들이 있다.

'장모집'은 현재도 운중동 먹거리촌의 주요한 식당이

(위)
기존 농가주택을 활용한 식당
(양평해장국)

(아래)
신규 주상복합 건물을
식당으로 이용한 예

다. 2007년에 확장 이전을 한 이후로 2017년에 다시 한번 바로 옆으로 확장 이전을 했으며, 상호도 '장모밥상'으로 바꾸었다. 가게의 특성상 넓은 주차장이 꼭 필요하기 때문에 확장 이전을 한 것이다. 발레파킹 서비스도 아직 제공하고 있으며 선불로 1,000원을 지불해야 한다. 메뉴는 크게 바뀌지 않았으며 가격은 2만 5,000원이다. 2022년 한 블로그에 작성된 아래의 후기는 2000년대 중반부터 유지되어 온 장모밥상, 나아가 운중동 한정식집들의 정체성을 잘 보여주고 있다.

> 판교 맛집으로 소문난 운중동 장모밥상으로 향했습니다. 맘카페며 주변 평이 좋아서 전부터 궁금했던 곳이거든요. [...] 보시다시피 한정식이라고 하기엔 후리~한 분위기구요. 백반집이라고 하기엔... 더욱 갖춰진 판교 맛집이었어요. 차림새 대비 가격이 비싸다는 생각이 들긴 하지만 한 상 가득 푸짐하게 나오는 데다 셀프바에서 자유롭게 리필도 가능해서 어르신들 취향 저격! [...] 넓은 주차장, 무한리필 셀프바, 정갈한 한상차림, 가족과 외식하기 좋은 판교 운중동 맛집으로 장모밥상이 인기 있는 이유 잘 알겠더라구요.[18]

주거 구역

상기했듯이 운중동에서 판교 신도시 택지 지구에 속한 구역은 원래 마을 동편의 논밭들뿐이었다. 그러나 2009년 한국학중앙연구원의 동편에 착공된 판교운중아펠바움을 시작으로 하여 고급 단독 주택과 연립 주택들이 점차 운중동 도로 뒤편의 농가와 논밭들을 잠식하여 들어오기 시작했다. 2009년 한국학중앙연구원은 사택 건물과 부지를 민간에 매각했고, 여기에는 고급 연립 주택인 운중푸르지오하임이 2010년 착공되어 2011년에 준공되었다. 2012년에는 고급 연립 주택을 표방하는 판교동양파크타운이 운중푸르지오하임의 바로 옆에 생겨났다. 2016년에는 판교파크하임 1~4차가 운중동에 들어섰다.

2010년대 중반부터는 단독 주택과 오피스텔, 그리고 일부 주상복합 건물들이 운중동에 생겨나기 시작했다. 이곳의 단독 주택들은 판교 신도시 스타일의 높은 외벽을 갖춘 주택부터 귀농인들이 흔히들 짓는 목조 주택, 심지어는 전통 한옥까지 다양한 형태를 갖추고 있다. 판교 신도시를 비롯하여 2기 신도시의 단독 주택들은 지구 단위 계획에 의해 1.2m가 넘는 담장과 대문을 지을 수 없으며 담장도 나무 등의 재연 재료만을 사용해야만 한다. 높은 담장으로 집을 분리하는 것이 주민들과의 소통을 저해한다는 이유 때문이다. 때문에 서판교 주택 단지인 산운마을의 단독주택들은 외벽을 높이 쌓는 방식으로 프라이버

첨단 보안시스템 등 보안시설을 갖춘 사례(판교 동양파크타운)

시를 확보할 수밖에 없다. 반면에 판교 주택 단지가 확장되면서 형성되었지만 엄밀히 주택 단지의 일부는 아닌 운중동 주택들의 경우에는 이러한 규제에서 자유롭다. 그에 따라 현재 운중동에 있는 단독 주택들은 높은 담장과 넓은 마당, 그리고 경비 시스템을 갖추고 있다.

연립 주택들 또한 마찬가지인데, 동양파크타운의 경우에는 "입주민의 안전을 위해 단지 안에 최첨단 시스템을 도입했다"[19]거나 "보안시스템과 함께 홈 컨트롤, 공용시스템, 정보통신, 원격 도어 시스템, 단지 관리를 하고 있다"[20]는 점을 강조한다. 사례들을 통해 살펴볼 수 있는 것처럼, 이들 운중동의 단독 주택과 연립 주택은 각종 규제로 인하여 원하는 만큼의 분리와 보안을 확보할 수 없는 판교 신도시와 달리 완전한 분리를 강조한다. 즉 판교 신도시와 달리 '게이티드 커뮤니티'로서의 측면을 완벽하게 갖출 수 있다는 점을 주요한 장점이자 홍보 대상으로 삼고 있는 것이다.

라이딩 구역

현재 운중동 먹거리촌은 자전거, 특히 로드바이크의 성지로 인식되고 있다. 주중과 주말을 가리지 않고 하오개로를 매섭게 달리는 자전거들을 심심찮게 찾아볼 수 있다. 운중제1경로당 맞은편에는 라이더들이 자주 찾는 편의점이 있다. 이 편의점은 라이더들이 쉴 수 있도록 넓은 테이블을 가게 앞쪽에 비치해 두었다. 편의점 옆에는 2020년 무렵에 자전거 가게가 생겼다. 이 가게에는 자전거를 주차할 수 있는 자전거 거치대들이 비치되어 있으며, 가게 주인은 이곳에 자전거를 거치하고 쉬는 라이더들을 대상으로 자전거를 간단하게 수리해 주거나 자전거와 관련된 각종 상담을 진행하고 있다.

1999년 안양판교로가 생기면서 342번 도로, 즉 오늘날의 하오개로는 더 이상 자동차가 다니지 않는 옛길이 되었다. 1976년 도로를 조성할 당시에 도로변을 따라 심어졌던 가로수들은 어느덧 수령(樹齡) 50년이 넘는 아름드리 나무들이 되었다. 이 나무들과 한국학중앙연구원, 운중저수지, 청계산과 바라산이 만들어 내는 경치는 수많은 사람들을 불러 모으기에 충분했다.

> 운중동은 식당만 줄지어 있는 먹거리촌이 아니라 운치와 즐거움이 있는 곳이다. 조금 더 걷다가 '한중연'을 지나 운중저수지 주변에 있는 음식점은 산책하다 끌리는 집을 찾아 들어가면 된다. 좋은 곳에서 맛있는 것을 먹다 보면 부모님도 생각나고 친구도 생각난다. 그럼, 다음에 다시 한번 방문하면 된다. 한국학중앙연구원 주변 메타세콰이어길을 걸으며 가슴에 담아 둔 이야기를 펼쳐 내고, 새로운 이야기를 가득 채우고.[21]

차가 다니지 않는 포장된 도로이자 주변 경치가 좋은 하오개로는 안양판교로가 만들어진 직후인 2000년 무렵부터 이미 지역의 자전거 라이더들에게 주목받았다. 산악자전거(MTB) 라이딩이 유행하던 2010년 무렵에는 하오개로를 타고 운중동 등산로를 통해 청계산으로 가는 길이 분당 일대의 주요한 자전거 코스 중 하나였다. 2015년 무렵부터 로드바이크가 전국적으로 유행을 타기 시작했고, 기존에 산책로이자 자전거 코스로 주목받았던 하오개로가 다시금 로드바이크 코스로 주목받기 시작했다. 기존에 산악자전거 코스를 다니던 사람들에게 익숙한 길이기도 했고 주변의 풍광도 좋았기 때문이다. 무엇보다도 운중동에서 학고개까지 올라가는 적당한 경사도가 있다는 점이 로드바이크 코스로서 주목을 받은 가장 큰 이유가 되었다. 이에 대해 운중동에서 자전거 가게를 운영하는 김민석(가명, 1982년생)은 이렇게 설명한다.

> 자전거를 왜 여기(운중동)를 많이 오는지 그 이유를 아셔야 하는데, 특히 로드바이크 같은 경우는 평지에서 달려도 되지만 언덕에서 달리는 게, 사람이라는 게 불가능을 가능하게 하는 거에 대한 성취감을 얻는 게 가장 커요. 그러면 거기에서 오는 게, 언덕이라는 것은, 평지는 그냥 내가 페달 밟으면 알아서 가죠. 언덕은 중력이라는 게 있으니까, 내가 페달을 힘차게 밟아야 오를 수 있는 거죠. 그런 것에서 오는 성취감. 클라이밍이죠. 말 그대로. 정복을 했을 때의 그 성취감에 중독이 되는 게 있어요.

2015년에 자전거 라이딩 로그를 지원하는 어플리케이션 '스트라바(STRAVA)'가 출시되면서 운중동 먹거리촌은 전국적으로 유명한 자전거 라이딩 명소가 되었다. 스트라바는 자전거 라이딩 기록을 실시간으로 남김과 동시에, 정해진 코스를 주행하는 여러 사람들과 자신의 기록을 비교하는 기능을 제공한다. 이 어플은 기록 비교를 통한 '경쟁'이라는 동기를 라이더들에게 불러일으키면서 선풍적인 인기를 끌었고, 그에 따라서 전국 각지의 유명한 자전거 코스를 찾아다니며 기록을 남기는 사람들이 급속하게 늘어났다.

'스트라바'에 기록되어 있는 '하오고개 코스', 운중편의점 앞 방지턱부터 시작해서 하오고개 정상의 구름다리 밑까지 이어진 코스는 비교적 경사가 완만한 입문자용 코스이자 동시에 경치가 좋고 수도권에서의 접근성이 좋은 코스다. 때문에 스트라바의 출시 이후로 서울·용인·안양 등 근교에 살고 있는 자전거 라이더들이 운중동 코스를 찾아 라이딩 기록을 남기고 있다.

2018년 이후로 로드바이크의 인기가 급격히 증가하면서 더욱 많은 사람들이 '스트라바'를 통해 알려진 유명 자전거 코스인 운중동을 찾고 있다. 2023년 6월 기준으로 '하오고개 코스'를 찾아 기록을 남긴 사람은 1만 5,000여 명이며, 기록 수는 17만 8,000여 개다. 이는 스트라바에 등록된 코스 중에서 성남과 용인 지역 전체를 통틀어 가장 많은 수이다. 라이더들은 먹거리촌의 식당을 이용하지는 않지만, 코스의 초입이자 운중동 먹거리촌에 위치한 편의점과 자전거 가게를 거점으로 삼고 모임을 갖거나 휴식을 취하고 있다. 라이딩을 위해 방문한 것을 계기로 하여 주말에 가족들과 함께 운중동 먹거리촌 식당을 찾는 경우도 있다.

신도시 사이에 놓인 한 마을의 변화

전통적인 산간 농촌마을인 '뫼루니', 즉 운중동에 일어난 최초의 변화는 1978년 한국정신문화연구원의 설립을 계기로 이루어졌다. 그러나 이 변화는 기반 시설이나 외관상의 일부 변화일 뿐 지역 사회와 주민들의 생업 구조에 직접적인 영향을 주지는 못했다.

반면 1990년대 초반에 이루어진 평촌과 분당 신도시의 건설은 운중동의 생업 구조에 직접적인 영향을 주었다. 과천과 평촌, 분당의 사이에 놓인 청계산과 운중동은 신도시 주민들의 교외 공간으로 기능했고, 그에 따라서 운중동에 식당들이 형성되기 시작했다. 신도시의 주변 확장이 본격화되고 부동산 거래가 활발해지는 흐름 속에서 운중동 먹거리촌은 '투기 아비투스'를 지닌 중산층 주부들의 공간으로 선택되었다. 이는 오늘날 운중동 먹거리촌의 기틀을 마련하는 중요한 요인이 되었다. 이 시기 운중동은 신도시의 영향으로 도로변에 형성된 먹거리촌과 도로 뒤로 숨은 기존의 전통적인 농촌이 공존하는 모습을 보인다.

2005년 판교 신도시의 개발 계획이 확정되면서 운

중동은 다시 한번 신도시의 영향을 받았다. 운중동의 급격한 지가 상승은 마을 토박이들이 땅을 팔고 다른 지역으로 이주하는 직접적인 원인으로 작용했다. 주민들이 떠난 자리에 도로변으로는 주상복합 건물과 식당들, 그리고 도로 뒤편으로는 고급 단독 및 연립 주택들이 들어섰다. 판교 신도시의 건설을 계기로 전통적인 농촌은 완전히 해체되었고, 운중동 지역 사회는 운중동 먹거리촌과 고급 주택 단지로 재편되었다. 최근에는 사회문화적 변화의 영향으로 인하여 자전거 라이딩 명소로 각광받으면서 신도시의 교외 공간으로서 기능하고 있다.

한국정신문화연구원이 만들어지고 45년, 그리고 분당 신도시가 만들어지고 32년이 지난 지금 운중동의 지역 사회는 완전히 변화했다. 그러나 이는 하나의 사건이나 요인에 큰 영향을 받아 일어난 변화가 아니다. 운중동의 변화는 과천 신도시를 시작으로 하여 그 이후 1기 신도시와 판교 신도시의 형성, 그리고 그 확장의 영향이 30여 년이라는 시간 동안 점진적으로 쌓여서 만들어 낸 결과다. 교외 공간으로서의 선택, 신도시 확장에 의한 부동산 열풍, 특정 계층을 위한 공간으로서의 선택, 신도시 지역 사회로의 편입, 지가 상승, 신도시 주택 지구의 잠식 등 다양한 요인이 운중동의 자연지리적 환경과 복합적으로 충돌하고 작용하여 만들어진 결과가 오늘날의 운중동, 즉 '운중동 먹거리촌'이다.

– 박성우

미주

1장. 을지로3가, 기호의 향연과 경관의 생성

1 박경룡, 『서울 번영의 상징, 을지로』(서울특별시 중구문화원, 2017), 44쪽.

2 박경룡(2017), 위의 책, 20쪽에서 재인용.

3 한규무, 「1907년 경성박람회의 개최와 성격」, 『역사학연구』 38 (2010), 294쪽.

4 중구청, 『중구지(上)』(서울특별시 중구, 2004), 406쪽.

5 이진아, 「'골목길 투어'의 배경과 의미: '을지유람'을 중심으로」(이화여자대학교 석사학위논문, 2017), 25쪽.

6 김봉렬, 「을지로 인쇄 제조업 집적의 구조와 생활세계 연구」, 『서울연구원 정책과제연구보고서』(2013), 23쪽.

7 중구청(2004), 앞의 책, 505쪽.

8 서울역사박물관, 『도심 속 상공인 마을』(서울역사박물관, 2010), 15쪽.

9 손정목, 「[서울 도시계획이야기 7] 전재복구계획(하)」, 『국토』 181(1996a), 136쪽.

10 박경룡(2017), 앞의 책, 24쪽.

11 「首都再建에 第一步」, 『조선일보』, 1952년 8월 23일.

12 「건축법」 제59조 제1항 제1호. "도시 미관 등을 위하여 둘 이상의 건축물 벽을 맞벽(대지 경계선으로부터 50cm 이내인 경우를 말한다. 이하 같다)으로 하는 건축을 말한다".

13 전현영, 「을지로 가로 활성화를 위한 복합공유주방 계획에 관한 연구」(홍익대학교 석사학위논문, 2020), 23쪽.

14 안창모, 「세운상가의 탄생과 몰락 그리고 부활의 서사」, 『아키토피아의 실험』(마티, 2015), 98-99쪽.

15 이진아(2017), 앞의 논문, 31쪽.

16 이진아(2017), 앞의 논문, 32쪽; 세운상가와 관련해서는 오랫동안 사업 추진이 지지부진하다가 2008년 현대상가가 철거된 뒤 마침 글로벌 금융위기가 닥쳐 전면 철거 계획이 무산되었다[이진아(2017), 앞의 논문, 33쪽]. 대신 세운상가는 2014년 존치 관리구역으로 지정되었고, 2017년 〈다시·세운 프로젝트 창의제조산업활성화 계획〉을 발표하여 공사가 다시 시작되었다. 하지만 사업이 본격화되면서 2018년 중순부터 세운3-1, 4, 5구역(입정동)의 상공인들이 쫓겨나고 건물이 철거되었고, 곧이어 세운6-3구역(인현동)의 상점들도 철거되는 등 일방적인 사업 추진으로 인해 문제가 발생해 상인 및 시민 활동가들의 저항운동이 벌어졌다. 결국 2019년 서울시는 재개발 중단 및 전면 재검토를 선언했고, 2020년 도심 산업 보전 및 재생으로 사업 방향을 전환하겠다는 대책을 발표한 상태이다[최혁규, 「'세운재정비촉진지구'에서 '청계천-을지로 산업 생태계'로: 청계천을지로보존연대의 저항 방식과 활동가들의 경험을 중심으로」, 『문화연구』 8-2(2020), 49쪽].

17 김봉렬(2013), 앞의 논문, 24쪽.

18 김윤철, 「再開發 바람이 싫은 乙支路의 "마지막 옛情趣"」, 『경향신문』, 1984년 6월 7일.

19 안병선, 「서울 중구 인현동일대에 國內(국내) 최대의 印刷(인쇄)촌」, 『매일경제』, 1984년 6월 16일.

20 윤고은, 「'40년 한결같이' 충무로 인쇄골목의 장인들… "신구 조화가 살길"」, 『연합뉴스』, 2018년 9월 27일.

21 조혜정, 「을지로 인쇄지구에서 사회자본의 역할: 장항 인쇄지구와의 비교를 통해서」(한양대학교 석사학위논문, 2009), 59쪽. 심한별, 「서울 도심부 도시형태 및 생산활동의 변화에 대한 제도주의적 해석」(서울대학교 박사학위논문, 2013), 103쪽.

22 프린팅코리아, 「서울역사박물관, '세상을 찍어내는 인쇄골목, 인현동' 보고서 발간」, 『월간 프린팅코리아』 169(2016).

23 서울역사박물관, 『도심 속 상공인 마을』(서울역사박물관, 2010), 11쪽.

24 이 산업 생태계는 일대가 그 자체로 하나의 공장으로 기능한다는 점이 특징이다. 좁은 밀집 지역과 소규모 사업장들은 각각이 전체 생산 공정을 맡지 않더라도 업체 간의 유기적 연계를 통해 생산물이 신속하게 생산되고 운송될 수 있게 한다. 또한 지리적으로 인접한 다수 업체들이 필요에 따라 협력함으로써 시설 투자에 대한 위

험을 분산시키고 비용 문제를 해결하며 갑작스런 주문에 유연하게 대처한다[강우원, 「서울 도심부 제조업의 입지특성 연구」, 『서울학연구』 7(1996), 218쪽; 곽장근, 「서울 도심부 인쇄관련산업의 생산공정과 미시적 토지이용의 관계」(한양대학교 석사학위논문, 1998), 1쪽; 박주리(2020), 앞의 논문, 24쪽)].

25 고명지, 「청년세대 문화의 새로운 경계짓기: 신촌에서 인스타그램까지 청년세대 공간을 중심으로」(이화여자대학교 박사학위논문, 2020), 43쪽.

26 남은영, 「한국의 소비문화와 중산층의 생활양식: 문화적 자본 및 사회적 자본의 함의를 중심으로」(서울대학교 박사학위논문, 2010), 1쪽.

27 이동연, 「세대문화의 구별짓기와 주체형성: 세대담론에 대한 비판과 재구성」, 『문화과학』 37(2004), 144쪽.

28 윤영신, 「신세대카페 "통하는 느낌-자유를 찾아…"」, 『조선일보』, 1993년 10월 8일.

29 주창윤, 「놀이 공간으로서 인터넷 문화의 형성과정」, 『현상과 인식』 111(2010), 279쪽.

30 고명지(2020), 앞의 논문, 58쪽.

31 홍미경, 「올 여름 유러피안 스타일, 소박함으로 스타일링하라!」, 『아이뉴스24』, 2008년 8월 5일.

32 「(창업기획_에스닉푸드)〈2〉 충성고객이 대부분」, 『이데일리』, 2008년 9월 7일.

33 김한용, 「'내 차는 수다쟁이' 미니 50주년 기념모델 출시」, 『경향신문』, 2009년 11월 12일.

34 김영은, 「핫 플레이스 성수동·익선동? 조용히 뜬 을지로의 매력」, 『매거진 한경』, 2018년 1월 16일.

35 허세민, 「뒷골목 문화를 만드는 '을지로3가 괴짜들… "젊은세대, 돈으로 형성된 상권선 재미 못느끼죠"」, 『서울경제』, 2018년 9월 28일.

36 나건웅, 「'힙지로'의 모든 것-낡은 인쇄골목, 을지로의 '환골탈태'」, 『매일경제』, 2019년 5월 3일.

37 특화 거리별로 업종들이 뚜렷하게 구분되어 나타나지 않고, 상기한 업종들이 골고루 빼곡히 자리한다.

38 해당 골목에는 신규 음식점을 제외한다면 타 업종이 드물고 인쇄업체들이 대다수를 차지하기 때문에, 편의상 '인쇄골목'이라 칭하고자 한다.

39 실제로 현장 연구 당시 저녁에는 위 두 골목의 식당들 내부는 손님으로 꽉 차 있는 상태였다.

40 유현준, 「[유현준의 도시이야기] 간판 없는 뒷골목 3층… 젊은이들 열광하는 힙플레이스」, 『조선일보』, 2019년 7월 18일.

41 김보라, 「[김보라의 공간] 간판이 사라진 시대」, 『한경오피니언』, 2020년 10월 19일.

42 아파두라이에 따르면, '에스노스케이프(ethnoscape)'는 우리가 살아가고 있는, 변하는 세계를 구성하는 사람들의 풍경, '테크노스케이프(technoscape)'는 유동적인 기술의 전 지구적 배치, '파이낸스스케이프(financescape)'는 빠르게 유통되는 세계 경제 체제에서 자본주의의 배치, '미디어스케이프(mediascape)'는 정보들을 생산하고 퍼뜨릴 수 있는 전자적 장치들의 배분과 미디어에 의해 생산된 세계의 이미지들, '이데오스케이프(ideoscape)'는 자유 행복, 권리, 주권 등을 나타내는 계몽주의적 세계관의 요소들이다. 아르준 아파두라이(차원현·채호석·배개화 옮김), 『고삐 풀린 현대성』(현실문화연구, 2004).

43 고명지, 「'#핫플레이스'를 통해 알아본 청년세대의 소비문화」, 『인문사회』 12-3(2021).

44 안종수, 「관광지화에 따른 디아스포라 공간의 장소성 재편: 오사카 코리아타운의 장소, 미디어, 행위 경관 분석」, 『로컬리티인문학』 26(2021).

45 안종수, 「미디어 환경변화와 오사카 코리아타운의 장소성 연행」(한양대학교 박사학위논문, 2022), 108쪽.

46 노가리골목의 경우, 줄지어 설치된 강한 백색 조명 아래 노상에 쭉 펼쳐진 테이블과 이를 채우는 엄청난 양의 인파 자체가 특수한 경관을 형성해 내며 사진 역시 군중 전경이 나올 수 있도록 '롱숏' 사이즈로 찍히는 경우가 많다.

47 '투명성의 비매개'는 매개하지 않은 것과 같은 재현, 마치 실제 경험인 것처럼 받아들이게 하는 매개 경험의 원리을 의미하고, '하이퍼매개'는 그것이 매개된 대상임을 드러내면서도 매개(대상과의 연결)를 다중화함으로써 실재 경험을 만들어내는 원리를 의미한다. 제이 데이비드 볼터·리처드 그루신(이재현 옮김), 『재매개: 뉴미디어의 계보학』(커뮤니케이션북스, 2006).

2장. 서울광장, 서울퀴어문화축제와 공공성의 재구성

1 염복규, 「[근대성연구] 식민지근대의 공간형성: 근대 서울의 도시계획과 도시공간의 형성, 변용, 확장」, 『문화과학』 39(2004), 198-200쪽.

2 서울특별시, 『서울 광장展: 70년 이야기』(서울특별시 정보공개정책과, 2015), 7쪽.

3 서울광장은 2004년 공식적으로 조성되기 이전까지 '(서울)시청 앞 광장'으로 불렸으나 여기서는 편의상 '서울광장'으로 통칭하겠다.

4 김백영, 「4·19와 5·16의 공간사회학」, 『서강인문논총』 38(2013), 90쪽.

5 안진희·배정한, 「광장에 대한 공론의 생성과 공간적 반영」, 『한국도시설계학회지 도시설계』 17-6(2016).

6 광화문광장에서 시작된 월드컵 거리 응원이 서울시청 앞으로 확장된 데는 정치적인 맥락이 존재했다. 당시 한국 정부는 미국 대 한국 경기를 앞두고 응원 열기가 일부 국민들의 반미 시위로 이어질 것을 우려하여 미국 대사관과 근접한 광화문광장에서 서울시청 앞 광장으로 인파를 분산시키고자 했다[이동연, 「카니발의 문화와 시민운동의 과제」, 『월드컵, 그 열정의 사회학』(한울, 2002), 171쪽].

7 효순이·미순이 촛불집회는 2002년 6월에 경기도 양주군에서 훈련 중이던 미군 장갑차에 깔려 숨진 여중생 심미선과 신효순을 추모하기 위해 시작되었다. 이 촛불집회는 추모 집회로 시작했지만 점차 불평등한 SOFA(한미주둔군지위협정) 개정을 촉구하는 반미 시위로 확산되었고, 서울뿐만 아니라 부산·대구 등 여러 도시에서 집회가 이어졌다[권숙희, 「대한민국 '촛불 민주주의' 언제·어디서 시작됐을까」, 『연합뉴스』, 2016년 12월 14일].

8 박지혜, 「서울 시청 앞 광장의 공간 분석과 도시 공공성의 변천 과정」(서울대학교 석사학위논문, 2017), 46쪽.

9 서울특별시, 『시민광장 조성 기본계획연구』(서울특별시 건설기획국 도로계획과, 2003), 1쪽.

10 서울광장을 잔디 광장으로 조성한 것에 대해서는 계획 단계부터 많은 비판이 있었다. 특히 개장 일주일 만에 잔디가 훼손되자 잔디의 생태적인 면은 고려하지 않고 시각적인 면만을 보고 광장을 잔디로 조성한 것에 대한 비판이 다시 제기되었다[조수연, 「서울광장, 개장은 했다지만」, 『환경과 조경』 194(2004), 110-111쪽].

11 서울광장조례 제5조 2항에는 신청 순위와 무관하게 우선 허가되는 행사 3가지 종류가 명시되어 있는데, 그중 하나가 "공연과 전시회 등 문화·예술 행사"이다. 그뿐만 아니라 서울광장조례 제9조 4항은 광장의 사용료를 면제할 수 있는 2가지 종류의 행사를 명시하고 있는데, 여기에 "문화·예술 진흥 등 기타 공익 목적"의 행사가 포함되어 있었다.

12 성동규·김성희, 「서울광장 이용에 대한 시민 만족도 및 이미지에 관한 연구」, 『서울도시연구』 6-4(2005), 200-201쪽.

13 김명기, 「서울광장 이용후 평가에 관한 연구」(경희대학교 석사학위논문, 2006), 50쪽.

14 권범철, 「서울광장의 장소성에 관한 연구」(단국대학교 석사학위논문, 2007), 84쪽.

15 우대식, 「대화공중(對話公衆)의 형성과 시민성」(경희대학교 석사학위논문, 2013), 34-35쪽.

16 서울광장에서 일어난 사건의 역사적 순서에 따르면 2016년 촛불시위는 이후에 다루어져야 하지만 2008년 촛불시위와 기본적인 성격이 유사하여 여기에서 함께 다루었다.

17 황진태·박배균, 「2016년 촛불집회시위의 공간성에 관한 고찰」, 『공간과사회』 28-3(2018), 178쪽.

18 황진태, 「도시권의 측면에서 바라본 광장의 정치」, 『공간과사회』 21-1(2011), 54쪽.

19 이재근, 「광장을 열어라 민주주의를 열어라」, 『시민과 세계』 16(2009), 174쪽.

20 서울특별시(2015), 앞의 책, 12쪽.

21 박세진, 「망자를 위한 '추모공간'조차 허용되지 않는 나라」, 『투데이신문』, 2023년 4월 14일.

22 윤수한, 「8번째 봄··갈 곳 잃은 '세월호 기억 공간'들」, 『MBC 뉴스』, 2022년 4월 15일.

23 이설영, 「두 달 넘은 이태원 분향소...유족vs서울시 '일촉즉발'」, 『파이낸셜뉴스』, 2023년 4월 15일.

24 김재현, 「갈 곳 잃은 이태원 참사 추모공간 "기피시설 인식 바꿔야」, 『한국일보』, 2023년 5월 12일.

25 한예섭, 「서울시 '분양소는 불법'···이태원 유족에 변상금 2900만원 부과」, 『프레시안』, 2023년 4월 11일.

26 퀴어(queer)는 '이상한, 기묘한'이라는 뜻으로 성소수자에 대한 비하적 표현으로 사용되었으나 1980년대 미국의 성소수자 운동에

서 이를 적극적으로 전유하기 시작했다. 20세기에는 동성애를 의미하는 용도로 사용되었으나 21세기에 들어서는 모든 비규범적 성 정체성을 포괄하는 용어로 의미가 확대되었다.

27 김현철, 「성적 반체제자와 도시공간의 공공성: 2014 신촌 퀴어퍼레이드를 중심으로」, 『공간과사회』 25-1(2015), 19쪽.

28 한국갤럽, 『한국갤럽 데일리 오피니언』 544(2023), 20쪽.

29 정희성, 「역설적 공간으로써 퀴어문화축제 장」(경희대학교 석사학위논문, 2018), 26쪽.

30 조수미, 「퀴어문화축제 공간의 상징과 의례」, 『한국문화인류학』 52-3(2019), 225쪽.

31 이성애 규범성(heteronormality)은 "이성애를 일관되고 특권적인 것으로 보이게 하는 제도, 이해 방식의 구조, 실천적 지향"을 포괄적으로 의미한다[Lauren Berlant and Michael Warner, "Sex in Public," *Critical Inquiry* 24-2 (1998), p. 548]. 달리 말해 이성애 규범성은 이성애가 동성애 등 비-이성애적 성 정체성과 같이 다양한 성 정체성의 한 종류가 아니라 다른 성 정체성의 특성을 규정하고 지배하는 유적 정체성이라는 것을 의미하며, 한 사회가 단일하고 규범적인 이성애 문화를 따라 조직되는 것이 자연스럽다고 받아들이게 되는 것으로 이해할 수 있다.

32 서동진, 「인권, 시민권 그리고 섹슈얼리티: 한국의 성적 소수자 운동과 정치학」, 『경제와사회』 67(2005), 69쪽.

33 조형, 「공/사 영역의 변화와 여성의 삶의 질」, 『지구화와 여성 시민권』(이화여자대학교출판부, 2002), 14쪽.

34 Diane Richardson, "Rethinking Sexual Citizenship," *Sociology* 51-2(2015), p. 210.

35 토리, 「한국사회 LGBT의 성적 시민권: 비판과 전망」, 『여/성이론』 23(2010), 14-17쪽.

36 이보라, 「"서울시, 퀴어 축제 광장 사용신고 처리 5년간 부당하게 늦췄다"」, 『경향신문』, 2019년 10월 23일.

37 김다은, 「서울퀴어문화축제 불허 사유는? 광장시민위 회의록 살펴보니」, 『시사IN』, 2023년 6월 16일.

38 조수미(2019), 앞의 논문, 247-248쪽.

39 서울퀴어문화축제 퍼레이드 현황을 살펴보면 2000년에 처음 개최될 당시에는 70명이 참여했고, 2002년부터 2010년까지는 참여자가 계속 1,000여 명에 지나지 않다가 그 이후 2012년 3,000명, 2014년 1만 명, 2016년 2만 5,000명, 2018년 6만 명으로 기하급수

적으로 증가하기 시작한다(김미향, 「퀴어 축제 20년… "넓은 세상 보여주고 싶어 여덟살 딸과 함께 나갈 것"」, 『한겨레』, 2019년 6월 1일).

40 시우, 『퀴어 아포칼립스』(현실문화, 2018), 226쪽.

41 서동진(2005), 앞의 논문, 79쪽.

42 이상봉, 「친밀권의 재구성과 대안적 공공권의 가능성」, 『21세기정치학회보』 26-3(2016).

43 앤소니 기든스(배은경·황정미 옮김), 『현대사회의 성, 사랑, 에로티시즘: 친밀성의 구조변동』(새물결, 2003), 296-298쪽.

44 Nancy Fraser, "Rethinking the Public Sphere," in *Habermas and the Public Sphere*, ed. Craig Calhounb (Cambridge: MIT Press, 1992).

45 Berlant and Warner (1998), 앞의 논문.

3장. 한강 이남, 영동지구에서 강남이 되기까지

1 1960년대를 지나며 진행된 구획 정리 사업에서 설정된 영동1지구와 2지구는 현재의 '강남 일대'와는 차이가 있다. 이 글에서는 영동지구로 구획된 지역을 중심으로 이 지역이 과거에서 현재에 이르기까지 어떻게 구획되어 왔으며 현재의 '강남 일대'로 통칭되기에 이르렀는지도 함께 살피고자 한다.

2 한종수·계용준·강희용, 『강남의 탄생: 대한민국의 심장 도시는 어떻게 태어났는가?』(미지북스, 2016).

3 최완기, 『한양 그 곳에서 살고 싶다?』(교학사, 2006), 403-411쪽.

4 서울역사박물관, 『강남 이야기로 보다』(서울역사박물관, 2009b), 17-26쪽 참조.

5 맹다미에 따르면 2000년 이후 영동 부도심(강남구, 서초구, 송파구)의 사업체 및 종사자 수는 도심(중구, 종로구, 용산구)과 영등포구를 큰 폭으로 추월했다. 과거 경제 중심지 간의 위상과 기능에 변화가 나타난 것이다. 특히 강남구의 사업체 종사자 수는 지속적으로 증가하는 추세를 보인다. 중구와 영등포구는 금융 및 보험업에 특화된 반면, 강남구는 전문, 과학 및 기술 서비스업에 특화되어 있다. 또한 서울에 입지한 매출액 기준 1000대 기업 본사의 35%가 영동 부도심에 집중해 있다. 더불어 서울 내의 공공도서관, 문화·복지시설도 종로구, 중구, 강남구에 집중해 있는 등 강남구와 서초구 일대는 서울 내에서 문화·경제적 중심지로서 기능하고 있다[맹다

미, 「지표로 본 서울의 도시공간 변화」, 『서울연구원』 68-7(2010), 6-7, 11-12쪽].

6 김혜영·이상헌, 「영동아파트 지구계획에서 근린주구론의 적용과 한계: 도곡아파트 역삼주구를 중심으로」, 『한국도시설계학회』 21-6(2020); 정인하·강수정, 「서울강남 도시블록의 필지구획 패턴에 관한 연구: 영동 제2토지구획정리사업지를 중심으로」, 『대한건축학회 논문집』 28-5(2012).

7 김백영, 「강남 개발과 올림픽 효과」, 『도시연구』 4(2017).

8 박배균·장진범, 「'강남 만들기, '강남 따라 하기'와 한국의 도시 이데올로기」, 『강남 만들기, 강남 따라 하기』(동녘, 2017); 박해천, 『콘크리트 유토피아』(자음과모음, 2011); 박해천, 『아파트 게임: 그들이 중산층이 될 수 있었던 이유』(휴머니스트, 2013); 이향아·이동헌, 「'강남'이라는 상상의 공동체: 강남의 심상 규모의 경계 짓기의 논리」, 『강남 만들기, 강남 따라 하기』(동녘, 2017).

9 박해천(2011), 위의 책; 박해천(2013), 위의 책; 송도영, 『(인류학자 송도영의) 서울 읽기』(소화, 2005); 정헌목, 『가치 있는 아파트 만들기: 재건축 열풍에서 아파트 민주주의까지, 인류학자들의 아파트 탐사기』(반비, 2017).

10 박지환, 「분당 신도시의 사회적 생산과 구성: 계급-공간의 사회문화적 형성에 관한 연구」, 『한국문화인류학』 38-1(2005).

11 리브커 야퍼·아나욱 더코닝(박지환·정헌목 옮김), 『도시인류학: 우리가 사는 세상을 해석하는 방법』(일조각, 2020), 31-37쪽.

12 최완기(2006), 앞의 책, 406, 411쪽.

13 최완기(2006), 앞의 책.

14 고동환, 『조선시대 서울도시사』(태학사, 2007), 144, 302-303쪽.

15 최완기(2006), 앞의 책, 403-410, 428쪽.

16 최완기(2006), 앞의 책, 430쪽.

17 최완기(2006), 앞의 책, 427-429쪽.

18 영등포 일대는 1900년을 전후하여 경인선과 경부선이 관통한 이후 점차 공장 밀집 지역으로 변모했다. 또한 영등포는 1930년대에 이르러서 일제에 의해 본격적인 공업지대로 형성되었으며, 해방 이후 1960년대에도 구로동을 비롯해 대규모의 수출 산업 공단이 형성되어 왔다[최완기(2006), 앞의 책, 406쪽].

19 한종수·계용준·강희용(2016), 앞의 책, 17-28쪽.

20 이 구역 확장으로 종전까지 268㎢였던 서울시 행정 구역은 596㎢로 확장되었으며, 지금의 강남·서초구와 중랑·강북·노원·은

평·강서·구로·금천·관악·송파·강동 지역 및 양천구의 일부 지역이 서울에 편입되어 '대서울'을 이루게 되었다[서울역사박물관(2009b), 앞의 책, 17쪽].

21 손정목, 『서울 도시계획 이야기: 서울 격동의 50년과 나의 증언 3』(한울, 2003b), 70-71쪽.

22 안창모, 「강남개발과 강북의 탄생과정 고찰」, 『서울학연구』 41(2010), 76쪽; 이는 이전에 민간 기업이 추진했던 계획을 그대로 인용하여 꾸려졌으며 그 내용도 엉성한 수준이었다. 당시의 강남 개발 구상은 제3한강교 가설 공사를 추진하기 위한 밑 작업에 불과했다는 것이다. 제3한강교 가설은 군사적 목적으로 계획되었으며 1966년 1월에 착공되었다. 이후 '불도저 시장'으로도 불린 김현옥이 부임하면서 제3한강교 건설 공사는 잠시 중단되었다. 김현옥 시장과 당시 부총리인 장기영 간의 사적인 갈등 관계가 제3한강교의 건설에 개입되었으며, 이 때문에 공사 과정이 우여곡절을 거치게 되었다는 의견도 있다[손정목(2003b), 위의 책, 78-80쪽].

23 한종수·계용준·강희용(2016), 앞의 책, 29쪽.

24 서울의 도시 계획 사업은 일제강점기 때 모델을 얻어 구획 정리 사업을 답습하는 식으로 이루어져 왔다. 그럼에도 영동 구획 정리 사업은 그 대상 토지가 4백만 평을 넘는다는 점에서 전례가 없었던 사업으로 꼽힌다. 영동1지구는 그때마다의 필요에 따라 1971년까지 확장되었다[손정목(2003b), 앞의 책, 29쪽].

25 손정목(2003b), 앞의 책, 94쪽.

26 한종수·계용준·강희용(2016), 앞의 책, 33쪽.

27 영동지구 개발이 진행되면서, 공사 이전에는 한 평에 200원 정도였던 압구정·신사·잠원 등지의 땅값이 착공 1년 만에는 평당 3천 원을 넘게 되었다. 제3한강교 착공 후 점차 증가하던 강남의 땅값은 공사가 중단된 1968년에 약간 떨어지다가 다리 준공 이후 다시금 상승했다. 이렇듯 개발을 전후하여 영동지구의 땅값이 크게 뛰면서 이 지역의 토지 투기도 가열된다. 당시 도시계획국장을 역임했던 윤진우조차 강남에 대량의 토지를 매입, 매각하여 청와대의 정치 자금을 마련했을 정도였다[손정목(2003b), 앞의 책, 97, 105쪽].

28 손정목(2003b), 앞의 책, 124-127쪽.

29 1974년 서울시장으로 부임한 구자춘은 이른바 3핵도시 구상을 발표함으로써 영동과 잠실을 서울 내부의 핵심 지역으로 개발하겠다고 선언했다. 나머지 두 개의 '핵'은 서울 강북과 영등포·여의도로,

여기서 영동·잠실은 기존 강북 도심의 행정·교통 기능을 나누어 맡는 동시에 금융 및 업무 기능의 중심지로 개발한다는 계획이었다[서울역사박물관(2009b), 앞의 책, 27쪽].

30 안창모(2010), 앞의 논문, 79쪽.

31 손정목은 영동지구 제2구획 정리 사업에는 김현옥 시장 부임기에 정치 자금 마련을 위해 은밀히 매입한 상공부 종합청사 부지를 비싼 값에 매각하려는 목적도 숨겨져 있었다고 본다[손정목(2003b), 앞의 책, 127쪽].

32 손정목(2003b), 앞의 책, 162-168쪽.

33 손정목(2003b), 앞의 책, 129-130쪽.

34 서울역사박물관(2009b), 앞의 책, 26-28쪽.

35 전남일·손세관·양세화·홍형옥, 『한국 주거의 사회사』(돌베개, 2008), 212-213쪽.

36 김혜영·이상헌, 「영동아파트 지구계획에서 근린주구론의 적용과 한계: 도곡아파트 역삼주구를 중심으로」, 『한국도시설계학회』 21-6(2020), 127-128쪽.

37 1973년 말 영동1·2지구의 인구수는 5만 3,554명이었으나 개발 촉진 지구의 효력이 끝나는 1987년 말에는 6개 행정동이 11개로 늘어나고, 총 인구수도 21만 6,797명으로 늘어났다[손정목(2003b), 앞의 책, 168쪽].

38 서울역사박물관(2009b), 앞의 책, 33쪽.

39 전남일 외(2008), 앞의 책, 216-217쪽.

40 박해천(2013), 앞의 책; 정헌목(2017), 앞의 책.

41 서울역사박물관(2009b), 앞의 책, 31-36쪽.

42 서울역사박물관(2009b), 앞의 책, 36-39쪽.

43 정인하·강수정(2012), 앞의 논문.

44 지주형(2017), 「강남 개발과 강남적 도시성의 형성: 반공 권위주의 발전국가의 공간선택성을 중심으로」, 『강남 만들기, 강남 따라 하기』(동녘, 2017), 201-202쪽.

45 손정목(2003b), 앞의 책, 159-160쪽.

46 손정목, 『한국 도시 60년의 이야기 1』(한울, 2005), 235-239쪽.

47 이영민(2017), 앞의 논문.

48 문영준 구술, 서울역사박물관(2009b), 앞의 책, 118-119쪽.

49 서울역사박물관(2009b), 앞의 책.

50 박해천(2013), 앞의 책, 24쪽.

51 박해천(2011), 앞의 책, 116-117쪽.

52 서초세무서는 1989년에 생겼다. 이한성 씨의 아버지는 서초세무서 설립에서 준비 작업을 담당하며 1986년에 가족을 이끌고 삼성동 아파트에 입주했다.

53 송은영, 『서울 탄생기: 1960~1970년대 문학으로 본 현대도시 서울의 사회사』(푸른역사, 2018), 425쪽.

54 박완서, 「닮은 방들」, 『부끄러움을 가르칩니다』(문학동네, 1999), 277-278쪽. 송은영(2018), 앞의 책, 425-426쪽에서 재인용.

55 홍두승·김미희, 「도시 중산층의 생활양식: 주거생활을 중심으로」, 『성곡논총』 19(1991), 18쪽.

56 박해천(2011), 앞의 책, 83쪽.

57 송도영(2005), 앞의 책, 32쪽.

58 이향아·이동헌(2017), 앞의 논문, 153쪽.

59 이영민(2017), 앞의 논문, 103-106쪽.

60 정헌목(2017), 앞의 책, 84-87쪽.

61 「무지개아파트 추첨분양」, 『매일경제』, 1978년 2월 11일.

62 박해천(2013), 앞의 책, 166-168쪽.

63 박배균·장진범(2017), 앞의 논문, 53쪽.

64 정헌목(2017), 앞의 책, 272-273쪽.

4장. 동부이촌동, 두 가지 상징이 교차하는 공간

1 신재준, 「한일 국교 '정상화'와 일본인 집거지의 형성」, 박준형 외, 『서울 내 외국인 집단활동지의 역사』(서울역사편찬원, 2022), 246쪽.

2 다만 이촌동은 1936년 일제에 의해 '二村町'으로 개칭되었고 1943년에 용산구에 속했다가 1946년 10월 1일 현재의 형태로 바뀌어 오늘에 이르렀다[용산구, 『용산구지(龍山區誌)』(서울특별시 용산구, 2001), 968쪽].

3 김태웅, 「1925년 일제의 京城府 二村洞 水害對策과 都市開發 構想」, 『역사연구』 33(2017), 97쪽.

4 김태웅(2017), 위의 논문.

5 신재준, 「한일 국교 '정상화'와 일본인 집거지의 형성」, 박준형 외, 『서울 내 외국인 집단활동지의 역사』(서울역사편찬원, 2022), 247쪽.

6 용산구(2001), 앞의 책, 134쪽.

7 손정목,『일제강점기 도시화 과정연구(日帝强占期 都市化 過程研究)』(일지사, 1996b), 386쪽.

8 양지혜,「일제강점기 서울 내 일본인 거주공간의 형성과 거주양상」, 박준형 외,『서울 내 외국인 집단활동지의 역사』(서울역사편찬원, 2022), 81쪽.

9 이강원,『담을 두른 공원: 서울 도심공원 민족지연구를 통해 본 도시 공공 공간의 의미』(학고방, 2021), 56쪽.

10 토드 A. 헨리(김백영·정준영·이향아·이연경 옮김),『서울, 권력 도시: 일본 식민지배와 공공 공간의 생활 정치』(산처럼, 2020), 79쪽.

11 정재정·염인호·장교식,『개혁·침략·저항·건국의 자취를 찾아가는 서울 근현대 역사기행』(서울학연구소, 1996), 142쪽.

12 용산구(2001), 앞의 책, 624-625쪽.

13 용산구(2001), 앞의 책, 695-696쪽; 한편, 동부이촌동에는 현재 지하철 4호선과 경의중앙선 이촌역이 있다. 국립중앙박물관을 등지고 이촌역 앞을 바라보면 건영한가람아파트를 비롯해 한강대우아파트, LG 한강자이아파트, 한강맨션이 위치하고 있다. 이렇듯 4호선과 인접해 있기에 이들 단지는 서울 내에서도 교통이 매우 편리한 편이다. 지하철 4호선은 지하철 2호선 건설이 시작된 1978년 초부터 계획되기 시작했다. 용산구를 지나가는 4호선 구역(숙대입구, 삼각지, 신용산, 이촌) 건설 공사는 1980년부터 1985년까지 지속되었다. 특히 이촌역 구간(420공구)은 미륭건설(주)가 84억 7,345만 9,000원을 들여 1980년 3월 20일부터 1985년 10월 18일까지 공사를 진행했다[용산구(2001), 앞의 책, 760쪽].

14 신재준(2022), 앞의 논문, 78-79쪽.

15 가미사카에 의해 가시화되어[上坂冬子,『慶州ナザレ園: 忘れられた日本人妻たち』(中公文庫, 1984)] 그 후 주로 사회학과 여성학 분야에서 연구가 이루어졌으나, 일본인 처의 역사는 오늘날까지 공적 기억이 되지 못하고 있는 것이 현실이다. 오늘날 대부분의 일본인 처가 세상을 떠났고 현재는 일본인 처의 자조 모임인 부용회의 3명과 나자레원에서 생활하는 1명, 나자레원에서 지내다가 건강 악화로 병원에 입원 중인 2명의 일본인 처만이 남아 있는 것으로 확인된다. 일본인 처에 관한 최근의 정확한 통계가 없어 기사를 토대로 작성했음을 밝혀둔다[임병안,「[한일교류와 공존] 조선남자와 결혼한 일본인여성 어느새 '4명뿐'」,『중도일보』, 2022년 12월 2일].

16 김수자,「재한일본인처의 경계인으로서의 삶과 기억의 재구성」,

『이화사학연구』 46(2013).

17 신재준(2022), 앞의 논문, 234쪽.

18 신재준(2022), 앞의 논문, 243쪽.

19 신재준(2022), 앞의 논문, 230쪽.

20 신재준(2022), 앞의 논문, 254쪽.

21 박세훈, 「한국의 외국인 밀집지역: 역사적 형성과정과 사회공간적 변화」, 『한국도시행정학회 도시행정학보』 23-1(2010), 79쪽.

22 박철수, 『한국주택 유전자 1: 20세기 한국인은 어떤 집을 짓고 살았을까?』(마티, 2021a), 616-617쪽.

23 신재준(2022), 앞의 논문, 257-258쪽.

24 신재준(2022), 앞의 논문, 265쪽.

25 신재준(2022), 앞의 논문, 271쪽.

26 小澤康則, 「日本人駐在員妻の韓國文化接觸」, 『일본언어문화』 6(2005).

27 임영언 · 허성태, 「재한일본인의 집거지 공동체 형성과 디아스포라적 문화의 특성 고찰」, 『동북아연구』 27-2(2012), 276, 284쪽.

28 임영언 · 허성태(2012), 위의 논문, 284-285쪽.

29 용산구(2001), 앞의 책, 626쪽; 용산 지역은 그 후 서울시의 확장과 강남의 발달에 따라 과거에 비해 인구가 감소하는 추세를 보였으나, 그 흐름은 대규모로 들어선 아파트에 의해 다시 변했다.

30 용산구(2001), 앞의 책, 156쪽.

31 신재준(2022), 앞의 논문, 247쪽.

32 용산구(2001), 앞의 책, 968쪽.

33 용산구(2001), 앞의 책, 168쪽.

34 정헌목, 『가치 있는 아파트 만들기: 재건축 열풍에서 아파트 민주주의까지, 인류학자들의 아파트 탐사기』(반비, 2017).

35 박철수, 『한국주택 유전자 2: 아파트는 어떻게 절대 우세종이 되었을까?』(마티, 2021b), 471쪽.

36 장동운, 「民間業體를 先導한 漢江맨션아파트」, 『大韓住宅公社 三十年史』(대한주택공사, 1992), 116-117쪽. 박철수(2021b), 위의 책, 473-474쪽에서 재인용.

37 박철수(2021b), 앞의 책, 481쪽.

38 신재준(2022), 앞의 논문, 253쪽.

39 「서울의 새 풍속도 (4) 맨션족의 생태」, 『경향신문』, 1970년 10월 5일.

40 김철수, 『도시공간의 이해』(기문당, 2010), 111쪽.

41 박철수(2021b), 앞의 책, 489쪽.

42 정헌목(2017), 앞의 책, 63쪽.

43 박철수(2021b), 앞의 책.

44 정헌목(2017), 앞의 책, 66쪽.

45 인터뷰는 식당과 카페 등에서 진행했다. 녹음은 핸드폰과 태블릿을 사용했고, 인터뷰는 김태준 씨가 필자와 이야기할 때 주로 일본어를 쓰기도 해서 일본어와 한국어(일본어로 모르는 단어, 필자가 질문할 때)를 사용하면서 진행했다. 김태준 씨가 구술한 내용은 대부분이 일본어로 되어 있기 때문에 이 글에서는 필자가 한국어로 번역한 내용을 기술했음을 밝혀둔다.

46 송은영, 『서울 탄생기: 1960~1970년대 문학으로 본 현대도시 서울의 사회사』(푸른역사, 2018), 416쪽.

47 서울대학교는 1951~1953년에 부산에 피난 가 있었다. 김태준 씨의 생년월일과 대조해 보았을 때, 그는 1952년부터 부산에서 서울대학교에 다니기 시작한 것으로 보인다.

48 다만 인터뷰를 몇 차례 거듭하며 그의 가족에 관한 이야기를 조금이나마 들을 수 있었다. 딸과 아들은 둘 다 미국 유학을 보냈고 고등학생이 되는 손자가 두 명 있다고 한다. 이처럼 간략한 정보만 알려주었고 자세한 이야기는 들을 수 없었다. 특히 김태준 씨의 아내에 관해 질문하면 그는 손목시계를 확인하는 등 다른 행동을 하며 정확한 대답을 하지 않았다.

49 박철수(2021b), 앞의 책, 495쪽.

50 리브커 야퍼 · 아나욱 더코닝(박지환 · 정헌목 옮김), 『도시인류학: 우리가 사는 세상을 해석하는 방법』(일조각, 2020), 92쪽.

51 리브커 야퍼 · 아나욱 더코닝(2020), 위의 책, 95쪽.

5장. 광교 신도시, 수원의 도시화와 신도시 주민들의 지역 인식

1 경인지방통계청 수원사무소, 『통계로 보는 수원시 20~30 세대의 삶』, 2021.

2 한동민, 『수원을 걷는다: 근대 수원 읽기』(수원박물관, 2012), 140쪽.

3 한동민(2012), 위의 책, 31쪽.

4 둔전(屯田)은 변경이나 군사 요지에 주둔한 군대의 군량을 마련하기 위하여 설치한 토지를 일컫는다. 군인이 직접 경작하는 경우와 농민에게 경작을 시켜 수확량의 일부를 거두어 가는 두 가지의 경우가 존재했다(표준국어대사전).

5 한동민(2012), 앞의 책, 140쪽.

6 한동민(2012), 앞의 책, 243쪽.

7 수원시, 『수원시사 2: 수원의 도시공간과 도시구조』(수원시사편찬위원회, 2014b), 13-14쪽.

8 금난전권은 조선 후기에 난전을 규제할 수 있도록 나라로부터 부여받은 시전의 특권을 뜻한다(표준국어대사전). 박현모에 따르면 상업 세력이 수원을 기반으로 성장하는 데는 중대한 장애물이 있었는데, 그것은 바로 노론과 그를 뒷받침하는 상업 세력이 휘두르는 금난전권 문제였다. 금난전권이 계속될 경우에는 수원의 상업 발전이 제한받을 수밖에 없었다. 이에 따라 정조는 상업 발전이 수원을 기반으로 활발해질 수 있도록 화성 행궁을 건설했다[박현모, 「정조의 정치와 수원성: 화성건설의 정치적 의미」, 『한국과국제정치(KWP)』 17-1(2001), 94-95쪽].

9 손정목, 「세계최고의 계획된 신도시-화성: 신도시 화성건설의 이념과 수법」, 『도시문제』 11-9(1976). 수원시, 『수원시사 1: 수원의 지리적 환경』(수원시사편찬위원회, 2014a), 340쪽에서 재인용.

10 수원시, 『수원 도시변천사』(수원시, 2004), 27-28쪽.

11 이 과정에서 읍치를 옮겨서 건설된 신도시에 읍성으로서 '화성 쌓기'가 필수적이라는 논의가 이루어진다. 이러한 화성 쌓기 작업을 계획하는 까다로운 일을 정약용이 맡았다. 그는 이 작업을 수행하기 위하여 전통적인 한국의 성 쌓기 방식 및 중국식 성 쌓기의 장단점을 오랫동안 비교 연구했다. 이러한 깊은 연구를 토대로 중국을 통해 입수한 서양 과학 기술 서적을 참고하면서 거중기와 같은 기계 장치를 설계하여 공사 과정에 적극적으로 활용했다[수원시(2004), 위의 책, 27-28쪽].

12 수원시(2004), 앞의 책, 40-56쪽.

13 수원시(2014b), 앞의 책, 137-148쪽.

14 수원시(2014b), 앞의 책, 153-154쪽.

15 수원시(2014b), 앞의 책, 229-232쪽.

16 수원시(2014b), 앞의 책, 242-250쪽.

17 리브커 야퍼 · 아나욱 더코닝(박지환 · 정헌목 옮김), 『도시인류학: 우리가 사는 세상을 해석하는 방법』(일조각, 2020), 235-237쪽.

18 이 그림은 야퍼와 더코닝이 설명한 부분을 도식화한 것이다. 야퍼와 더코닝은 여기서 '식민지 도시'에 대한 연구 사례를 '이중 도시' 개념과 연관시켜서 서술한다[리브커 야퍼 · 아나욱 더코닝(2020), 위의 책, 237쪽]. 나는 이것이 '식민지 도시'뿐만 아니라 그 이후의 도시 형성까지 영향을 미칠 수 있는 개념이라 판단해 이 글에 활용했다. 한국은 식민 통치를 겪으면서 이중 도시가 이미 만들어진 상태였으나 현재에 이르기까지도 또 다른 차원에서의 이중 도시, 즉 구도심과 신도심으로 구분되는 이중 도시로서의 면모를 보이고 있기 때문이다. 도시 경쟁력을 명목으로 급속도로 신도시가 계획되고 개발되는 현상은 이를 뒷받침하는 것으로 보인다.

19 박지환, 「분당 신도시의 사회적 생산과 구성: 계급-공간의 사회문화적 형성에 관한 연구」, 『한국문화인류학』 38-1(2005).

20 박지환(2005), 위의 논문, 84쪽.

21 수원시(2014a), 앞의 책, 410쪽.

22 수원시(2014a), 앞의 책, 418쪽.

23 수원시(2014a), 앞의 책, 419-420쪽.

24 제임스 스콧은 사회와 자연 모두를 조작 · 규제하고 개선하기 위해 정부가 개발한 다수의 대규모 유토피아 계획들을 『국가처럼 보기』에서 논의한다. 그는 이러한 도시 계획을 '하이 모더니즘(high modernism)'이라는 개념으로 설명하는데 하이 모더니즘이 가장 뚜렷하게 나타나는 전략이 '신도시(new town)'다. 계획된 유토피아로서의 신도시는 주로 20세기에 나타난 현상인데, 스마트도시, 생태도시, 전원도시, 친환경도시 등의 관념이 이때부터 나오기 시작한다. 여기서 도시를 만드는 데 '모더니즘 미학'의 모습이 두드러지면서 도시는 주거 지역, 쇼핑 지역, 정부 구역, 행정 구역, 산업 구역 등으로 분화된다[리브커 야퍼 · 아나욱 더코닝(2020), 앞의 책, 244-248쪽].

25 김진유, 「신도시 개발이 도시공간구조에 미친 영향: 수도권 1기 신도시가 인구 및 고용분포 변화에 미친 영향을 중심으로」, 『국토연

구』 64-1(2010), 186쪽.

26 이외희 · 원보람 · 이지은 · 좌승희, 「신도시 계획과 개발의 특성에 관한 연구」(경기연구원, 2008), 17쪽.

27 이지은 · 백인길 · 김명진, 「광교신도시의 광교테크노밸리 조성 과정에서의 성과와 한계」, 『한국도시지리학회지』, 19-2(2016), 201쪽.

28 이지은 · 백인길 · 김명진(2016), 위의 논문, 205-206쪽.

29 수원시, 『100만 도시 성장기 수원의 오늘을 만든 7가지 장면』(수원시, 2019), 259쪽.

30 수원시(2019), 위의 책, 260-262쪽.

31 「수원, 광교 신도시 개발에 집중 투자」, 『지역내일』, 2005년 3월 5일.

32 정헌목, 『가치 있는 아파트 만들기: 재건축 열풍에서 아파트 민주주의까지, 인류학자들의 아파트 탐사기』(반비, 2017), 64-65쪽.

33 박병규, 「[집중취재] 초등학생 익사 사고 '광교호수공원'… "불안해서 못 가겠다"」, 『경기일보』, 2022년 7월19일(2023년 6월 23일 접속).

34 정태조, 「살기 좋은 도시로서 광교신도시에 대한 영향 평가」(강원대학교 박사학위논문, 2022).

35 최필성, 「광역교통접근성이 주택가격에 미치는 영향 분석: 동탄2와 광교신도시를 중심으로」(단국대학교 박사학위논문, 2022), 65쪽.

36 정헌목(2017), 앞의 책, 89-90쪽.

37 개발 초창기부터 광교에서 살아 온 박병우는 계층화 인식이 '엄마들의 실수' 또는 잘못된 인식에서 비롯되었고 이런 엄마들은 결국 '광교에서 생활할 수 있는 수준이 안 되어서' 동탄 등의 타 지역으로 이주했다고 주장한다. 이 같은 인터뷰 내용은 광교 내의 계층화 과정에서 여성(엄마)이 중요한 역할을 한다는 점을 짚어 주는 한편, "못된 엄마들"을 "광교에서 생활할 수 있는 수준"을 갖추지 못한 이들로서 이웃의 범주에서 배제하는 경향을 보인다. 이때 '수준'은, 즉 넉넉한 경제적 조건뿐 아니라 개인의 '심성'까지 포괄하는 의미를 띤다.

6장. 운중동 먹거리촌, 신도시의 흐름이 닿은 교외 공간

1 『한국민족대백과사전』, 〈신도시〉 항목 참조.

2 리브커 야퍼·아나욱 더코닝(박지환·정헌목 옮김), 『도시인류학: 우리가 사는 세상을 해석하는 방법』(일조각, 2020), 18쪽.

3 서울시가 도시 빈민들을 광주군 중부면 광주대단지로 이주시키는 과정에서 광주대단지의 주택 및 토지 분양권을 둘러싸고 발생한 주민 봉기 사건이다. 기존에는 '광주대단지 사건' 혹은 '광주대단지 사태' 등으로 불렀으나, 2020년 성남시 주관 〈광주대단지사건 명칭 지정을 위한 학술토론회〉를 거쳐 2021년 '8·10 성남 광주대단지 민권 운동'으로 공식 명칭을 확정하고 기념 사업 추진 위원회를 발족했다.

4 「부동산 투기지역 44곳 추가」, 『매일경제』, 1978년 7월 24일.

5 한국정신문화연구원, 『한국정신문화연구원 10년사』(한국정신문화연구원, 1988), 4쪽.

6 「"역사적인 큰일 했읍니다"」, 『조선일보』, 1978년 7월 1일.

7 윤택림, 「과천 신도시의 주민 되기: 구술생애사를 통한 지역정체성의 형성 분석」, 『지방사와 지방문화』 11-2(2008), 318-319쪽.

8 손정목, 「수도권내 신도시건설계획의 발표와 여론의 동향」, 『도시문제』 24-7(1989), 10쪽.

9 박지환, 「분당 신도시의 사회적 생산과 구성: 계급-공간의 사회문화적 형성에 관한 연구」, 『한국문화인류학』 38-1(2005), 100쪽.

10 박성영, 「사통팔달의 교통요충지 평촌신도시」, 『대한토목학회지』 45-6(1997), 53-54쪽.

11 오광수, 「수도권 "낙엽명소" 4선 - 광릉수목원·청계산 이름난 반나절 코스」, 『경향신문』, 1992년 10월 22일.

12 박지환(2005), 앞의 논문, 106쪽.

13 최시현, 「주택장(house field)의 정치경제학: 도시중산층의 젠더화된 투기아비투스」, 『공간과사회』 31-3(2021), 25-31쪽.

14 백혜선, 「성남시 운중동, 청계산 자락의 '먹자 데이트'」, 『일간스포츠』, 2007년 11월 8일.

15 「판교 일대, 단독·연립주택 비중 50% 전망」, 『연합뉴스』, 1999년 10월 25일.

16 양지영, 「상반기 부동산 재테크: 판교신도시」, 『주택과 사람들』 189(2006), 14-15쪽.

17 성남문화원, 『판교 마을지』(성남문화원, 2002), 205-208쪽.

18 네이버 블로그 게시물(blog.naver.com/decadentliz/222947264944), 2022년 12월 6일.

19 「개인정원 갖춘 타운하우스 '판교 동양파크타운'」, 『연합뉴스』, 2012년 9월 7일.

20 동양파크타운 입주식을 찾은 한 네이버 블로그의 후기에서 인용(blog.naver.com/hsys38/110161841395).

21 윤현자·박인경, 「[운중동 먹거리촌] 서두를 필요가 있을까? 구름마을 맛집 산책」, 『비전성남』, 2017년 4월 24일.

참고문헌

◎ 논저

- 강우원, 「서울 도심부 제조업의 입지특성 연구」, 『서울학연구』 7, 1996.
- 고동환, 『조선시대 서울도시사』, 태학사, 2007.
- 고명지, 「청년세대 문화의 새로운 경계짓기: 신촌에서 인스타그램까지 청년세대 공간을 중심으로」, 이화여자대학교 박사학위논문, 2020.
- 고명지, 「'#핫플레이스'를 통해 알아본 청년세대의 소비문화」, 『인문사회』 12-3, 2021.
- 곽장근, 「서울 도심부 인쇄관련산업의 생산공정과 미시적 토지이용의 관계」, 한양대학교 석사학위논문, 1998.
- 권범철, 「서울광장의 장소성에 관한 연구」, 단국대학교 석사학위논문, 2007.
- 김기빈, 『분당의 땅이름 이야기』, 한국토지공사 토지박물관, 1999.
- 김명기, 「서울광장 이용후 평가에 관한 연구」, 경희대학교 석사학위논문, 2006.
- 김백영, 「식민권력과 광장공간: 일제하 서울시내 광장의 형성과 활용」, 『사회와역사』 90, 2011.
- 김백영, 「4·19와 5·16의 공간사회학」, 『서강인문논총』 38, 2013.
- 김백영, 「강남 개발과 올림픽 효과」, 『도시연구』 4, 2017.
- 김봉렬, 「을지로 인쇄 제조업 집적의 구조와 생활세계 연구」, 『서울연구원 정책과제연구보고서』, 2013.
- 김수자, 「재한일본인처의 경계인으로서의 삶과 기억의 재구성」, 『이화사학연구』 46, 2013.
- 김진유, 「신도시 개발이 도시공간구조에 미친 영향: 수도권 1기 신도시가 인구 및 고용분포 변화에 미친 영향을 중심으로」, 『국토연구』 64-1, 2010.

- 김철수, 『도시공간의 이해』, 기문당, 2010.
- 김태경 · 정천용 · 정지이, 『핫플레이스의 생성조건 및 쇠퇴 · 이동에 관한 연구』, 경기연구원 기본연구, 2018.
- 김태웅, 「1925년 일제의 京城府 二村洞 水害對策과 都市開發 構想」, 『역사연구』 33, 2017.
- 김현수, 「도심제조업 보존을 위한 도시재생 사례 비교연구: 오타구와 을지로-청계천 공구상가 사례를 중심으로」, 『한국공간디자인학회 논문집』 7-1, 2022.
- 김현철, 「성적 반체제자와 도시공간의 공공성: 2014 신촌 퀴어퍼레이드를 중심으로」, 『공간과사회』 25-1, 2015.
- 김혜영 · 이상헌, 「영동아파트지구계획에서 근린주구론의 적용과 한계: 도곡아파트 역삼주구를 중심으로」, 『한국도시설계학회』 21-6, 2020.
- 남은영, 「한국의 소비문화와 중산층의 생활양식: 문화적 자본 및 사회적 자본의 함의를 중심으로」, 서울대학교 박사학위논문, 2007.
- 류새배, 「인스타그램 이용자의 힙플레이스 방문 만족도에 영향을 미치는 요인 분석: 을지로 3 · 4가를 방문한 청년층을 중심으로」, 한양대학교 석사학위논문, 2021.
- 리브커 야퍼 · 아나욱 더코닝(박지환 · 정헌목 옮김), 『도시인류학: 우리가 사는 세상을 해석하는 방법』, 일조각, 2020.
- 맹다미, 「지표로 본 서울의 도시공간 변화」, 『서울연구원』 68-7, 2010.
- 박경룡, 『서울 번영의 상징, 을지로』, 서울특별시 중구문화원, 2017.
- 박배균 · 장진범, 「'강남 만들기, '강남 따라 하기'와 한국의 도시 이데올로기」, 『강남 만들기, 강남 따라 하기』, 동녘, 2017.
- 박상길, 「도심 시민광장 계획안」, 건국대학교 석사학위논문, 2003.
- 박성영, 「사통팔달의 교통요충지 평촌신도시」, 『대한토목학회지』 45-6, 1997.
- 박세훈, 「한국의 외국인 밀집지역: 역사적 형성과정과 사회공간적 변화」, 『한국도시행정학회 도시행정학보』 23-1, 2010.
- 박주리, 「산업 생태계 지역 재생과 보존을 위한 시민단체 운동의 기록화: 청계천 을지로보존연대의 기록관리와 활용을 중심으로」, 한국외국어대학교 석사학위논문, 2020.
- 박지환, 「분당 신도시의 사회적 생산과 구성: 계급-공간의 사회문화적 형성에 관한 연구」, 『한국문화인류학』 38-1, 2005.
- 박지혜, 「서울 시청 앞 광장의 공간 분석과 도시 공공성의 변천 과정」, 서울대학교 석사학위논문, 2017.

- 박철수, 『한국주택 유전자 1: 20세기 한국인은 어떤 집을 짓고 살았을까?』, 마티, 2021a.
- 박철수, 『한국주택 유전자 2: 아파트는 어떻게 절대 우세종이 되었을까?』, 마티, 2021b.
- 박현모, 「정조의 정치와 수원성: 화성건설의 정치적 의미」, 『한국과 국제정치(KWP)』 17-1, 2001.
- 박해천, 『콘크리트 유토피아』, 자음과모음, 2011.
- 박해천, 『아파트 게임: 그들이 중산층이 될 수 있었던 이유』, 휴머니스트, 2013.
- 서동진, 「인권, 시민권 그리고 섹슈얼리티: 한국의 성적 소수자 운동과 정치학」, 『경제와사회』 67, 2005.
- 서울시, 「서울시 등록외국인 현황 (국적별/동별) 통계」, 2015.
- 서울시, 「서울시 등록외국인 현황 통계」, 2021.
- 서울역사박물관, 『강남 사진으로 읽다』, 서울역사박물관, 2009a.
- 서울역사박물관, 『강남 이야기로 보다』, 서울역사박물관, 2009b.
- 서울역사박물관, 『도심 속 상공인 마을』, 서울역사박물관, 2010.
- 서울특별시, 『시민광장 조성 기본계획연구』, 서울특별시 건설기획국 도로계획과, 2003.
- 서울특별시, 『서울 광장展: 70년 이야기』, 서울특별시 정보공개정책과, 2015.
- 성남문화원, 『판교 마을지』, 성남문화원, 2002.
- 성남시사편찬위원회, 『성남시사』, 성남시, 1993.
- 성동규·김성희, 「서울광장 이용에 대한 시민 만족도 및 이미지에 관한 연구」, 『서울도시연구』 6-4, 2005.
- 손정목, 「세계최고의 계획된 신도시-화성: 신도시 화성건설의 이념과 수법」, 『도시문제』 11-9, 1976.
- 손정목, 「수도권내 신도시건설계획의 발표와 여론의 동향」, 『도시문제』 24-7, 1989.
- 손정목, 「[서울 도시계획이야기 7] 전재복구계획(하)」, 『국토』 181, 1996a.
- 손정목, 『일제강점기 도시화 과정연구(日帝强占期 都市化 過程研究)』, 일지사, 1996b.
- 손정목, 『서울 도시계획 이야기: 서울 격동의 50년과 나의 증언 1』, 한울, 2003a.
- 손정목, 『서울 도시계획 이야기: 서울 격동의 50년과 나의 증언 3』, 한울, 2003b.

- 손정목, 『한국 도시 60년의 이야기 1』, 한울, 2005.
- 손정목, 『서울 도시계획 이야기 2: 서울 격동의 50년과 나의 증언』, 한울(한울아카데미), 2013.
- 송도영, 『(인류학자 송도영의) 서울 읽기』, 소화, 2005.
- 송은영, 『서울 탄생기: 1960~1970년대 문학으로 본 현대도시 서울의 사회사』, 푸른역사, 2018.
- 수원시, 『수원 도시변천사』, 수원시, 2004.
- 수원시, 『수원시사 1: 수원의 지리적 환경』, 수원시사편찬위원회, 2014a.
- 수원시, 『수원시사 2: 수원의 도시공간과 도시구조』, 수원시사편찬위원회, 2014b.
- 수원시, 『100만 도시 성장기 수원의 오늘을 만든 7가지 장면』, 수원시, 2019.
- 시우, 『퀴어 아포칼립스』, 현실문화, 2018.
- 신재준, 「한일 국교 '정상화'와 일본인 집거지의 형성」, 박준형 외, 『서울 내 외국인 집단활동지의 역사』, 서울역사편찬원, 2022.
- 심한별, 「서울 도심부 도시형태 및 생산활동의 변화에 대한 제도주의적 해석」, 서울대학교 박사학위논문, 2013.
- 아르준 아파두라이(차원현·채호석·배개화 옮김), 『고삐 풀린 현대성』, 현실문화연구, 2004.
- 안종수, 「관광지화에 따른 디아스포라 공간의 장소성 재편: 오사카 코리아타운의 장소, 미디어, 행위 경관 분석」, 『로컬리티인문학』 26, 2021.
- 안종수, 「미디어 환경변화와 오사카 코리아타운의 장소성 연행」, 한양대학교 박사학위논문, 2022.
- 안진희·배정한, 「광장에 대한 공론의 생성과 공간적 반영」, 『한국도시설계학회지 도시설계』 17-6, 2016.
- 안창모, 「강남개발과 강북의 탄생과정 고찰」, 『서울학연구』 41, 2010.
- 안창모, 「세운상가의 탄생과 몰락 그리고 부활의 서사」, 『아키토피아의 실험』, 마티, 2015.
- 앤소니 기든스(배은경·황정미 옮김), 『현대사회의 성, 사랑, 에로티시즘: 친밀성의 구조변동』, 새물결, 2003.
- 양지영, 「상반기 부동산 재테크: 판교신도시」, 『주택과 사람들』 189, 2006.
- 양지혜, 「일제강점기 서울 내 일본인 거주공간의 형성과 거주양상」, 박준형 외, 『서울 내 외국인 집단활동지의 역사』, 서울역사편찬원, 2022.

- 염복규, 「[근대성연구] 식민지근대의 공간형성: 근대 서울의 도시계획과 도시공간의 형성, 변용, 확장」, 『문화과학』 39, 2004.
- 용산구, 『용산구지(龍山區誌)』, 서울특별시 용산구, 2001.
- 우대식, 「대화공중(對話公衆)의 형성과 시민성」, 경희대학교 석사학위논문, 2013.
- 위르겐 하버마스(한승완 옮김), 『공론장의 구조변동: 부르주아 사회의 한 범주에 관한 연구』, 나남출판, 2001.
- 윤택림, 「과천 신도시의 주민 되기: 구술생애사를 통한 지역정체성의 형성 분석」, 『지방사와 지방문화』 11-2, 2008.
- 이강원, 『담을 두른 공원: 서울 도심공원 민족지연구를 통해 본 도시공공 공간의 의미』, 학고방, 2021.
- 이동연, 「카니발의 문화와 시민운동의 과제」, 『월드컵, 그 열정의 사회학』, 한울, 2002.
- 이동연, 「세대문화의 구별짓기와 주체형성: 세대담론에 대한 비판과 재구성」, 『문화과학』 37, 2004.
- 이병호·김가연·박민근, 「지역개발과 삶의 질: 신도시 여부가 삶의 만족도에 주는 영향」, 『국토연구』 98, 2018.
- 이상봉, 「친밀권의 재구성과 대안적 공공권의 가능성」, 『21세기정치학회보』 26-3, 2016.
- 이영민, 「서울 강남 지역의 사회적 구성과 정체성의 정치」, 『강남 만들기, 강남 따라 하기』, 동녘, 2017.
- 이외희·원보람·이지은, 「신도시 계획과 개발의 특성에 관한 연구」, 경기개발연구원 기본연구, 2008년 11월.
- 이재근, 「광장을 열어라 민주주의를 열어라」, 『시민과 세계』 16, 2009.
- 이지은·백인길·김명진, 「광교신도시의 광교테크노밸리 조성 과정에서의 성과와 한계」, 『한국도시지리학회지』, 19-2, 2016.
- 이진아, 「'골목길 투어'의 배경과 의미: '을지유람'을 중심으로」, 이화여자대학교 석사학위논문, 2017.
- 이향아·이동헌, 「'강남'이라는 상상의 공동체: 강남의 심상 규모의 경계 짓기의 논리」, 『강남 만들기, 강남 따라 하기』, 동녘, 2017.
- 이해일. 「시민의식에 기초한 시청 앞 서울광장의 이용실태 및 광장 인식 분석」, 한양대학교 석사학위논문, 2006.
- 임영언·야마모토 노부히토, 「재한일본인의 이주역사와 동부이촌동 일본인집거지 형성배경 고찰」, 『전남대학교 세계한상문화연구단 국내학술회의』 12, 2011.

- 임영언 · 허성태, 「재한일본인의 집거지 공동체 형성과 디아스포라적 문화의 특성 고찰」, 『동북아연구』 27-2, 2012.
- 임주영, 「업사이클링 공간에 나타나는 뉴트로 특성 연구」, 국민대학교 석사학위논문, 2021.
- 임준홍 · 김한수 · 홍성효, 「신도시의 조성과 삶의 질: 충남 내포신도시와 인근 주민의 거주기간 간 삶의 만족도 분석」, 『인문사회과학연구』 28-1, 2008.
- 장동운, 「民間業體를 先導한 漢江맨션아파트」, 『大韓住宅公社 三十年史』, 대한주택공사, 1992.
- 장 보드리야르(하태환 옮김), 『시뮬라시옹』, 민음사, 2001.
- 전남일 · 손세관 · 양세화 · 홍형옥, 『한국 주거의 사회사』, 돌베개, 2008.
- 전종한, 「도시 뒷골목의 '장소기억': 종로 피맛골의 사례」, 『대한지리학회지』 44-6, 2007.
- 전우용, 「일제하 서울 남촌 상가의 형성과 변천」, 『서울 남촌: 시간, 장소, 사람』, 서울학연구소, 2003.
- 전현영, 「을지로 가로 활성화를 위한 복합공유주방 계획에 관한 연구」, 홍익대학교 석사학위논문, 2020.
- 정인하 · 강수정, 「서울강남 도시블록의 필지구획 패턴에 관한 연구: 영동 제2토지구획정리사업지를 중심으로」, 『대한건축학회 논문집』 28-5, 2012.
- 정재정 · 염인호 · 장교식, 『개혁 · 침략 · 저항 · 건국의 자취를 찾아가는 서울 근현대 역사기행』, 서울학연구소, 1996.
- 정태조, 「살기 좋은 도시로서 광교신도시에 대한 영향 평가」, 강원대학교 박사학위논문, 2022.
- 정헌목, 『가치 있는 아파트 만들기: 재건축 열풍에서 아파트 민주주의까지, 인류학자들의 아파트 탐사기』, 반비, 2017.
- 정희성, 「역설적 공간으로써 퀴어문화축제 장」, 경희대학교 석사학위논문, 2018.
- 제이 데이비드 볼터 · 리처드 그루신(이재현 옮김), 『재매개: 뉴미디어의 계보학』, 커뮤니케이션북스, 2006.
- 조수미, 「퀴어문화축제 공간의 상징과 의례」, 『한국문화인류학』 52-3, 2019.
- 조수연, 「서울광장, 개장은 했다지만」, X½üp½- 194, 2004.
- 조형, 「공/사 영역의 변화와 여성의 삶의 질」, 『지구화와 여성 시민권』, 이화여자대학교출판부, 2002.

- 조혜정, 「을지로 인쇄지구에서 사회자본의 역할: 장항 인쇄지구와의 비교를 통해서」, 한양대학교 석사학위논문, 2009.
- 주창윤, 「놀이 공간으로서 인터넷 문화의 형성과정」, 『현상과 인식』 111, 2010.
- 중구청, 『중구지(上)』, 서울특별시 중구, 2004.
- 지주형, 「강남 개발과 강남적 도시성의 형성: 반공 권위주의 발전국가의 공간선택성을 중심으로」, 『강남 만들기, 강남 따라 하기』, 동녘, 2017.
- 최경애, 「신도시개발과정에서 종족마을의 변화: 고양시를 중심으로」, 『동양사회사상』 24, 2011.
- 최시현, 「주택장(house field)의 정치경제학: 도시중산층의 젠더화된 투기아비투스」, 『공간과사회』 31-3, 2021.
- 최완기, 『한양, 그 곳에서 살고 싶다』, 교학사, 2006.
- 최필성, 「광역교통접근성이 주택가격에 미치는 영향 분석: 동탄2와 광교신도시를 중심으로」, 단국대학교 박사학위논문, 2022.
- 최혁규, 「'세운재정비촉진지구'에서 '청계천-을지로 산업 생태계'로: 청계천을지로보존연대의 저항 방식과 활동가들의 경험을 중심으로」, 『문화연구』 8-2, 2020.
- 토드 A. 헨리(김백영 · 정준영 · 이향아 · 이연경 옮김), 『서울, 권력 도시: 일본 식민지배와 공공 공간의 생활 정치』, 산처럼, 2020.
- 토리, 「한국사회 LGBT의 성적 시민권: 비판과 전망」, 『여/성이론』 23, 2010.
- 프린팅코리아, 「서울역사박물관, '세상을 찍어내는 인쇄골목, 인현동' 보고서 발간」, 『월간 프린팅코리아』 169, 2016.
- 한국갤럽, 『한국갤럽 데일리 오피니언』 544, 2023.
- 한국정신문화연구원, 『한국정신문화연구원 10년사』, 한국정신문화연구원, 1988.
- 한국정신문화연구원, 『한국정신문화연구원 20년사』, 한국정신문화연구원, 1998.
- 한규무, 「1907년 경성박람회의 개최와 성격」, 『역사학연구』 38, 2010.
- 한동민, 『수원을 걷는다: 근대 수원 읽기』, 수원박물관, 2012.
- 한종수 · 계용준 · 강희용, 『강남의 탄생: 대한민국의 심장 도시는 어떻게 태어났는가?』, 미지북스, 2016.
- 홍두승 · 김미희, 「도시 중산층의 생활양식: 주거생활을 중심으로」, 『성곡논총』 19, 1991.
- 황진태, 「도시권의 측면에서 바라본 광장의 정치」, 『공간과사회』

21-1, 2011.

- 황진태·박배균, 「2016년 촛불집회시위의 공간성에 관한 고찰」, 『공간과사회』 28-3, 2018.
- Berlant, Lauren, and Michael Warner, "Sex in Public," *Critical Inquiry* 24-2, 1998.
- Fraser, Nancy, "Rethinking the Public Sphere," In Craig Calhounb, ed., *Habermas and the Public Sphere*, Cambridge: MIT Press, 1992.
- Richardson, Diane, "Rethinking Sexual Citizenship," *Sociology* 51-2, 2015.
- 上坂冬子, 『慶州ナザレ園: 忘れられた日本人妻たち』, 中公文庫, 1984.
- 小澤康則, 「日本人駐在員妻の韓國文化接觸」, 『일본언어문화』 6, 2005.

◎ 기사

- 「강남 부동산 불패의 서막 '말죽거리 신화'」, 『오마이뉴스』, 2017년 7월 24일.
- 「개인정원 갖춘 타운하우스 '판교 동양파크타운'」, 『연합뉴스』, 2012년 9월 7일.
- 「무지개아파트 추첨분양」, 『매일경제』, 1978년 2월 11일.
- 「부동산 투기지역 44곳 추가」, 『매일경제』, 1978년 7월 24일.
- 「서울의 새 풍속도 (4) 맨션족의 생태」, 『경향신문』, 1970년 10월 5일.
- 「서울 중구 인현동일대에 國內(국내) 최대의 印刷(인쇄)촌」, 『매일경제』, 1986년 6월 16일.
- 「首都再建(수도재건)에第一步(제일보)」, 『조선일보』, 1952년 8월 23일.
- 「수원, 광교신도시 개발에 집중 투자」, 『지역내일』, 2005년 3월 5일.
- 「"역사적인 큰일 했읍니다"」, 『조선일보』, 1978년 7월 1일.
- 「(창업기획_에스닉푸드)〈2〉 충성고객이 대부분」, 『이데일리』, 2008년 9월 7일.
- 「판교 일대, 단독·연립주택 비중 50% 전망」, 『연합뉴스』, 1999년 10월 25일.
- 경인지방통계청 수원사무소, 「통계로 보는 수원시 20~30 세대의 삶」, 보도자료, 2021.
- 권숙희, 「대한민국 '촛불 민주주의' 언제·어디서 시작됐을까」, 『연합뉴스』, 2016년 12월 14일.

- 김다은, 「서울퀴어문화축제 불허 사유는? 광장시민위 회의록 살펴보니」, 『시사IN』, 2023년 6월 16일.
- 김미향, 「퀴어축제 20년… "넓은 세상 보여주고 싶어 여덟살 딸과 함께 나갈 것"」, 『한겨레』, 2019년 6월 1일.
- 김보라, 「[김보라의 공간] 간판이 사라진 시대」, 『한경오피니언』, 2020년 10월 19일.
- 김영은, 「핫 플레이스 성수동·익선동? 조용히 뜬 을지로의 매력」, 『매거진 한경』, 2018년 1월 16일.
- 김윤철, 「再開發 바람이 싫은 乙支路의 "마지막 옛情趣"」, 『경향신문』, 1984년 6월 7일.
- 김재현, 「갈 곳 잃은 이태원 참사 추모공간 "기피시설 인식 바꿔야」, 『한국일보』, 2023년 5월 12일.
- 김한용, 「'내 차는 수다쟁이' 미니 50주년 기념모델 출시」, 『경향신문』, 2009년 11월 12일.
- 나건웅, 「'힙지로'의 모든 것-낡은 인쇄골목, 을지로의 '환골탈태'」, 『매일경제』, 2019년 5월 3일.
- 박병규, 「[집중취재] 초등학생 익사 사고 '광교호수공원'... '불안해서 못 가겠다'」, 『경기일보』, 2022년 7월 19일.
- 박세진, 「망자를 위한 '추모공간'조차 허용되지 않는 나라」, 『투데이신문』, 2023년 4월 14일.
- 백혜선, 「성남시 운중동, 청계산 자락의 '먹자 데이트'」, 『일간스포츠』, 2007년 11월 8일.
- 오광수, 「수도권 "낙엽명소" 4선 - 광릉수목원·청계산 이름난 반나절 코스」, 『경향신문』, 1992년 10월 22일.
- 유현준, 「[유현준의 도시이야기] 간판 없는 뒷골목 3층… 젊은이들 열광하는 힙플레이스」, 『조선일보』, 2019년 7월 18일.
- 윤고은, 「'40년 한결같이' 충무로 인쇄골목의 장인들… "신구 조화가 살길"」, 『연합뉴스』, 2018년 9월 27일.
- 윤수한, 「8번째 봄…갈 곳 잃은 '세월호 기억 공간'들」, 『MBC 뉴스』, 2022년 4월 15일.
- 윤영신, 「신세대카페 "통하는 느낌-자유를 찾아…"」, 『조선일보』, 1993년 10월 8일.
- 윤현자·박인경, 「[운중동 먹거리촌] 서두를 필요가 있을까? 구름마을 맛집 산책」, 『비전성남』, 2017년 4월 24일.
- 이보라, 「"서울시, 퀴어축제 광장 사용신고 처리 5년간 부당하게 늦췄다"」, 『경향신문』, 2019년 10월 23일.

- 이설영, 「두 달 넘은 이태원 분향소...유족vs서울시 '일촉즉발'」, 『파이낸셜뉴스』, 2023년 4월 15일.
- 임병안, 「[한일교류와 공존] 조선남자와 결혼한 일본인여성 어느새 '4명뿐'」, 『중도일보』. 2022년 12월 2일.
- 한예섭, 「서울시 '분양소는 불법'…이태원 유족에 변상금 2900만 원 부과」, 『프레시안』, 2023년 4월 11일.
- 허세민, 「뒷골목 문화를 만드는 '을지로3가 괴짜들… "젊은세대, 돈으로 형성된 상권선 재미 못느끼죠"」, 『서울경제』, 2018년 9월 28일.
- 홍미경, 「올 여름 유러피안 스타일, 소박함으로 스타일링하라!」, 『아이뉴스24』, 2008년 8월 5일.

◎ **웹사이트**

- 「한국전쟁의 시련과 형설지공-한국전쟁 70주년을 기념하여 (2)」, 서울대학교 웹사이트(snu.ac.kr/about/history/history_record?md=v&bbsidx=130028), 2020년 11월 16일(2023년 6월 11일 접속).
- 네이버 뉴스 라이브러리(newslibrary.naver.com/search/searchByDate.naver/).
- 네이버 부동산(new.land.naver.com/).
- 리즈, 「운중동 장모밥상, 아기랑 먹고 온 판교 맛집 솔직 후기」, 네이버 블로그(blog.naver.com/decadentliz/222947264944/), 2022년 12월 6일(2023년 6월 23일 접속).
- 박재현 대표, 「아파트공급-'재건축 대신 리모델링'…이촌동 '르엘 이촌' 성공할까」, 네이버 블로그(blog.naver.com/animoday/222998511508/), 2023년 2월 1일(2023년 6월 14일 접속).
- 서울역사아카이브(museum.seoul.go.kr/archive/NR_index.do).
- 은우, 「판교타운하우스 동양파크타운 멋진 곳」, 네이버 블로그(blog.naver.com/hsys38/110161841395/), 2013년 3월 5일(2023년 6월 23일 접속).
- 한국민족문화대백과사전(encykorea.aks.ac.kr/).
- CWF, 「[운중동] 청계산 손두부」, 네이버 블로그(blog.naver.com/coffeeworks/140138113370/), 2011년 8월 31일(2023.6.23. 접속).

도판 출처

24쪽 박경룡, 『번영의 상징 을지로』(서울특별시 중구문화원, 2017), 20, 45쪽

28쪽 〈경성 황금정통〉, 1915년, 서울역사아카이브 소장

53쪽 네이버지도에 필자 표시

58쪽 필자 촬영

80쪽 (위) 조보희, 「[사진 속 어제와 오늘] 서울광장」, 『연합뉴스』, 2021년 1월 11일

(아래) 〈2002 한일월드컵 거리응원〉, 2002년, 국가기록원 소장

95쪽 「제19회 서울퀴어문화축제 참관기」, 친구사이 웹사이트, 2018년 7월 31일

132쪽 (위) 〈강남 종합버스터미널 1차 준공식〉, 1976년 9월 1일, 서울기록원 소장

(아래) 서울역사박물관, 『강남 사진으로 읽다』(서울역사박물관, 2009), 17쪽

185쪽 필자 촬영

193쪽 (위) 〈한강맨션아파트전경3〉, 1976년 12월 29일, 국가기록원 소장

(아래) 필자 촬영

197쪽 필자 촬영

233쪽 필자 촬영

236쪽 필자 촬영

264쪽 국토정보플랫폼 항공사진에 필자 표시

283쪽 국토정보플랫폼 항공사진에 필자 표시

286쪽 국토정보플랫폼 위성사진

289쪽 필자 촬영

293쪽 필자 촬영

296쪽 필자 촬영

저자 약력

엮은이

정헌목 한국학중앙연구원 한국학대학원 인류학전공 교수. 현대 한국사회의 도시화를 비롯한 사회적 변동을 배경으로 전개되는 문화 현상을 연구해 왔다. 『가치 있는 아파트 만들기』(2017), 『호혜와 협동에 대한 인류학적 접근』(공저, 2022), 『도시인류학』(공역, 2020) 등의 저서가 있다.

지은이

임근영 한국학중앙연구원 한국학대학원 인류학전공 박사과정. 영화산업 변동을 둘러싼 미디어 실천과 기술의 관계를 연구하고 있다. 논문으로 「영화감독 되기의 과정: 영화제 경험을 중심으로」(2018)가 있다.

이규원 한국학중앙연구원 한국학대학원 인류학전공 박사과정 수료. 대도시에 체류하는 미등록 이주민 가족의 노동과 일상에 대해 연구하고 있다. 『잉여의 시선으로 본 공공성의 인문학』(공저, 2011), 『마을하기, 성미산마을의 역사와 생각』(공저, 2012), 『푸코 효과: 통치성에 관한 연구』(공역, 2014) 등의 저서가 있다.

황의진 한국학중앙연구원 한국학대학원 인류학전공 박사과정 수료. 음식물쓰레기 처리를 둘러싼 사회문화적 인식과 관련 시설의 상호작용을 연구하고 있다. 『빈틈없이 자연스럽게』(2024), 『낯선 이야기는 우리 곁에 있다』(공저, 2024) 등의 저서가 있다.

도쿠나가 에미 한국학중앙연구원 한국학대학원 인류학전공 석사 졸업. 논문으로 「도시 속 인간-비둘기의 굴절된 '얽힘': 비둘기 퇴치업을 중심으로」(2025)가 있다.

제이넵 오제트 한국학중앙연구원 한국학대학원 인류학전공 석사과정 수료. 한국학을 공부하기 위해 한국으로 온 외국인 유학생들에 대한 연구를 진행하고 있다.

박성우 한국학중앙연구원 한국학대학원 민속학전공 박사과정 수료. 어업환경의 변화와 어민의 주체적 대응, 그리고 그 결과로서의 현대 어촌을 연구하고 있다. 『포구 따라 내포여행』(공저, 2022)와 「주방으로 들어온 알루미늄: 산업 소재의 식기화와 전개 양상」(2023) 등의 논저가 있다.

도시는 어떻게 서사가 되는가

서울의 안과 밖을 읽는 여섯 가지 제안들

엮음 정헌목

지음 임근영, 이규원, 황의진, 도쿠나가 에미, 제이넵 오제트, 박성우

제1판 1쇄 발행일 2025년 12월 22일

발행인 김낙년 | **발행처** 한국학중앙연구원 출판부

출판등록 제1979-000002호(1979년 3월 31일)

주소 경기도 성남시 분당구 하오개로 323

전화 031-730-8773 | **팩스** 031-730-8775

전자우편 akspress@aks.ac.kr | **홈페이지** www.aks.ac.kr

ISBN 979–11–5866–835–8 (03980)

· 이 책은 2023년 한국학중앙연구원 한국학중점연구 연구교육연계과제로 수행된 연구입니다(AKSR2023-RE03).